Qualität in der Medizin
dynamisch denken

Ralph Kray · Christoph Koch
Peter T. Sawicki (Hrsg.)

Qualität in der Medizin dynamisch denken

Versorgung – Forschung – Markt

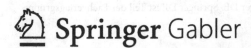

Springer Gabler

Herausgeber
Dr. Ralph Kray
Berlin, Deutschland

Professor Dr. Peter T. Sawicki
Köln, Deutschland

Christoph Koch
Hamburg, Deutschland

ISBN 978-3-8349-3212-9
DOI 10.1007/978-3-8349-7113-5

ISBN 978-3-8349-7113-5 (eBook)

Die Deutsche Nationalbibliothek verzeichnet diese Publikation in der Deutschen Natio-nalbibliografie; detaillierte bibliografische Daten sind im Internet über http://dnb.d-nb.de abrufbar.

Springer Gabler
© Springer Fachmedien Wiesbaden 2013

Lektorat: Guido Notthoff

Gedruckt auf säurefreiem und chlorfrei gebleichtem Papier

Springer Gabler ist eine Marke von Springer DE. Springer DE ist Teil der Fachverlagsgruppe Springer Science+Business Media.
www.springer-gabler.de

I Inhaltsverzeichnis I

Teil I
Dimensionen des
Qualitätsbegriffs

Gesundheitsängstlich
Medizin und Mediziner für die *Stunde 0*

Ralph Kray

„Es kann mit geschlossenen Nüstern unter Wasser fressen."
[Anonymus über das Camargue-Pferd]

„Down at the edge, round by the corner
Close to the end, down by a river
Seasons will pass you by
I get up, I get down"
YES, Close to the Edge

0

Er hatte vor Jahren den „Tod eines Bienenzüchters" von Lars Gustafsson gelesen und dies seitdem zu seinem Lieblingsbuch erklärt. Er las darin, dass Schmerz eine der seltenen *echten Erfahrungen* des Menschen sei – das starre Staunen über so viel einfach Unerträgliches, wozu einem die Worte ausgehen. Er hatte alles gelesen und plötzlich nichts mehr zu sagen.

Dies ist seine Geschichte des Staunens. Über so viel scheinbar notwendiges Sinnlose auf dem Weg zur Krankheit eines, seines, sicheren Todes.

5 vor 12

Es und er waren einmal.

Sie hatten ihr Ziel erreicht. Die Ostsee lag freundlich vor ihnen. Ein, zwei Tage würden sich die beiden Freunde die Sonne um den Kopf scheinen lassen, den starken Wind um ihre Körper wehen und die große Stadt mit allen ihren speziellen Geräuschen, den Getriebenen und Geschäften aller und keiner Art hinter sich lassen. Mitte 30 und Mitte 40 hat man das Gefühl, spontan und neugierig zu sein, noch nicht verlernt. *Noch liegt Zukunft vor Dir.* So sah es aus.

Auf der Promenade waren Bienen, viele Bienen – oder waren es bösartige Wespen? Sie sammelten sich über und auf den Tischen der Gäste draußen. Legion.

Das erste Mal, als er mit voller Wucht wusste, dass etwas *überhaupt nicht* stimmte, war, als er sein Stück Kuchen, zynischerweise war es „Bienenstich", wie gewohnt herunter schluckte, dann aber stark krampfartig würgen musste und sofort erbrach. Sein Schreck verlieh den schnellen Gedanken spitze Flügel. Er sah sich nach M. um, aufgerissene Augen, unablässiger Husten.

Ach, es war sicher eine der umherschwirrenden Tierchen in seine Luftröhre oder Speiseröhre gelangt, oder etwas anderes Fremdartiges. Er würde es einfach aushusten. Gedacht, immer wieder beruhigend zueinander gesagt. *Fehler.*

Sie brachen auf, sie mussten zurück. Er musste zurück. Etwas stak in seinem Hals, etwas konnte nicht ausgehustet werden. Was denken und fühlen, was interpretieren die Unwissenden nicht alles! Wild fuchtelnd im Himmel der Möglichkeiten, der eine Hölle ist. Die Medizin weiß mehr, sie weiß alles. Sie kann das alles lösen. Den Husten und was ihn auslöst. Das hört und glaubt man, am Ende des Horizonts der Zeichen des Körpers, die man unausweichlich ist und die man dennoch persönlich nicht deuten kann, angekommen. Das rettet einen hinüber in die große Stadt. Da ist die Medizin.

4 vor 12

Das Symptom, das Zeichen und die Dunkelheit – Kropf im Hals – hören nicht auf. Die Verzweiflung nimmt erst ab im Wartezimmer des Hausarztes. Schnell aufgesucht. Nach den üblichen „Hallos" und „Wie geht's", denn man kennt sich schon sehr lange, endlich zur Sache. „Ich kann nicht mehr schlucken." „Ich habe Schmerzen." „Ich weiß nicht, was ‚Das' ist." „Bitte hilf mir." „Seit wann?" „Warte, ich schau mal nach." W. wird befühlt von seinem Arzt. Sein Hals, Achseln, vieles. Mund auf! „Aha, eine Reizung, eine Irritation", sagt er zu W. „Du arbeitest zu viel. Das ist der Stress, den Du Dir machst." Aha. Keine Blutentnahme, keine Biopsie. Heute weiß man das Wort und um die Sache, die weiter geholfen hätte. „Trink Beruhigungstee. Dazu Salbeitee. Wenn Du das nicht hast, geh' in die Apotheke unten und besorg Dir gerade welchen. Das hilft. Und, ach ja, arbeite nicht so viel." Ein Händedruck, ein gutmütiges Lächeln. „Tschüss."

Der „Kropf" bleibt. Der Schmerz bleibt, und er steigt. Die Verzweiflung steigt mit ihm. Man ist allein, wenn es einen erwischt.

Sicher, man ist deshalb nicht gleich einsam. W. hat Freunde, Kinder, Verwandte und seinen Arzt. Zurück also zum Hausarzt? Ja. Was sonst! Das predigen sie einem doch unermüdlich nach allen aktuellen Regeln der Politik. Dafür braucht man nicht die „Tagesschau", das „Heute Journal." Das steht in jeder „Apotheken Umschau". Man ist als Kranker heutzutage wahrlich nicht verwaist. *Fehler*.

Man ist es zuweilen dann doch. Es kommt auf das Symptom, seine Kompliziertheit, seine was weiß ich an – oder darauf, ob der Hausarzt etwas kann oder genau in diesem Moment Zeit, Interesse und Lust hat, etwas zu können. Für genau das, was man selbst hat, nicht mehr hat und jetzt, von ihm, braucht. Das mag bei über 80 Millionen Menschen in diesem Land zu viel verlangt sein. Für den Einen, der man selbst ist, ist es überlebensnotwendig, wenn es gilt. Für W. galt es.

W. wird ermahnt. Vom Hausarzt. Er solle doch weniger Stress haben, zur Not müsse er kündigen, seine Stelle wechseln.

W. arbeitet im Krankenhaus, Verwaltung. Und er arbeitet dort seit eineinhalb Jahren auf Honorarbasis. Seltsam auf den ersten Blick, aber es passte zusammen. Man probierte dort etwas – mit ihm an der Spitze derer, die für die Spitze arbeiten, aber eben nicht in ihr – aus. Das nennt man „Projekt". Er ist „beauftragt", statt angestellt. W. kann nicht kündigen, er kann auch nicht aufhören zu arbeiten. Er hätte sofort Schwierigkeiten mit seinem Einkommen. Er ist freiwillig versichert, eine hohe monatliche Summe. Er will auch nicht aufhören zu arbeiten, er mag seine „Stelle". Auch wenn er die manchmal selbstironisch als „Trüffelschweinexistenz" bezeichnet. Er wird losgeschickt, Tag für Tag, um auf den großen Feldern der Ehre und des Geldes für sein Krankenhaus Letzteres einzusammeln. Für „Projekte". Also auch für ihn selbst, kleinteilig anteilig. Aber es hält ihn, und er hält es fest.

Alles das konnte der Hausarzt 4 vor 12 nicht wissen. Auch nicht, welche Panik W. durchfuhr, als er wieder und wieder die Arztpredigt von ‚Weniger Stress!', ‚Kündigen!' und so weiter empfing. Es rauscht in ihm. Er hätte viel lieber medizinische Fakten gehört, und sei es das Schlimmste. Am liebsten aber hätte er gehört, was ihm helfen würde.

An der Tür des Hausarztes steht: „Arzt für Allgemeinmedizin und Naturheilverfahren". Medizin, Natur – das klingt nach Segen und Balsam für Kranke. Allgemein klingt nach Zuständigkeit für Allgemeines, die weiß, wann es zum Spezialisten gehen muss. Der Allgemeinmediziner empfiehlt W. den Spezialisten für Hals, Nase und Ohren. Derselbe Arzt in der anderen Rolle als Arzt für Naturheilverfahren empfiehlt W. eine andere, höhere Dosis Tee – und, man ahnt es, „Weniger Stress!" Er selbst tut weiter nichts, „Tschüss". Und wieder dieses gut gemeinte Lächeln.

3 vor 12

Hohes Fieber, seit Tagen nichts Festes gegessen, Schweißausbrüche, klopfende Adern, angeschwollener Hals, statt schlapp nur noch zerrüttet. Den Kopf hoch in der U-Bahn, beim Einkaufen, jeder Gang irgendwohin unzumutbar. Die Zumutung, dass er jeden Morgen dennoch zur Arbeit fährt und seinen Job gut macht. Er versucht sich ein Lächeln abzuringen und den anderen, dass sie nichts sehen. Nur einer sieht es, sein Chef, ein Manager und Mediziner erster Klasse. Inmitten einer Auge-in-Auge-Besprechung mit ihm, im schönen historischen Büro, sagt ihm der Mann, der nur wenig älter als er selbst, aber so viel mehr wissend ist, allgemein und augenscheinlich auch über seine Lage: „Sie sind ein guter Mann. Also kümmern Sie sich. Das hier läuft schon."

Er kümmerte sich. W. geht zum Spezialisten für Hals, Nase und Ohren. Und er trinkt Tee, viel Tee. Die Bienen – oder waren es Wespen? - schwirren in seiner Luft- und Speiseröhre und bauen Nester. Es klopft. Es klopft. Fast so, als wollten die Nester nach außen durchbrechen.

Der Spezialist sagt: „Kein Befund." Der Hausarzt erhält den Bericht des Spezialisten und sagt: „Also, da siehst Du's. Weniger Stress! Wechsle die Stelle! Alles Nerven. Und vergiss' den Tee nicht – viel trinken. Tschüss." Und wieder macht niemand eine Biopsie. Es ist Anfang August, er ist Mitte 40, und er weiß, dass er jetzt, genau jetzt eine Waise der Medizin ist. Das ist Panik für jemanden, der arbeiten muss, der Kinder hat, der Zukunft will, der wie jeder und jede andere glauben muss, was einem die Wissenden sagen über das, was einen zutiefst betrifft – der große Schmerz in der großen Stadt in einem Leben, das plötzlich zusammenschnurrt auf eine Frage. „Was ist das, was wird das, was machst Du jetzt?"

Er trinkt wieder Tee, viel Tee. Er kündigt nicht. W. macht weiter. Inzwischen ist ein halbes Jahr vergangen seit dem ersten Mal, als er würgte, oben an der Ostsee. Zahllose Hausarzt- und Spezialistenbesuche liegen hinter ihm. Noch nie wurde eine Biopsie gemacht. Noch nie sein Blut oder irgendetwas anderes auf seine Substanz hin untersucht. Das Es/Tier/Irgendwas in diesem Menschen schläft und wacht und ärgert ihn. Schmerzvoll, auf's Grässlichste. Und die Medizin hat gesprochen: „Kein Befund".

2 vor 12

In dieser einen Nacht wacht er schweißnass auf, und alles ist auf einmal ganz anders. Er phantasiert von Ostseewogen, von Fluren mit Menschen, die auf ihn starren, von etwas, das sich anfühlt, als ob es in ihm platzt. Er weiß, morgen geht er, mit diesem Es/Tier/Irgendwas, ins Krankenhaus. Nicht in das, in dem er arbeitet, sondern in ein anderes, aus Schutz. Am Vormittag sitzt er bei der Anmeldung. Name, Karte. „Um was geht's?" Er weiß es nicht. Er stammelt von Fieber, er kann kaum sprechen, alles kratzt. Die Frau gegenüber verbeamtet ihn: „10 Euro!" „Egal", denkt W. Bald, bald kommt ein Arzt.

1 vor 12

Er kommt. Ein geschätzter Anfangvierziger. Weißer Kittel. Behandlungsraum. Er sieht W. direkt an. Er hört gut zu. Das erste Mal seit seiner Schmerzkarriere fasst ein Arzt bewusst und ohne Umschweife W. an dessen Hals. Er sagt: „Man soll nichts ausschließen. Das könnte Krebs sein."

W., anstatt zu trauern, freut sich. Das ist das Verrückte, das Perverse, dass er sich freut. Dass *endlich*, endlich jemand zufasst, ihn anfasst, „es" anfasst; dass endlich jemand ausspricht, was natürlich das Maximale ist, das er längst befürchtet. Das Es/Tier/Irgendwas hat endlich einen Namen. Das allein beruhigt. Es ist das erste Mal seit jenen Tagen an der Ostsee, dass er fast weinen möchte vor seltsamem Glück: „Wenn schon so enden, dann mit Gewissheit!" Sein Gegenüber versteht nicht, warum er lächelt, als er das berüchtigte „K"-Wort hört.

12

Er ist einfach dankbar, unsagbar dankbar, dass ihm jetzt tatsächlich jemand hilft, ihn, und das ist die Hilfe, zu genauen Untersuchungen schickt. Die sicher schmerzhaft sind – auch im Ergebnis. Denn es ist so. Am darauf folgenden Tag ruft ihn eine Ärztin aus dem Krankenhaus an: „Herr W. Wir sind uns sicher. Sie haben Krebs. Und das in einem weit fortgeschrittenen Stadium. Aber man kann etwas tun. Sie müssen kommen." Er packt seine drei Sachen, Geldbörse, Mobiltelefon, Schlüssel, was man so packt. Er geht in die medizinisch gut ausgeleuchtete Höhle seiner Krankheit, die er bisher vom Hörensagen kennt, Krebs. Ein Unwort für hoch motivierte Arbeitstiere wie ihn. Aber besser als nichts zu wissen und unwissend-wissend gelassen zu werden, so zu vegetieren im kognitiven Nichts.

Es ist eine eigenartige Bienenzüchter-Geschichte, die nun beginnt. Irgendetwas von Hassliebe zwischen ihm und dem Krebs, irgendetwas von notorisch Zuviel und notorisch Zuwenig zwischen ihm und der Medizin. Aber man kann nicht wirklich denken im Krebs. Man wird verfolgt, vom K-Wort, und folgt seinen Ärzten – so einfach, so teuflisch-göttlich. Das ist die Sache.

Was sie mit Dir dann tun, entfesselt Deine ärgsten Träume. Aber es ist kein Traum, es ist und Du bist hellwach. Mitten im Leben. Er denkt an seinen Medizinerchef und wünscht sich fast, er wäre sein Chefmediziner. Der Mann hatte früh alles gesehen und das Notwendige gesagt. Was für eine Kapazität – menschlich, als Wissenschaftlerarzt. Er wird mit ihm wieder reden müssen, aber später.

Außerhalb von Raum und Zeit. Im Äther.

Was kam, war Routine für die einen, Unerhörtes für ihn. „Es tut nicht weh".

Als die Nadel, gefühlte Stricknadelstärke, in sein Rückenmark fuhr, er, aufrecht sitzend, fiel er mit dumpfem Erstaunen über so viel so tiefen Schmerz in das Kissen vor ihm, das man ihm vorsorglich in die Hände gelegt hatte. Man sagte ihm wenig später, er habe zusätzlich Krebs bereits in den Knochen – es stimmte nicht. Man hatte kurzzeitig falsch interpretiert. Aber gesagt wurde es ihm zunächst. *Fehler.*

Als diese Beutel mit Chemotherapie, ekliges wässriges Rot der eine, gelb und klar die anderen, zum ersten Mal in ihn rannen, und dieser chemische Geschmack im Mund allbestimmend wurde für seine Sinne, beruhigte er sich mit seinem Bett-Nachbarn, dem es nicht besser erging. Man lag teilambulant. Man durfte danach wieder nach Hause.

Zuhause – das wurde zur Hölle, wo man alles erbrach. Kaum konnte er selbst damit umgehen, wie wenig er sich selbst von Tag zu Tag wieder erkannte. Kaum konnten die um ihn herum damit umgehen, was mit ihm geschah.

Die Scherze über die Veränderungen an seinem Körper endeten just, als er selbst seine Augenbrauen verlor und sich ein dicker Pilz auf seine halbe Zunge legte. Er lallte von da an mehr als dass er sprechen konnte.

Man gab ihm Opiate, er nahm sie, er versagte sie sich. Man gab ihm Nivea Creme für seine Haut, fettreich sei sie. Erst als er Tausende roter Punkte, kleine und große, auf seinem ganzen Körper bemerkte, und diese blieben, als die Haut an seinem Glied zusammenschrumpelte wie 100 Tage vergessene, verpilzte Pellkartoffelhaut, als seine Hoden zu Erbsen mutierten und alle Lust und aller Wille starb, war er bereit dem Krebs „Hallo" zu sagen. Er wollte es vordem einfach nicht glauben müssen.

Der Krebs und die Chemotherapie, dieses „Rasiermesser", wie die Ärzte sie nannten, sind die zwei Seiten derselben Medaille. Seine Ärzte sagten: „Jetzt töten entweder wir Sie oder der Krebs." Das Rasiermesser tötet und tötet und tötet. Es tötete den Krebs, und es tötete ihn. *Fehler.*

Fünf Chemo-Zyklen hatte er hinter sich. Acht hält ein „normaler" Mensch maximal aus, sagten sie ihm. Gut, dann hatte er noch etwa drei Monate, um zu wissen, wer schneller war mit Töten, der Krebs oder die Chemotherapie. Er wartete nicht ab, er legte los. Er arbeitete sich heraus. Wenn er nur konnte. Er war durch das Kortison aufgedunsen. Er versteckte sich im Anzug, aber sein Gesicht konnte er nicht verbergen. Auch nicht vor seinem Chef. „Kriegen Sie immer noch Kortison, ja?", war die einzige Frage, die ihm sein Chef, der Mediziner im Management, der nicht sein Chefmediziner war, einmal bei einer der vielen Besprechungen im schönen historischen Büro stellte. Er sagte nur „Ja." Beide wussten Bescheid. Und beide hofften, dass alles gut enden würde.

Längst hatte er vergessen, wie er einmal war. Er hatte sich seiner selbst abgelegt wie alte Kleider. Er fühlte sich selbst-los. Er schwebte manchmal, weil alles ohne Zeit und Raum – im Äther – ist, was krebszerfressen wird. Arztlos in den Nächten zuhause stand er mehr als nur einmal und fühlte den Schmerz in Wellen alle fünf Sekunden durch seinen großen Körper schießen. Dann wollte er so gern kleiner sein, ganz klein.

Und dann kạm dieser eine Tag. Er saß, bepackt mit seinen Unterlagen, auf einer schnöden Holzbank im Flur des Krankenhauses und wartete auf eine weitere Untersuchung. Sie wollten wissen, ob dieser eine, pflaumengroße Klumpen Krebs in seinem Hals „resistent" war oder nicht. Denn der blieb auch nach sechs Zyklen an seinem angestammten Platz und drückte unablässig gegen seine Luft- und Speiseröhre – wie schon an der See, vor fast einem Jahr. Er hatte damals nichts verschluckt, es hatte ihn geschluckt, das war jetzt klar.

Er war *nicht* „resistent". Die Chemotherapie könnte ihn also auflösen, den Klumpen. Das Rasiermesser am Krebs, es wurde an ihn wieder angesetzt. Voller Hoffnung ließ er es zu. Was sonst?

Sie nannten ihn auf der Station stets „Sonnenschein". Weil er tatsächlich voller Hoffnung war, oder er es so gut allen verkaufen konnte, dass er es war. Den Psychotherapeuten der Station, auf die er kam, wenn es ihm ganz schlecht ging und er das Arbeiten bleiben lassen musste, machte er arbeitslos. So gut war er im Kämpfen.

Was ihn froh machte, wirklich froh, war die Gemeinschaft mit den anderen, die seine Krankheit, in welcher Form und in welchem Stadium auch immer, teilten. Sie nannten sich selbst „Die Onkos" – und mussten jedes Mal lachen, wenn sie im Vorraum der Station zusammen rauchten. „Rauchen kann tödlich sein." Zum Lachen. Selbst die Nichtraucher unter den „Onkos" begannen das Rauchen. Zum Lachen. Man hat so seine Welt, wenn einem die Welt abhandenkommt.

Irgendwie war plötzlich Schluss mit lustig. Die Chemotherapie, fast acht Zyklen, hatte bei einem seiner „Onkos" ausgelöst, dass der im Rollstuhl saß und sitzen bleiben musste, für immer. Früher war er Marathonläufer gewesen, jetzt konnte er nur noch mit einem seiner Finger an der linken Hand, die Knöpfe und Hebel seines Gefährts bewegen – und ein bisschen den Kopf hin und her. Ein anderer, einer der immer fröhlich schien, saß eines Mittags da: Irokesenschnitt, feuerrot gefärbt, sonst aschgraues, fahles Gesicht. Eine schlecht selbst gedrehte Zigarette im Mund erzählte er, zuckig, paffend, dass es jetzt auch seine Blase befallen habe, und mehr noch. Man hatte ihn vor zwei Wochen „kastrieren" müssen. Im Klartext: Seine Geschlechts-organe wurden amputiert. Er war Anfang 20. Er tauchte danach nie wieder bei den „Onkos" auf. Man sagte, er sei jetzt tot, der Irokese. *Fehler*.

Fragmente einer Sprache der Liebe. Im Sterben, zum Leben.

Die Ärzte taten das „Seinesgleichen geschieht" der Medizin, heißt: Sie praktizierten schlicht ihr alltägliches medizinisches Hand-werk. Mit ihrer Perfektion, mit Routine und mit diesem bestimmten versachlichten Blick auf ihn. Sie kloppten drauf, sagt der Westfale, und er war einer – Chemo auf Chemo, durch Hand, Arm, später auch Brust und Hals. Bis nichts mehr übrig blieb von ihm. Er hatte kei-ne Kraft mehr, keinen Sonnenschein. Weder außen, noch innen. Ein bakterieller und viraler Entzündungsherd hatte seine Lunge infiltriert. So schwach wurde ihm die, wie es hieß, für diese Krebsstation bis-her „größte Batterie" an Infusionen in seine Hand gesteckt. Es lief in ihn ein, und er fragte nicht mehr, was und warum.

Eines Tages holten sie ihn ab, zur Untersuchung Nr. gefühlte Tau-send. Es wurde keine Untersuchung. Seine Venen waren so kaputt vom Stechen, dass sie sich nicht mehr zu helfen wussten. Er brauch-te die Chemo, er aber hatte nichts mehr anzubieten an brauchbaren Venen. Sie versuchten es mit erklärter Brachialität.

Er musste sich auf einen Stuhl im Untersuchungsraum setzen. Konnte sich kaum halten. Hinter ihm eine Schwester, die ihn fest-hielt, links und rechts ein Pfleger und noch eine weitere Schwester. Vor ihm eine Ärztin, die seltsamerweise weinte, als sie ihn festhielten und die letzte Infusion in seinen rechten Unterarm einführten. Sie stachen, ohne Zweifel selber hilflos, einfach ins Venenchaos hinein. Er lächelte, als es glückte. Dann war alles vorbei.

Kann man sich in der Hölle seine Ecke suchen und sich zugucken beim Verbrennen? Man kann.

Als alles tatsächlich vorbei schien, saß sein kleiner Sohn an der Wand in seinem Zimmer auf Station. Er nickte zu ihm hinüber. Er fühlte sein Blut. Er wollte ihn nach der Schule, den Lehrern, seinen Mitschülern fragen, er wollte ihn berühren und auf die Wange küssen. Er versagte es sich. Er hätte versagt. Der Krebs – oder „die Chemo" – hielten ihn da, wo er war und so wie er jetzt war. Aber er spürte die Liebe zwischen Vater und Sohn, diese sanfte, unglaubliche Kraft. Sie lächelten sich einmal sogar kurz an. Dann dämmerte er, er schlief.

Als er erwachte, stand jene Ärztin vor ihm, die ihn damals angerufen hatte, um ihm zu sagen, er habe tatsächlich Krebs. Die ihn aufgenommen hatte auf Station, ihn und seine Lage, seinen Körper, seine Daten besser kannte als irgendjemand sonst dort. Besser als die Routiniers. Sie hatte einige Wochen Urlaub genommen, sie sei schwanger, so sagte sie ihm. Warum sie das sagte, wusste er nicht. Es klang nach „es geht jetzt weiter".

Er hörte ihre ruhige und doch feste Stimme. Sie hatte eine dicke, offenbar medizinische Akte, seine Daten, in der Hand. Sie blätterte darin, sie schaute zu ihm hin. Sie lächelte ihn an. Dann beugte sie sich vor, zu seinem Ohr hin, und sprach leise etwas aus, was niemand hören sollte oder durfte, was ganz für ihn bestimmt war.

„Sind Sie damit einverstanden, dass ich Ihre Chemotherapie jetzt sofort absetze?" Er verstand nicht. Und sie fuhr noch leiser fort: „Wir werden Sie töten, wenn wir so weiter machen." Jetzt verstand er. Sie setzte nach, und dabei rann ihr tatsächlich eine Träne über die Wange: „Ich kenne ihre Daten. Ich kenne sie gut. Sind Sie damit einverstanden, dass ich etwas anderes, eine andere Medikation, ausprobiere? Sie haben die Kraft, den Krebs selbst zu besiegen. Aber Sie besiegen nicht diese Chemotherapie." Sie hielt inne, sie wartete auf seine Antwort. Beide wussten genau, um was es jetzt ging.

Er entschied mit ihr. Er bejahte, kurz nickend. Sie bat energisch wenig später das Pflegepersonal, alles dafür zu tun, ihn langsam „aufzupeppeln" und scherzte etwas mit ihm. Die Träne schwand. Aber als Erstes entfernte sie selbst die Infusionsbatterie an seiner Hand und die Schläuche aus seinem Hals. Sie löste alles.

Etwa zwei Wochen darauf war der Krebs verschwunden. Er galt und gilt als geheilt. Er hat viele Narben davon getragen, und die Chemotherapie hat ihn zu einem „100-Prozent-Schwerbehinderten" gemacht. Sein Hauptnerv im rechten Bein ist vom Rückenmark an schwer demoliert. Er hatte und hat kaum mehr Gefühl unten, im rechten Fuß. Er ist in eine Schmerztherapie aufgenommen worden. Auch das verursachte und verursacht bis heute so manche Kollateralschäden. Darüber schweigt er zumeist. Aber er lebt und ist, äußerlich betrachtet, auch als Mann, wieder regelrecht aufgeblüht. Sein Chef spendierte ihm zum Dank fürs Durchhalten einen Karrieresprung mit fester Stelle im Krankenhaus. *Kein Fehler.*

Jener Hausarzt, der Teetrinken und Sprüche verordnete statt gute Medizin, schloss tatsächlich seine Praxis für einen geschlagenen halben Tag, als er von Freunden erfuhr, was wirklich vorlag und geschehen war mit W. Man hörte später von anderen Patienten, er säße in Haft wegen Krankenkassenbetrug. Kurz darauf lebte er nicht mehr. Freiwillig, sagten die Leute, die ihn besser kannten. Er und er waren einmal.

Krebspatient W. hat seinen persönlichen Engel in seiner Hölle erlebt. Der hat ihn heraus gerissen. Bemerkenswert. Eine Medizinerin, die den Krebs, *seinen* Krebs, gut kannte – und ihn. *Können und Erkennen* gegen den sicheren Tod.

Können und Erkennen
Sinn und Form der Qualitätsdebatte

Christoph Koch

> „Man möchte den Mut verlieren,
> wenn man nicht durch ein Korsett von Irrtümern gestützt würde."
>
> [Bernard Le Bovier de Fontenelle (1657-1757)]

Den Auftakt zu diesem Band schlug uns ein Text, der für Abhandlungen dieser Art entschieden ungewöhnlich ist; das ist den Herausgebern bewusst. Ralph Kray hat im Ton der teilnehmenden Beobachtung und im Genre der subjektiven Reportage Schlaglichter in jenen Bereich der Medizin geworfen, in welchem sie aufs Ganze geht. Er spricht nicht vom Alltag der Krankschreibungen und Fiebersäfte. Er schildert uns eine ihrer Auseinandersetzungen mit der Krankheit zum Tode. Hier verläuft seit altersher die Grenze, die die Heilkunde *wahrhaftig qualitativ* von verwandten oder konkurrierenden Disziplinen unterscheidet: Medizin kann Leben retten, die, der Natur überlassen, rasch enden müssten. Andere retten Seelen, geben Trost, lindern Leiden, machen den unausweichlichen Tod womöglich erträglicher. Die Medizin stellt sich ihm – entgegen! Daran wird sie gemessen. Daran misst sie sich selbst: Die Zahl der gewonnenen zu erwartenden Lebensjahre, im Durchschnitt und bei Geburt, beträgt seit dem Beginn der über hundertjährigen Ehe zwischen chemischen und technischen Industrien und der Ärzteschaft Jahrzehnte. Niemand, außer allzu verwegenen Alternativisten, bestreitet dies Verdienst.

Dennoch muss ein Buch zur Qualität in der Medizin im zweiten Jahrzehnt des 21. Jahrhunderts die Frage stellen: Wie geht es weiter mit der Heilkunde, der alltäglichen Praxis von Medizin, der medizintechnischen Innovation und mit der über die numerische Mehrung der Lebensjahre hinausgehenden Sicherstellung von Lebensqualität in der alternden Gesellschaft? Wie kann im Zeitalter verbreiteter Sattheit und Selbstzufriedenheit eines einstmals radikal revolutionierenden Innovationssystems einerseits Fortschritt angestoßen, andererseits jedoch der therapeutische Genius, die Motivation zu *alltäglicher* Exzellenz vor der Erstickung durch Formalisierung, Prozeduralisierung, Operationalisierungsoptimierung und Standardisierung bewahrt werden?

Diese Fragestellung grundiert Ralph Krays Erzählung als Tiefenschicht. Hierin, neben der Sensibilisierung des Publikums für den Diskurs unseres Buches, liegt die Relevanz dieser Eröffnung: Wir begegnen einerseits dem vielgerühmten Ideal des teilnahmsvollen und an den Lebensvollzügen des Patienten (vordergründig) „ganzheitlich" interessierten Hausarztes. Ihn bekümmert der in unserer Zeit allerorten beschworene und verdammte Alltags- und Berufsstress, er gibt teilnahmsvoll Rat (wenn auch, ohne die ökonomischen Zwänge des Kranken tatsächlich in Anschlag zu bringen) – und liefert unterdessen null Qualität bezüglich gebotener Diagnostik.

Wir treffen andererseits auf das elaborierte Gespinst der Hochleistungsmedizin, in dem sich der Kranke jedoch als ein Atom einer allumfassenden Statistik wiederfindet, deren unterliegende Wahrscheinlichkeitsfunktionen entscheiden, ob er an seinem Leiden oder an der verordneten Kur sterben soll. Ein Wendepunkt wird erst erreicht, als eine neue Qualität in den Diskurs seiner schematisch ablaufenden Behandlung eintritt: Die spontan emergierende Dyade Ärztin-Patient, die sich als Notgemeinschaft für entscheidungskompetent deklariert und das Richtige tut: Der geteilten und zutreffenden Intuition folgend, dass das Bewährte, Standardisierte und im Allgemeinen Angemessene hier nicht passend ist. Es ist ein entscheidender Moment und ein emanzipatorisches Momentum, und dies steht aus unserer Sicht für ein Proprium der Medizin, das nicht aufgegeben werden kann: Der Entscheidungsspielraum der individuellen kurativen Situation ist trotz aller Notwendigkeit rationaler und rationalisierter Prozesse schutzwürdig und nicht preiszugeben. Ein Qualitätsbegriff, der dies Merkmal der conditio humana nicht einzuschließen vermag, weil er seine eigene vielfältig changierende Natur im Rahmen von Medizin als anthropogener und anthropomorpher Praxis nicht erfasst, ist ad absurdum reduktionistisch. Er muss zurückverwiesen werden in das Feld, aus dem er kommt und dem er angemessen ist, in die Welt technischer Prozesse und dinglicher Produkte, deren Komplexität diejenige von Begriffen wie „Gesundheit", „Krankheit" oder „Heilung" um Dimensionen unterschreitet. Aber: Das bedeutet nicht, siehe unten, dass Qualität nicht indikatorbasiert gemessen werden soll, nicht verglichen werden darf – ganz im Gegenteil. Doch der Kompass gibt den Kurs an, er steuert nicht das Schiff. In diesem Punkt besteht auch in der betriebswirtschaftlichen Postmoderne zumindest im Medium der feierlichen Rede und der wahlkämpferischen Deklamation beinahe Einigkeit. Die Praxis der Codierer, Rationalisierer und Optimierer jedoch weicht zweifelsohne davon ab. Und so kommt es, dass man oft kaum glauben möchte, dass Ludwig Wittgensteins Diktum, man möge Schluss machen mit dem „Geschwätz über Ethik" bereits acht Jahrzehnte alt ist. Es begegnet unserem Erzähler als diffuses Moralisieren in Gestalt des „zu vielen Stress" als Signum unserer Zeit – Stress, den er sich selbst, als Autor seines Leidens, sich selber mache! Kray:

Zahllose Hausarzt- und Spezialistenbesuche liegen hinter ihm. Noch nie wurde eine Biopsie gemacht. Noch nie sein Blut oder irgendetwas anderes auf seine Substanz hin untersucht. Das Es/Tier/Irgendwas in diesem Mensch schläft und wacht und ärgert ihn. Schmerzvoll, auf's Grässlichste. Und die Medizin hat gesprochen: „Kein Befund".

Der Hausarzt also war freundlich zu ihm. Er hat Dinge gesagt, die plausibel waren. Er hat an das Häufige gedacht, wo er das Seltene vor sich hatte, den diagnostischen Blick dem zeitgeistkonformen Gemeinplatz geopfert.

Zeitgeist statt Qualität?

In diesem Band wird der medizinische Zeitgeist kritisiert werden müssen. Unter anderem im hier angedeuteten Kontext: „Sprechende Medizin", so löblich und vermisst sie sein mag, ist kein Substitut für *Best Practice*. Sie stellt, wie noch zu zeigen sein wird, nichts „Alternatives" zu etwas anderem dar, das sich in „Apparaten" materialisiert. Wir werden es unternehmen, das Begriffsfeld der Qualität holistisch zu perspektivieren, ohne jedoch den allfällig missbräuchlichen Vernutzungen der „Ganzheitlichkeiten" anheimzufallen: Es zeigt sich nämlich, siehe unten, dass es jenen, die das Theorie-Praxis-Kontinuum der Medizin zergliedern, um sie in „Etabliertes" und „Alternatives" zu zerlegen, in erster Linie um die Stabilisierung einer Marktordnung zu tun ist, einer Arbeitsteilung somit zwischen den „Sprechenden" und „Zugewandten" auf der einen Seite und den „Kalten" und „Mechanistischen" auf der anderen. Der Kranke in Krays Bericht findet zunächst das andere ohne das eine – der Arzt erscheint empathisch, und er ist ineffizient. Dann findet er das eine ohne das andere: Er ist diagnostiziert. Und allein. Unter der Chemotherapie findet er die Humanität keineswegs als inhärente Qualität des Versorgungsangebotes, sondern quasi per Nebenwirkung, nämlich durch die Gegenwart der Mitpatienten:

Was ihn froh machte, wirklich froh, war die Gemeinschaft mit den anderen, die seine Krankheit, in welcher Form und in welchem Stadium auch immer, teilten. Sie nannten sich selbst „Die Onkos" – und mussten jedes Mal lachen, wenn sie im Vorraum der Station zusammen rauchten. „Rauchen kann tödlich sein." Zum Lachen. Selbst die Nichtraucher unter den „Onkos" begannen das Rauchen. Zum Lachen. Man hat so seine Welt, wenn einem die Welt abhandenkommt.

Diese Entfremdung vom Normalleben ist eine zeitlose Patientenerfahrung. Im Abhandenkommen der Welt, die ja den Arzt und die Helfer hinter sich zurücklässt (für sie geht der von Moden, Prozeduren, Pflichten und Konventionen geprägte Alltag weiter), trennen sich die Erfahrungshorizonte und damit auch die Qualitätserwartungen und -ansprüche der Versorgten und der Versorger auf. Das kann zur Entfremdung führen, zur Systemablehnung und Enttäuschung. In paradoxer Weise ist aber auch das Gegenteil möglich – dann nämlich, wenn die Medizin ihre heutige Leistungskraft in der Akutsituation frei von Hemmnissen, Kostenkontrolle und Hyperbürokratisierung demonstrieren muss.

Dies hat der Verfasser im Jahr 2011 im Rahmen der aktuellen Berichterstattung konkret und intensiv erfahren, in Hamburg, dem Brennpunkt der EHEC-Epidemie. Hier traf die Krankheit – und das lag in der Natur des Zeitgeistes und seiner segregierten Lebenswelten – überdurchschnittlich „Gesundheitsbewusste" und „Alternative", während die Discounter- und McDonalds-Gemeinde verschont blieb: Die Landkarte der Erkrankungsfälle zeigt, wo frische Sprossen gegessen werden und wo nicht. Und die Intensivstationen füllten sich mit Menschen, die ansonsten „alternative Lebensentwürfe" kultivieren, der Homöopathie vertrauen und die Mechanisierung der Medizin verdammen. Ausgerechnet sie erhielten nun biotechnologische Hightech-Erzeugnisse infundiert, von denen niemand sicher wusste, wie vielen sie helfen würden. Die Intensivtherapien waren wirkungsvoll, die Kranken überwanden ihr Nierenversagen und kehrten ins Leben zurück. Es kam zu wahren Bekehrungserlebnissen und vielfach bekundetem Staunen darüber, wie gut Medizin sein kann, wenn sie muss.

Dennoch galt auch bei diesen rapiden Verläufen augenscheinlich, dass sich der kranke Mensch in eine andere Erlebenswelt transponiert sieht, dass ihm andere Maßstäbe verbindlich, andere Gedanken bestimmend werden als denen, die in der Welt der Normalversorgungs-Routine zurückbleiben. Kranker sein, das ist eine andere Qualität von Mensch sein, und der weit gefasste Begriff der Lebensqualität, deren Sicherung Medizin gewährleisten will, schließt die Berücksichtigung dieses Umstandes sicher mit ein, ohne ihn bemessen zu können. Den Kranken in unserer Mitte ist das bewusst, und insbesondere der heute oft anzutreffende „sehr bewusste Chroniker" hat mit der Abweichung seines Menschseins vom Mainstream zu leben: Er muss, möchte er sich und seinesgleichen Ressourcen und Rücksichten sichern, qualitätvolle Behandlung letztlich also, am Meinungs- und Verteilungskampf des Mainstreams teilnehmen. Dass dies durchschlagend erfolgreich sein kann, hat der politische Kampf der HIV/AIDS-Bewegung allen vor Augen geführt: Das massive und medienkompetente Einfordern einer intensiven und lösungsorientierten Beforschung von HIV/AIDS hat nicht nur einen ungeahnten Innovationsschub bewirkt und einer jungen Disziplin, der sich eben aus dem Fach Biochemie emanzipierenden Molekularbiologie, Aufschwung beschert – es war dieses Konzert aus demokratisch-diskursiver Öffentlichkeit und vorwärtsdrängender medizinischer Wissenschaft, die es HIV-Infizierten heute erlaubt, akzeptiert in unserer Mitte zu leben. In diesem Fall, um auf ein beliebtes Sprichwort zum Topos Qualität zurückzugreifen, ging es nicht um die Alternative, den Jahren mehr Leben statt dem Leben mehr Jahre zu geben. Beides war möglich. Und in diesem Fall hat medizinischer Fortschritt als Produkt eines globalgesellschaftlichen Diskurses eine ganz neue Qualität gezeigt.

Das Fremdsein des Kranken von den Anderen ist, so können wir in historischer Rückschau an einem sehr berühmten literarischen Beispiel aufzeigen, eine Konstante der medizinischen Moderne:

Das Mitleid, das der Gesunde dem Kranken entgegenbringe und das er bis zur Ehrfurcht steigere, weil er sich gar nicht denken könne, wie er solche Leiden gegebenenfalls solle ertragen können, — dieses Mitleid sei in hohem Grade übertrieben, es komme dem Kranken gar nicht zu und sei insofern das Ergebnis eines Denk- und Phantasiefehlers, als der Gesunde seine eigene Art, zu erleben, dem Kranken unterschiebe und sich vorstelle, der Kranke sei gleichsam ein Gesunder, der die Qualen eines Kranken zu tragen habe, — was völlig irrtümlich sei. Der Kranke sei eben ein Kranker, mit der Natur und der modifizierten Erlebnisart eines solchen; die Krankheit richte sich ihren Mann schon so zu, daß sie miteinander auskommen könnten, es gebe da sensorische Herabminderungen, Ausfälle, Gnadennarkosen, geistige und moralische Anpassungs- und Erleichterungsmaßnahmen der Natur, die der Ge-

sunde naiverweise in Rechnung zu stellen vergesse. Das beste Beispiel sei all dies Brustkrankengesindel hier oben mit seinem Leichtsinn, seiner Dummheit und Liederlichkeit, seinem Mangel an gutem Willen zur Gesundheit. Und kurz, wenn der mitleidig verehrende Gesunde nur selber krank sei und nicht mehr gesund, so werde er schon sehen, daß Kranksein allerdings ein Stand für sich sei, aber durchaus kein Ehrenstand, und daß er ihn viel zu ernst genommen habe.

So lesen wir in Thomas Manns „Zauberberg", der 1924 erschienen ist. Lodovico Settembrini, der Humanist und Literat, macht diese Beobachtung, die an Gültigkeit nichts eingebüßt hat: Der Kranke ist anders, und auch, wenn wir heute viel mehr an ihm messen können, nimmt das nichts von der Notwendigkeit weg, den Versuch zu wagen, seine Lage zu ermessen.

Und so führt uns Krays Erzähler, während er tiefer in das Leid der Krankheit einsinkt, schrittweise zur Erkenntnis der hohen Komplexität, die der therapeutischen Konstellation in der gegenwärtigen Medizin untergelegt ist. Der (natürlich wiederum zeitgeistkonforme) Begriff der Komplexität – wir werden ihm gleich anschließend im Gespräch mit Prof. Dr. Frank Ulrich Montgomery, dem Präsidenten der Bundesärztekammer, wieder begegnen, wenn es zum Beispiel um die Interaktion der Versorgenden untereinander geht, wird uns insbesondere im Umgang mit reduktionistischen Qualitätsmaßen in unserem Buch immer wieder beschäftigen. Sie mögen nutzbringende und unverzichtbare *Werkzeuge* sein, aber wir wollen sie auch als solche begreifen und ihre Begrenztheit als Ressource und als Chance begreifen, sie sozial relevant und tragfähig zu kontextualisieren. Montgomery tut das pro toto, wenn er die Relativität der Metriken qualitätsgesicherter Verfahren zum konkreten Patienten unterstreicht:

Für mich ist es, wie für jeden Arzt, ein Riesenunterschied, ob Sie bei einem 16-jährigen Leistungssportler eine akute Appendizitis operieren oder bei einer 80-jährigen Frau mit einer Demenz und vielen weiteren Erkrankungen. Sie haben offensichtlich ein völlig anderes Ziel anzusteuern. Ganz analog ist es bei der Fraktur einer Extremität: Bei einem jungen Leistungssportler wollen Sie zu einer restitutio ad integrum gelangen. Das funktionale Ergebnis muss hundertprozentig überzeugen, es hat hier absolute Priorität. Bei einem alten Menschen bedenken Sie hingegen schon intensiv das Operationsrisiko, das Schädigungsrisiko einer jeweiligen Intervention in Relation zu dem gewünschten Erfolg.

Explizite und implizite Qualität

Der Begriff „Qualität" ist allfällig anzutreffen. Häufig wird er explizit gemacht, wie etwa im „Qualitätsbericht nach §137 SGB V" oder dem jeweiligen Qualitätsmanagement-Prozessen auf Station oder in der Bewirtschaftung. Immer ist er, wo Medizin betrieben wird, implizit gegenwärtig. Man denke etwa an die im Jahre 2011 (zu Recht) als Skandal wahrgenommenen tödlichen Infektionen bei Frühgeborenen in einer Bremer neonatologischen Abteilung. Hier wurden die stille Qualitätserwartung und vor allem auch die Enttäuschung des Vertrauensvorschusses in der Allgemeinbevölkerung, den Medizin genießt, in Form eines Skandalgeschehens anschaulich: Denn nicht nur das Hygienemanagement auf der betroffenen Station scheint, so der derzeitige Erkenntnisstand, mangelhaft gewesen zu sein. Das Management der Formalprozesse, insbesondere der zügigen Meldung der Zwischenfälle und Mängel an die übergeordnete Verantwortungsebene war es offenkundig auch.

Damit sind bereits zwei Aspekte der mehrdimensionalen Gestalt, die einen zeitgemäßen Qualitätsbegriff für die Medizin nach unserem Verständnis definieren, bezeichnet. Die der guten medizinischen Praxis, traditionell gesprochen: des therapeutischen Handelns lege artis einerseits. Das handwerkliche Handeln am Krankenbett – oder besser: am Inkubator – des Patienten, wies augenscheinlich Mängel auf. Die zweite Dimension, die sich, wie dieses Beispiel so deutlich zeigt, mit der ersteren verschränkt und deren Vernachlässigung nach unserer Auffassung immer wieder ihr Potenzial demonstriert, alles zunichte zu machen, was „medizinische Hände" zuvor aufgebaut haben, ist die Kommunikation. Diese war innerhalb der Verantwortlichkeitskette gestört bzw. unterblieben.

Da aber Kommunikationen den Baustoff bilden, aus dem soziale Systeme sich konstruieren, da sie sich durch Kommunikationen erhalten und sich durch sie innerhalb ihrer systemischen Grenzen auch reformieren, gilt es, ihnen in unserer Perspektive und nach unserer Überzeugung *gleiches Augenmerk zuzubilligen wie den materiellen Handlungsdimensionen von Medizin*: Der Wendepunkt der von Ralph Kray aufgezeichneten Krankengeschichte ist nämlich nicht identisch mit ihrem dramatischen Höhepunkt, dem Entfernen der Infusionsbatterie und dem Ziehen der Infusionsschläuche durch seine Ärztin. Er eilt diesem Handeln voraus. Der Wendepunkt liegt davor: In der Kommunikation von Handelnder und Behandeltem und ihrem gemeinsamen Beschluss, den normierten therapeutischen Algorithmus zu durchbrechen.

„Sind Sie damit einverstanden, dass ich Ihre Chemotherapie jetzt sofort absetze?" Er verstand nicht. Und sie fuhr noch leiser fort: „Wir werden Sie töten, wenn wir so weiter machen." Jetzt verstand er.

Die Individualisierung des Prozesses, die hier partnerschaftlich vollzogen wird, ist eine Verabredung zur Rebellion. Es sind radikale Wendungen wie diese, die medizinisches Handeln binnen eines Augenblicks vollführt. Vom evidenzgesicherten Behandlungspfad mit dem Tod in einer Wahrscheinlichkeitsfunktion und ebenso mit Errettungen in einer Wahrscheinlichkeitsfunktion hin zum individualisierten Entschluss. Es ist ein Umsturz des gesamten Risikokonzepts der Therapie, der sich hier vollzieht: vom statistischen Risiko ins persönliche Risiko, in die Übernahme von Verantwortung und damit der Bewusstwerdung, dass man vor dieser Verantwortung – unter Aufgabe einer wesentlichen Qualität der ärztlichen raison d'être zwar, in einem normiert-standardisierten System womöglich allzu leicht hätte flüchten können. Wir kommen auf diese Dialektik der Standards in unserem Band zurück.

Es sei aber bereits angemerkt, dass wir in ihnen, wie im Jahrzehnt zuvor den quantitativen Qualitätsmaßen, durchaus einem modischen Trend begegnen – man hat nun Standards, Pfade und Pauschalen. Das hat gewiss sein Gutes, denn es stärkt Vergleichbarkeit, Kontinuität und vor allem die Reflexion individueller ärztlicher Ergebnisqualität. Dass Standardisierung in sich selbst potenziell Risiken schafft, darf indes nicht aus dem Blick geraten: Sie arbeitet der individuellen Courage zum unkonventionellen klinischen Entschluss entgegen, der zuweilen der einzig aussichtsreiche ist. Es ist dies der wahre Kern in der im System durch jahrzehntelanges Interesseringen und Klientelwesen verschorften Debatte um die Therapiefreiheit. Denn der algorithmische und automatisierte Arzt mag eine erstaunliche durchschnittliche Effizienzqualität produzieren; dennoch wird er, vom klinischen Blick und der *Fuzzy Logic* komplexer therapeutischer Entscheidungen vollends befreit, aufhören, im Sinne der abendländischen Tradition noch wirklich Arzt zu sein. In unserem sich unmittelbar anschließenden Gespräch mit dem Präsidenten der Bundesärztekammer, Prof. Dr. Frank Ulrich Montgomery, scheinen diese Spannungen zwischen ärztlicher Leidenschaft und operativer Notwendigkeit klar auf. Es ordnet sich in der Nussschale in den Kontext der im weiteren erschlossenen Fragenkreise unseres Kompendiums ein.

Der Qualitätsbegriff, den wir Auswahl und Ausrichtung der Beiträge zu diesem Band zugrunde legen, erfasst dementsprechend in *seiner irritierenden Ganzheitlickkeit* paritätisch:

▶ „zeitlose" Variablen wie die *Qualität zwischenmenschlicher Interaktion* (der Zuwendung, der Stiftung von Zuversicht und Geborgenheit an den verzweifelnden Kranken)

▶ ebenso wie *hoch konkretisierbare Parameter* (die Effizienz und therapeutische Breite eines Chemotherapeutikums, die mechanische Funktionalität und ästhetische Vollendung einer Operationsnaht, die gute Kostenkontrolle).

Qualität, in dieser Breite begriffen, wie unser Band sie auffassen will und als eine Art „Kompendium" nach unser Auffassung auffassen muss, ist also, wer wollte das bestreiten – und dennoch scheinbar paradox – *zugleich in qualitativen und in quantitativen Maßgrößen zu fassen*. Kongruenz und Kommensurabilität zwischen den sich so erschließenden Dimensionen der Kritik einer Praxis sind nicht garantiert, ja meist nicht einmal zu erhoffen.

Dieses Paradox, darauf werden die Autoren wiederholt fokussieren, zählt zu den ganz wesentlichen Determinanten der Verfahrenheit der gesundheitspolitischen Debatte in der gesamten industrialisierten Welt: Man ist sich in Diskursen à la „Wozu Medizin?" und „Wie Medizin?" nicht einmal über das Ziel, geschweige denn über die Zielgrößen *der indes unentrinnbar gemeinsamen* Unternehmung einig.

Qualität schillert

Entsprechend treibt der *schillernde Charakter* seiner Qualitätsbegriffe ganz wesentlich die fortwährende Wiederholung immer gleicher rhetorischer Muster im medizinökonomischen Diskurs der Bundesrepublik Deutschland an: Unsere Versorgungslandschaft ist durch eine *ausgeprägte Akteursheterogenität einerseits* (staatliche und quasistaatliche Payor-Strukturen, öffentlich, halböffentlich, quasiöffentlich und pseudoöffentlich finanzierte Krankenhäuser, „Scheinselbstständigkeit" privatunternehmerisch formierter, doch gänzlich vom GKV-System abhängiger Praxen) geprägt. Solches ist bezüglich der betriebswirtschaftlichen Qualitätsdimension „Effizienz" bekanntlich problematisch. Die Multiakteurslandschaft hat sich andererseits jedoch, trotz oder wegen dieses Pluralismus, als außerordentlich systemstabil erwiesen. Dies mag den patientenbezogenen Qualitätsdimensionen Verfügbarkeit und Wahlfreiheit zugute kommen (wiewohl dies empirisch keineswegs ausreichend belegt ist). Oder handelt es sich um ein Stasis, einen ewigen Burgfrieden strukturell allzu kräftegleicher korporatistischer Strukturen, die die Qualitätsdimensionen Transparenz und Wettbewerblichkeit möglichst schwach betonen möchten?

Der jahrelange Streit um die Einführung externer Qualitätssicherung im Gesundheitswesen und der letztendlich erreichte, ausgesprochen sanfte und diskrete Umgang mit weit unterdurchschnittlicher klinischer Performanz soll hier als Beispiel genügen. Ein Wert- und Richtungskonflikt innerhalb des breiten Begriffsfeldes der Qualitätsdimensionen lässt sich nämlich bereits an diesem Beispiel instruktiv herausarbeiten: Schlössen wir eine Abteilung, ein Krankenhaus gar, weil die Outcome-Qualität eine Norm allzu radikal unterschreitet, dann wäre ein Qualitätsdefizit behoben. Die regionale Gesamt-Versorgungsqualität aber, argumentieren die anderen, werde so gesenkt: Denn nun haben wir womöglich eine geografische Lücke in die ansonsten geschlossene Versorgungsdecke gerissen – der populationsbezogene Outcome (gegenüber dem beim ersten Parameter nur die bislang tatsächlich Behandelten) könnte sich trotz der vergleichbar schlechten Qualität des Hauses durch seinen Wegfall weiter verschlechtern, da Patienten nun zu weite Wege in Kauf nehmen müssen u.v.a.m. Dies, nebenbei, ist eine alte und doch beständig aktuelle Debatte in der Medizin: *Ist schlechte Versorgung besser als keine Versorgung?*

Von den Spitälern der Heiligen Elisabeth von Thüringen im 13. Jahrhundert bis hin zu denen der Seligen Mutter Teresa in Kalkutta sieben Jahrhunderte später war es gewiss oftmals wahrscheinlicher, in den Häusern der barmherzigen Krankenfürsorge zu sterben als außerhalb, vorwiegend hygienehalber. Mitunter mag dies sogar in unseren Tagen multiresistenter Krankheitserreger selbst auf modernsten Stationen wieder zutreffen. Wir sehen: Zuwendung schafft eine Qualität, Wertorientierungen bringen Qualitätspriorisierungen ein, Desinfektion schafft eine Qualität: Handeln und Unterlassen hierarchisieren Qualitätsdimensionen. Keine Praxis kann dem Begriff ausweichen. Doch jede *konkrete* Praxis wird, um sich zu rechtfertigen, Anstalten machen, *ihren* Qualitätsbegriff *reduzibel* zu fassen.

Für die Medizin war es naheliegend, dies in Bezug auf klinische Endpunkte, also *Outcomes,* auszudrücken: Entscheidend für aussagekräftige und interinstitutionell vergleichbare Maße sind etwa Mortalität, Reoperationsquote, Funktionalität des Ergebnisses usw. Naheliegenderweise hat dies besonders in den operativen Fächern eine hohe Überzeugungskraft: Eine entzündete Narbennaht ist unmittelbar evident, und ein falsch implantiertes Hüftgelenk verrät sich im radiologischen Bild. Ein weiter Teil Chirurgie weist in dieser Hinsicht gegenüber internistischen Fächern eine gewisse Unterkomplexität auf, was in jedem Krankenhaus in allgemeinerer und derberer Form bekanntlich sprichwörtlich ist. Doch wie sieht es mit der Outcome-Bewertung einer Psychoanalyse aus? Der Effektivität einer Anamnese oder Basisdiagnostik? Landläufig ist die Annahme, dass sich deren spezifische Tugenden – die der sprechenden Medizin, der zugewandten therapeutischen Interaktion, der sorgsamen Manualität – der vulgären Bemaßung entzögen: Je tiefer wir in alternativmedizinische Deutungssysteme eindringen, desto unschärfer werden oftmals die Kategorien der Kommensurabilität, desto individueller erscheint der Patient – bei Radikalhomöopathen zuweilen so sehr, dass man glauben mag, das Wartezimmer sei mit sämtlich neu entdeckten Arten angefüllt.

Während es wahr ist, dass sich ganze Fachrichtungen mit einiger Berechtigung und teils guten Gründen dem eisernen betriebswirtschaftliche Gebot „What you can't measure, you can't manage" zu entziehen trachten, wollen wir nachdrücklich darauf hinweisen, dass ein Eskapismus vor Bewertung und Bewertbarkeit gefährliche Folgen zeitigen kann und in der Versorgungspraxis auch zeitigt.

In Ralph Krays Beispiel begegneten wir, wie oben bereits reflektiert, einem Hausarzt, der zeitgeistkonform agiert:

Der Spezialist sagt: „Kein Befund." Der Hausarzt erhält den Bericht des Spezialisten und sagt: „Also, da siehst Du's. Weniger Stress! Wechsle die Stelle! Alles Nerven. Und vergiss den Tee nicht – viel trinken. Tschüss." Und wieder macht niemand eine Biopsie.

Zusammenfassend können wir von diesem Punkt aus nun also argumentieren: Spezifische Dimensionen medizinischer Qualitätsbegriffe rekurrieren bis hinunter auf die Ebene anthropologischer „Konstanten": Der Mensch bedarf des Lebensmuts, sozialer Bindung, der Zuversicht, um zu genesen, und Medizin sieht dies heute durchaus ein. Die anderen formen sich zu Sachzwängen: Eine betriebswirtschaftlich und evidenzbasiert formierte Medizin wird effizienten und womöglich gar nachhaltigen Umgang mit begrenzten öffentlichen Ressourcen betreiben – und dies messbar belegen können.

Dass zum Kernkriterium der Akzeptanz für Medizin, wie wir sie in unserem Versorgungssystem betreiben, geworden ist, wie die Balancen zwischen diesen Dimensionen des Qualitätsbegriffs eingestellt werden, wird keinem der Akteure entgangen sein: Im populären Diskurs flottiert seit vielen Jahren das Schema der „Maschinenmedizin", der „Menschlichkeit" abhanden gekommen sei. Es heißt – in einer mehr die Märkte segmentierenden als Sinn stiftenden Verkürzung – es gebe eine „Alternative Medizin", welche sich dem empirisch-quantitativen Mechanismus der „Apparate"- oder „Reparaturmedizin" entgegenstemme.

Dies haben wir nun in die Qualitätsdebatte einzuordnen. Wir haben argumentiert, dass eine lineare Quantifizierung von Qualität, dass der Versuch, die Medizin in Maß, Zahl und Gewicht zu normieren und jeglichen Prozess in einen Standard zu überführen, nicht ärztlich sei. Wir haben sodann aufgezeigt, dass reduktionistische Qualitätsbegriffe durchaus ihren Sinn haben: Man muss benennen, dass im barmherzigen Spital mehr Menschen sterben als außerhalb seiner Mauern, um den Missstand identifizieren und die richtigen Prioritäten der anzustrebenden Outcomes zu setzen. Dass diese jedoch abhängig vom philosophischen Basiskonsens, vom Grundnormrahmen sind, muss mit bedacht werden: Haben wir es nämlich, wie im aus dem Glauben formierten Hospital früherer Jahrhunderte oder ferner Länder mit einer Wertpriorität zu tun, in welcher die Errettung der Seelen weit vor jener der Wiederherstellung der Leiber rangiert, so mag es plausibel und qualitätsgesichert erscheinen, auf Verfügbarkeit der

Sakramentenspende zu optimieren anstatt auf mediane Überlebenszeit. Ein solcherlei konstituiertes System würde wenig Anstoß daran nehmen, wenn ein quantitativer Parameter aus der Norm liefe, sofern seine Optimierung die Sicherung der Seelsorge in Frage stellen könnte. Wir müssen also nun fragen: Ist der Streit um die Qualität von Medizin als sozialer Praxis, wie er zwischen „Alternativmedizin" und „Schulmedizin" seit langem ausgetragen wird, ein solch fundamentaler Konflikt alternativer Weltmodelle und Qualitätsbegriffe, wie er es wäre, wenn Hildegard von Bingen mit Christiaan Barnard debattierte?

In unserem Band werden wir es unternehmen zu zeigen, dass diese Dichotomie („alternativ" <–> „scholastisch") zwar reale Probleme der Integration von Qualitätsdimensionen adressiert, dabei jedoch alles andere als im Vollsinne *kritisch* ist: Die Segmentierung von Qualitäts- und Therapiekulturen in „etabliert" und „alternativ", bis hin zu dem auf die ideologische Erstarrung der mittelalterlichen Scholastik anspielenden Schmähwort der „Schulmedizin" ist irreführend. Jene Ärztin, die in Ralph Krays medizinischer Erzählung *alternativ Medizin betreibt*, indem sie *im entscheidenden Augenblick* mit dem Patienten gemeinsam entscheidet, den vorgegebenen Therapiepfad zu verlassen, *betreibt nicht „Alternativmedizin".* Und der naturheilkundlich beschlagene und damit erfolgreich behandelnde Mediziner wechselt nicht in ein verfeindetes Lager der „Schulmedizin", sobald er erkennt, dass für eine eskalierende klinische Situation kein Kraut mehr gewachsen ist und sich der Griff zum monoklonalen Antikörper aufdrängt: Wer heute in einen Diskurs über Qualität in der Medizin eintreten möchte, ist nach unserer Überzeugung gut beraten, die kognitiven Schemata der 1970-er Jahre hinter sich zu lassen und sich zu tatsächlich kritisch-analytischen Perspektivierungen hinreißen zu lassen. Dahin möchten wir führen, und dazu möchten wir verführen – auch in Form von Texten, die in diesem Sinne Anstoß zur Debatte geben, ohne selbst die Form der geschlossenen analytischen Durchdeklination bis zum quod erat demonstrandum anzunehmen.

Worin liegt das Missverständnis, welches die „Alternativ-" vs. „Schulmedizin"-Debatte für den Qualitätsdiskurs unfruchtbar macht? In einem, so können wir zeigen, fundamentalen Missverständnis bezüglich der etabliert-dominanten, wissenschaftlich-technischen Medizin. Dieses Missverständnis ist außerordentlich verbreitet: Die Heilkunde, wie sie von der großen Mehrheit der Ärzteschaft praktiziert wird, sei psychosozial unsensibel. Der Ruf nach mehr Zuwendung, tieferer Ganzheitlichkeit und innigerer Seelenschau begleitet das Sprechen über Medizin seit Jahrzehnten. Ist unsere Medizin sozial unsensibel?

Ist unsere Medizin sozial unsensibel?

Das ganze Gegenteil, so argumentieren wir, ist der Fall: Die ungeheure Scheu, mit der die jeweiligen System-Akteure auf jegliche Image-gefährdende und Status-quo relevante Innovationsneigung, auf jede öffentlich geäußerte Qualitäts-Skepsis reagieren, zeigt vielmehr, wie hochgradig empfindsam die Beteiligten dafür sind, dass es sich bei Medizin jederzeit und unbedingt um soziale Praxis und Interaktion handelt. Die kommunikative Problematik entsteht *nicht* daraus, dass Medizin nicht in der Lage wäre, ein Gegenüber zu erkennen und mit diesem im Diskurs zu stehen. Sie entsteht vielmehr daraus, dass Medizin dieses Gegensubjekt ganz im Sinne des Zeitalters der Masse, des 20. Jahrhunderts, als Kollektivsubjekt konstruiert.

Gestritten wird also durchaus über gute Praxis, doch stets mit Seitenblick auf einen Interaktionspartner, der nicht der Patient als Einzelner ist, sondern der Patient, Politiker, Funktionär als Medium öffentlicher Meinung: Der Streit im teil- und quasistaatlichen, korporatistischen Medizinalwesen war nicht überwiegend bestimmt durch ein Ringen um das jeweils Outcome-bezogene Optimum in einer

Multitude jeweils einzelner Patienten, sondern durch ein Ringen um Meinungsführerschaft im Konzert der Kollektivakteure. Dies macht uns F. U. Montgomery am Beispiel des Konfliktes um die Frage, wem quasi die Evidenzbasierte Medizin gehöre, klar. Er erkennt in ihr eine ärztliche Erfindung, die von den Bürokratien absorbiert worden sei oder zumindest unter der steten Bedrohung einer solchen Absorption leben.

Das vorliegende Buch hat sich also einer ehrgeizigen Herausforderung gestellt: Es möchte den Begriff der Qualität in Medizin und Gesundheitsversorgung in möglichst vielen seiner so mannigfaltigen Dimensionen ausleuchten, und dies in jeweils angemessenen, jedoch heterogenen Formaten. Der eben aufgerufene Punkt ist dabei zentral: Da die Letztbegründung der Existenz eines medizinischen Versorgungssystems in unserem heutigen Gemeinwesen nicht mehr darin liegen kann, durch eine Optimierung der Durchschnitte möglichst viele gesunde Leistungsträger und damit Volksgesundheit zu schaffen, muss ein ethisches Fundament gefunden werden, das der Lebenswirklichkeit einer individualisierten und pluralistischen Gesellschaft entspricht.

Wir, Autoren und Leser, dürfen dabei zunächst gewiss sein: Jeder, der auch nur an den Rändern des Gesundheitsversorgungssystems mit diesem in Berührung kommt (etwa als sporadisch ihm ausgesetzter, da im Großen und Ganzen gesunder Mensch), wird sich selbst qualitative Fragestellungen vorlegen – gänzlich unwillkürlich nämlich. Oftmals vollziehen sich diese Alltagserscheinungen subjektiver Metriken von Qualität unreflektiert: Als Konsumenten medizinischer Dienstleistungen empfinden wir womöglich eine Art impliziter Systemkritik in Form des Missbehagens über allzu langes Verharrenmüssen im Wartezimmer und einer anschließend als zu rasant und oberflächlich empfundenen Konsultation (deren Verlängerung freilich wiederum verärgerungsrelevante Wartezeit für andere Patienten erzeugen würde).

Diese Form der Kritik: „Heute war ich beim Doktor, und stell' Dir vor, er hat mich eine Stunde warten lassen, er hatte fünf Minuten Zeit, und alle anderen hatten gar nichts Ernstes", sie hat es vermutlich immer gegeben, seit Medizin als verteiltes öffentliches Gut praktiziert wird, mindestens also seit der Errichtung eines allgemein zugänglichen, sozialversicherungsgetragenen Versorgungssystems. Manch ein Praktiker bestreitet die Relevanz dieses „allgemeinen Genörgels" schlankweg – denn zum einen besagt eine Medizinerweisheit, dass das menschliche Gehirn im Allgemeinen zur Steuerung seiner Befindlichkeitsintegrität einen Frontallappen verwende, das Hirn des Deutschen jedoch einen Jammerlappen. Und eine weitere, zumindest in den küstennahen Praxen, lautet: „Do wat du wullt, de Lüd snackt doch".

Anspruch, Messung, Balance

„Sie", „die Leute", sie „klagen immer". Dahinter steht die Vermutung, dass selbst der Landarzt in der dünn besiedelten Provinz, der de facto jede Nacht Bereitschaft schiebt und mehr Kilometer sammelt als ein Handelsvertreter, doch noch mehr leisten können müsste. Geht da nicht noch mehr? Ist nicht noch mehr Zuwendung, Aufmerksamkeit, mehr Diagnostik, mehr Therapie, mehr Allround-Versorgung zu holen?

Damit haben wir schließlich eine Dimension des Qualitätsbegriffes angerissen, deren Relevanz immer gewichtiger wird: Das Qualitätsempfinden der Zielgruppe medizinischen Handelns, der Patientinnen und Patienten. Selbst bei maximaler Inklusion aller Akteure des Gesundheitswesens, vom ambulanten Pflegedienst bis hin zum Chefarzt, übertrifft die Kopfzahl dieser Stakeholder-Gruppe – der Konsumenten – die sämtlicher übrigen Akteure im System um das mehr als Fünfzigfache. Für lange Zeit war dies ein Argument von nicht allzu hohem Gewicht: Zwar war der Patient insofern einflussreich, als er auch Wähler ist. Über seine politische Teilhabe konnte er indirekt auf die Rahmenbedingungen der Versorgung einwirken. Die Ärzteschaft war sich dessen stets bewusst, und sie hat ihren Vertrauenskredit nicht selten eingesetzt, um den Volkssouverän bei Praxisbesuchen zu agitieren. Als Beispiel seien der chronifizierte Topos „Am 12. November ist mein Budget erschöpft" und ähnliche hoch flexibilisierte Tatsachenbehauptungen genannt.

Und in der Tat: Im Zeitalter einer weitgehend staatsähnlichen und obrigkeitsaffinen Medizin (also für mehr als 100 Jahre) hat die Arbeitsteilung im Feld der öffentlichen Meinungsbildung in Sachen Qualität der Versorgung verlässliche Dienste geleistet: Funktionseliten definierten, was gut oder schlecht sei, meldeten ihre Bedarfe bei öffentlichen Kassen und legitimerten Entscheidungsträgern an, und der Volkssouverän holte sich montags seinen „gelben Schein", sonntags Wegweisung vom Pfarrer und ventilierte seine Unzufriedenheit allenfalls im Kreise der Familie und der Freunde. Die Reichweite der Kritik an Medizin als flächendeckender Praxis, wir werden sogleich darauf zurückkommen, war lange Zeit gering. Soziale Netzwerke, wie wir sie heute kennen und begrifflich mit elektronischen Medien assoziieren, erstreckten sich auf 100, vielleicht 150 Personen im unmittelbaren Nahfeld – und der Kreis derer, mit denen die persönliche Morbidität und deren womöglich als mangelhaft empfundene ärztliche Bewältigung geteilt wurde, war mit Sicherheit noch deutlich übersichtlicher. Der fundamentale Wandel, der sich derzeit in der „peer-to-peer"-Kommunikation vollzieht, in der Vernetzung der medizinischen Laienschaft über beliebige Entfernungen und soziale Nähestufen hinweg, wird noch zu diskutieren sein. Vorweg ist aber darauf einzugehen, dass dem Wandel durch Internet und Arztportal, durch Facebook, DocInsider und AOK-Arztnavigator noch keine konsistente, modernen Kommunikationskonventionen gemäße Stimme der Medizin gegenübersteht – die Fragen überschießen das Angebot an Antworten.

In der fortgeschrittenen Überflussgesellschaft sind Patienten Konsumenten, und Konsumenten sind vor allem eines: unzufrieden. Ohne Dynamiken permanenter Unzufriedenheits-Erzeugung, jeder Werbe-Profi weiß es, ist auf den Marktplätzen unserer Zeit keine zufriedenstellende Kaufkraftabschöpfung mehr zu bewirken.

Wir finden uns heute wieder als Konsumenten von Medizin in zwei Märkten, dem ersten und dem zweiten Gesundheitsmarkt und sind Zeitzeugen einer teils sinnvoll-gebotenen, teils leerlaufend-symbolischen Ökonomisierung von Medizin. Als Patienten sind wir Individuum, als Kranke anders als die Gesunden, aber auch für Individualität und „man selbst sein" gibt es allfällig Schemata, Rollenklischees und Erwartungskomplexe, denen man sich zu fügen geneigt ist. Ebenso finden wir auf Seiten der Ärzte mannigfache Systemdrücke, die qualitätsirrelevante Parameter wie Budgetoptimierung, Codierungskunst und politische Opportunität über das kurative Proprium der Medizin rücken. Und so sehr die gewachsene Macht der Behandlungspfade, der klinischen Epidemiologie, der Evidenzbasierten Medizin und der neuen Rationalität in der Therapie Potenziale vorhalten, um die Lage des Patienten als durchschnittlichem Patienten zu bessern, müssen wir im Qualitätsdiskurs immer auch die Frage nach dem Einzelnen als Einzigartigem im Blick behalten: Also fragen, wie sieht Medizin aus der Perspektive dessen aus, für den sie gemacht wird. Dies ist ein qualitativer Ansatz im Diskurs von Qualität, und ihn in Balance mit dem – in unserem Band selbstverständlich auch zu seinem Recht kommenden – großen Fortschritt in der Messbarkeit und Bemaßung quantitativer klinischer Qualität zu bringen, ist unser Ziel.

Legitimation durch Rechenschaft

Der Präsident der Bundesärztekammer, Prof. Dr. med. Frank Ulrich Montgomery, über fachlich und gesellschaftlich (un-)verbrauchte Qualifikationen der Ärzteschaft

Christoph Koch & Ralph Kray

„Qualität" – das hat sich bereits während der Vorbereitungen zu unserem Band als ein wirkliches Begriffs-Gebirge erwiesen, das wir dennoch übersteigen wollen. Trotzdem ist es schon eine Respekt einflößende Landschaft, die sich da auftut, wenn man die Vielfalt der Bedeutungen erfasst: Schon die „Qualität" im Namen „ÄZQ" scheint uns etwas anderes zu bedeuten als die in „IQWiG". In Patienten-Portalen fanden wir teilweise mehr über die Qualität des Essens auf Station als über die Qualität von Therapie. Und in vielen Politikerreden ist die Qualität der Medizin einfach eine Naturkonstante: „Wir haben eines der besten Medizin-Systeme der Welt, jetzt gilt es, dies zu bewahren." Wir möchten Sie heute nach Ihrem Bild von Qualität in der medizinischen Versorgung der Bevölkerung, in der Ausbildung und im Alltag des Arztes und im systemischen Sinne befragen. Deshalb ist unsere Frage auch gretchenhaft naiv: Was ist zunächst einmal das, was für Sie den Kern des Begriffes Qualität ausmacht im Felde der Medizin?

Man sieht bereits an der langen Einführung, die Sie brauchen, um diese Frage zu formulieren, wie komplex unser Gegenstand ist. Beginnen wir mit der wissenschaftlichen Diskussion, von der wir unsere praktischen Schlussfolgerungen ableiten. Es gilt basal, dass Qualität auch in der Medizin die Menge des Erreichten bezogen auf die

Menge des Gewünschten ist. Doch wir haben in der Medizin, anders als in technischen Bereichen, nicht die Möglichkeit, Qualität von ihrem Ausgang her durchgängig objektiv zu messen. Weil es schlichtweg immer eine ganz entscheidende Rolle spielt, was *derjenige, der der Patient ist*, eigentlich von mir will.

Ich will das kurz erklären. Für mich ist es, wie für jeden Arzt, ein Riesenunterschied, ob Sie bei einem 16-jährigen Leistungssportler eine akute Appendizitis operieren oder bei einer 80-jährigen Frau mit einer Demenz und vielen weiteren Erkrankungen. Sie haben offensichtlich ein völlig anderes Ziel anzusteuern. Ganz analog ist es bei der Fraktur einer Extremität: Bei einem jungen Leistungssportler wollen Sie zu einer restitutio ad integrum gelangen. Das funktionale Ergebnis muss hundertprozentig überzeugen, es hat hier absolute Priorität. Bei einem alten Menschen bedenken Sie hingegen schon intensiv das Operationsrisiko, das Schädigungsrisiko einer jeweiligen Intervention in Relation zu dem gewünschten Erfolg.

Es leuchtet nun ein: Deswegen können wir Qualität in der Medizin nicht absolut mit einer konkreten Maßzahl messen. Man muss immer abschätzen: Was wollen wir eigentlich als Bestes für den Menschen. In einem modernen System der Versorgung selbstverständlich unter Einbeziehung der Frage, was dieser Mensch selbst will. Ich denke hier beispielhaft an die Frage, in welcher Form der Patient bei großen, oft ja sehr verstümmelnden Eingriffen in der Krebschirurgie sein Recht ausübt zu sagen: „Das will ich gar nicht, ich will lediglich eine palliative Behandlung." Und das, obwohl ich als Arzt unter „objektiven" Qualitätsaspekten sagen würde: „Nein, ich kann auch eine ganz andere Situation herstellen, allerdings um einen Preis, den ich als Arzt zahle, den du als Patient zahlst."

Insofern ist erst einmal zu bestimmen, was wollten wir denn überhaupt erreichen, um relativ dazu zu bestimmen: Was haben wir davon tatsächlich erreicht?

Wir sehen, dass der Kern des Begriffes Qualität im Wechselspiel der Maßgrößen steht, er ist abzugleichen mit den Wünschen, mit dem Bestmöglichen, mit den Erfordernissen der klinischen Situation.

*Klaus Dörner hat vor rund 20 Jahren ein Buch geschrieben, „Der gute Arzt",
in dem er die ärztliche Grundhaltung, das im Dienste des Patienteninteresses
stehende Ethos des Arztes, eines Arztes für einen anderen, nicht vor allem um
seiner selbst willen, ausarbeitet. Er wendet sich gegen das damals aufkom-
menden und noch anhaltenden Ethik-Boom der Großdebatten (Sterbehilfe,
Embryonenschutz, Gentechnik), um sozusagen an der Basis anzufangen und
alles Folgende auf das ärztliche Berufsethos aufzubauen. Wir möchten Sie
fragen: Wie stark ist diese Kraft, das ärztliche in-der-Pflicht-zum-Patienten-
stehen heute, in einer Zeit der Fallpauschalen, der Codierakrobatik und der
Hyper-Bürokratisierung der Abläufe?*

Der Konflikt um das Gewicht der betriebswirtschaftlichen Perspektive ist einer, den wir in allen Bereichen hochkomplexer gesell-
schaftlicher Vorgänge, welche sich auf eine Art von Grenznutzen
hinbewegen, sehen. Selbstverständlich verstehe ich die Kollegen, insofern sie eine Unterordnung medizinischer Prinzipien unter diese
Logik, wenn sie quasi mit Gewalt durchgesetzt wird, sehr stört. Ich
sage jedoch auf der anderen Seite, dass ich glaube, dass wir als Ärzte hier orientierungsreicher sein müssen. Sprich: Ich glaube, es hilft
uns gar nichts, eine grundsätzliche, fast hilflose Abwehr solcher ökonomischer Maße und Prinzipien zu inszenieren.

Wir müssen anerkennen, dass wir in einem System, das sehr viel
Geld umsetzt, welches man Menschen in Form einer Art Steuer, also
gegen ihren Willen, abnimmt, Verantwortung tragen und nachvollziehbar belegen müssen, wofür es vernünftig ausgegeben werden
muss. Der Konflikt zwischen Ökonomie und Medizin wird manchmal ein bisschen zu hoch stilisiert, weil er uns Ärzten total lästig ist.
Aber ich betone eben, dass nichts unsolidarischer ist, als öffentliche
Geldmittel für Überflüssiges auszugeben. Und so glaube ich, dass
wir Ärzte uns in Sachen Verständnis vernünftiger betriebswirtschaft-
licher Qualitätsmaße durchaus nach der Decke strecken müssen.

*Damit streifen wir bereits die Qualität ärztlicher Arbeit für sich selbst und
ärztlicher Lebensqualität als möglicher Determinante für Outcome-Qualität:
Einen großen Teil Ihres Engagements hat der Einsatz für Arbeitsbedingungen
in den Krankenhäusern ausgemacht, die zumindest in die Nähe eines ganz*

normalen Berufs, eines ganz normalen Arbeitnehmeralltages kommen: geregelte Arbeitszeiten, keine Monster-Schichten, Freizeitausgleich und so fort. Wie erfolgreich war das bisher, und haben Sie den Eindruck, dass diese besseren Bedingungen auch bessere Medizin machen?

Sofern es darum geht, mit Verwaltungsdirektoren und Krankenhausträgern über Qualität und Effizienz zu sprechen, steht für mich fest, dass die Belastung im ärztlichen Bereich, und nur für den habe ich ein Mandat zu sprechen, stark zugenommen hatte, während die Einkommen relativ gesehen abnahmen. Es gab tatsächlich viele Kollegen, die – grob gesprochen – die Faxen dicke hatten. Und somit hatte ich im Interesse der Qualität des Gesamtsystems auch eine Verpflichtung, mit dem einen oder anderen Verhandlungspartner etwas heftiger umzugehen. Und so kam es, dass wir am Ende durchaus zu einer Lösung gefunden haben, die den Arbeitsplatz Krankenhaus wieder attraktiver gemacht hat.

Dennoch erscheinen bereits wieder neue Konfliktlinien zwischen den Akteuren im Gesundheitswesen, und eine der aktuell ins Auge stechendsten ist sicher die der Rationierung beziehungsweise Priorisierung medizinischer Leistungen. Hier steht die Klage im Raum, Ärzte seien quasi durch die Hintertür gezwungen, Patienten Leistungen nicht zukommen zu lassen – und insofern es sich dabei um notwendige Leistungen handelte, hätten wir hier ein schwerwiegendes Qualitätsproblem vor uns. Wie sehen Sie den Stand dieser Debatte?

Wir sagen: Ja, es findet heute schon implizite Rationierung statt. Nicht in einem dramatischen Umfang, so dass wir nicht das Gefühl haben, es werde im deutschen Gesundheitswesen massiv und auf eine sozusagen unintellektuelle Art gespart. Das ist nicht so. Dennoch kommt es zu qualitätsrelevanten Störungen in der Versorgung. In der Form etwa, dass die Kopplung von Budgets an Budgetzeiträume dazu führt, dass gegen Ende des Budgetzeitraums Leistungen, die medizinisch sinnvoll sind, nicht erbracht werden, weil man wartet, bis der nächste Budgetzeitraum angebrochen ist.

Das wird in der Regel aus der ökonomischen Entscheidung eines einzelnen heraus geschehen: „Ich habe kein Geld für eine neue Hüfte zur Verfügung, denn ich habe schon hundert Hüften gemacht." Das ist nicht vernünftig. Das ist intellektuell nicht sauber nachvollziehbar. Da wir das heute schon erleben, und da wir befürchten, dass das mehr werden wird, haben wir Ärzte eine Priorisierungsdebatte vorgeschlagen. Wir wollen sagen: Man kann uns als Ärzte nicht mit diesem Problem allein lassen. Man kann uns nicht sozusagen als Sozialrichter am Patienten willkurliche Rationalisierungsentscheidungen nach der Frage, ob ich bereits viele Fälle behandelt habe, aufbürden. Sondern wir möchten hierüber eine gesamtgesellschaftliche Debatte. Wir stellen sie uns so vor, dass eventuell am Ende dabei herauskommt, dass man sagt, große Operationen, schwerwiegende Eingriffe müssen eben immer und um jeden Preis bezahlt werden können, egal, wie das Budget gerade aussieht. Manch anderes wird man durchaus in seiner Priorität hintanstellen können und es dann machen, wenn das Geld dafür da ist, ohne dass die Qualität sinkt. Doch diese Entscheidungen können nicht mehr wir allein treffen.

Im klinischen Alltag würden zusätzliche, formalisierte Allokationsentscheidungsprozesse nicht nur ständige Gerechtigkeitsdebatten nach sich ziehen, sondern auch ein weiteres Formalisierungs- und Bürokratisierungsrisiko mit sich bringen. Wie beurteilen Sie den Umgang mit den Qualitätsbegriffen in dieser Debatte um das Notwendige und Angemessene für den Patienten?

Qualität wird derzeit überwiegend als Wettbewerbsparameter gesehen. Das ist zu eng: Sie ist ebenso gut ein Allokationsparameter. Negativ ausgedrückt: Verschwendung ist mit Sicherheit nicht kompatibel mit Qualitätsbewusstsein. Eine sinnlose Operation kann qualitativ noch so ausgezeichnet ausgeführt sein – wenn sie sinnlos ist, ist das alles keine Qualität. Und deswegen glaube ich, dass es einen direkten Zusammenhang gibt zwischen der Qualität und Priorisierung oder Rationierung.

In diesem Kontext entdecke ich mitunter eine trügerische Hoffnung bei manchen Kollegen. Sie glauben, dass die ganzen ausgedehnten Debatten, die wir führen, darin resultieren könnten, am

Ende um diese ganzen lästigen Anforderungen von Qualitätskontrolle, Qualitätssicherung und Qualitätsmanagement herumzukommen, um sich ganz der ärztlichen Kunst hinzugeben. Daran glaube ich nicht. Es gehört jetzt zu unserer gesellschaftlichen Verantwortung oder auf Neudeutsch: zu unserer *Accountability*, dass wir Rechenschaft ablegen über die Qualität, die wir liefern.

Wenn wir schauen, wie die Aufgabenteilung zwischen Ärzteschaft und Verwaltung in einem heutigen Krankenhaus abläuft, müssen wir erkennen, dass die ärztliche Tätigkeit bis hinunter zum Stationsarzt zum Beispiel durch Dokumentationsaufgaben stark belastet ist. Gleichzeitig erleben wir eine zunehmende Routinisierung der Abläufe. Sind dies Qualität sichernde oder Qualität in Frage stellende Prozesse?

Für die Routinisierung, oder sagen wir besser Standardisierung, gibt es mit Sicherheit ein Limit. Eindeutig können Sie etwa durch Behandlungspfade und durch koordinierte Abläufe viele klinische Situationen ökonomisch sinnvoller gestalten und leichter nach ihren qualitativen Ergebnissen erfassen, als wenn Sie alles immer als jeweiligen Einzelfall sehen. Ärztlich handeln heißt jedoch, an der richtigen Stelle sagen zu können: „Also den Patienten können wir nicht 08/15 behandeln, sondern hier müssen wir andere Methoden anwenden. Und das gibt es ja sogar im Kleinen. Ein Blinddarm nach modernster Technik mikrochirurgisch anzufangen, und dann stellen Sie nach einer gewissen Zeit fest, dass sie doch umsteigen müssen auf konventionelle Chirurgie, das ist Alltag. Dann haben Sie den standardisierten Einzelfall verlassen, um einen anderen Behandlungsweg zu gehen, weil die Qualität des Prozesses das verlangt.

Sie sprechen die Zunahme von Administration des ärztlichen Handelns an: Natürlich gilt, wie ich vorhin gesagt habe, dass es eine Selbstverständlichkeit ist, dass wir Rechenschaft ablegen müssen über das, was wir tun und dass es nachvollziehbar sein muss. Die Zeiten der Halbgötter in Weiß, die frei schwebend Einzelfallentscheidungen treffen, die ist wahrhaftig vorbei! Doch wenn man das also sagt, muss man jedoch unterscheiden, inwieweit es um eine ärztliche Dokumentation medizinischen Handelns geht, und wo man uns lediglich ökonomische Mithaftung zuweist. Denn diese Frage hat etwas mit ökonomischer Sinnhaftigkeit tun: Da wünschen wir uns, dass Verwaltungen uns nicht nur diese Pflichten auferlegen würden, sondern uns verlässlich helfen würden, diese Pflichten zu erfüllen.

Die Frage ist nämlich: Was davon ist Arztaufgabe und was nicht. So können Sie in sehr vielen Krankenhäusern im angelsächsischen Bereich erleben, dass Dokumentationsaufgaben selbstverständlich von anderen Berufsgruppen erledigt werden. Hier kann und sollte man vieles tun. Indem man uns Ärzten Arbeit abnimmt, und dazu führen wir auch in der Bundesärztekammer eine intensive Diskussion der Themen Delegation und Substitution. Dies betrifft nicht nur administrative Arbeiten. Bestimmte Formen von Katheterlegen, Blutentnahmen oder ähnliches, das muss nicht ein Arzt machen.

Was können administrative Spezialisten besser als Ärzte?

Bei der DRG-Einführung war ich für die Bundesärztekammer stark eingebunden. Wir haben damals gesagt, diese komplexe diagnosebasierte Systematik ist so organisiert, dass das nur Ärzte machen können. Und das war in der Lernphase wahrscheinlich auch richtig. Nur: Wir Ärzte haben es verpasst, hinterher andere Gruppen auszuwählen und diesen Aufgaben zu übertragen. Doch in gut geführten Krankenhäusern gibt es heute Anstrengungen, uns diese Aufgaben abzunehmen. Dies wäre ein klassisches Beispiel.

Des weiteren gibt es Tätigkeiten, die nach dem Gesetz unter Arztvorbehalt stehen, die man aber dennoch nicht zwingend selbst machen muss, wenn man sich davon überzeugt hat, dass ein Mitarbeiter das wirklich kann. Ich denke dabei zum Beispiel an bestimmte Verbandwechsel oder aber auch das berühmte Beispiel der Diabetes-Schwester, die dem Hausarzt auf dem Land hilft, durch Hausbesuche beim Patienten bei der Diabetes-Einstellung etwas zu machen. Das sind delegationsfähige Leistungen, da bleibt am Ende die Verantwortung beim Arzt. Aber in einem klugen Wechselspiel zwischen dem Arzt und dem Mitarbeiter kommt es zu einer Aufgabenverlagerung auf den Mitarbeiter, ohne dass die Verantwortung vollkommen auf ihn überginge.

Schließlich gibt es Aufgaben, wo der Mitarbeiter den Arzt substituieren soll, die also ausgelagert werden aus dem ärztlichen Bereich – komplett, mit aller Verantwortung auch mit der Indikationsstellung. Das ist unsere Grenze. Wir sagen: Eine als ärztlich definierte Aufgabe, die auch unter Arztvorbehalt steht, kann man nicht substituieren.

Zusammenfassend: Erstens, es gibt Sachen, die machen Ärzte, obwohl sie gar nicht ärztlich sind. Die können gern andere haben. Übrigens: Viele wollen das gar nicht! Es ist immer wieder interessant, wenn sie mit Gruppen sprechen, die so sehr um Übernahme ärztlicher Aufgaben ringen – die wollen nie den lästigen Kram haben. Sondern sie möchten Leistungen wie Physiotherapie und ähnliches am liebsten im so genannten „Direct Access", unter Umgehung des Arztes, anbieten. Und das lehnen wir natürlich ab.

Kommen wir noch einmal auf die Qualität der ärztlichen Tätigkeit aus Arztsicht zurück. Würden Sie bestreiten, dass sich in den vergangenen Jahren bezüglich Arbeitsbelastung, Vereinbarkeit von Familie und Beruf usw., nicht zuletzt durch Ihr eigenes Engagement, vieles verbessert hat?

Selbstverständlich. Ich würde mir nie im Leben meine eigenen Erfolge zerreden. In den Krankenhäusern hat der Grad der Unzufriedenheit in den letzten Jahren messbar abgenommen. Wir haben erstens eine Verbesserung der Arbeitsbedingungen erreicht, sowohl, was die Arbeitszeit als auch, was die Vergütung angeht. Aber wir sind trotzdem noch weit davon entfernt, goldene Zeiten erreicht zu haben. Aber eine Verbesserung hat es bereits gegeben, unstreitig.

Wie kann sich das in Qualität der Versorgung niederschlagen?

Zufriedene Arbeitnehmer liefern bessere Ergebnisse. Das wissen wir aus vielen empirischen Studien in anderen Bereichen. Wir wissen es übrigens andersherum auch: Unzufriedene Arbeitnehmer machen viele Fehler. Da gibt es sehr interessante Untersuchungen, unter anderem aus Harvard. Zum Beispiel mit dem Ergebnis, dass junge Assistenzärzte nach dem Nachtdienst sechsmal so häufig Autounfälle bauen wie auf dem Weg zum Nachtdienst. Das wissen wir alles. Eine systematische Untersuchung über das Verhältnis der Zufriedenheit mit der Qualität der ärztlichen Arbeitsbedingungen zur Ergebnisqualität aber besitzen wir bis heute nicht.

Offensichtlich sehen wir aber auch einen Wandel im Anspruch an die Lebensqualität im Beruf – es gab eine Zeit des heroischen Arztseins, am meisten galt, wer sich am meisten schindet.

Insofern bin ich auch noch so ein Dinosaurier. Als ich 1972 angefangen habe zu studieren, da war für uns völlig klar: Achtzig bis hundert Wochenstunden, und man ging in dem Beruf auf. Ich stamme aus einer alten Arztfamilie. Das war für mich alles gar nicht zu hinterfragen. Es war so. Ich mache dabei den Vorbehalt: Das ging von der damaligen Arbeitsintensität und Arbeitsbelastung aus. Die hat sich heute, allein durch die modernen Verfahren und Möglichkeiten erheblich verdichtet, alles geht schneller. Es ist problemtisch, den Arbeitsalltag und die Arbeitszeit der achtziger Jahre mit denen der Zehnerjahre des nächsten Jahrhunderts zu vergleichen. Das ist ein gewaltiger Unterschied. Aber es gibt auch, was die Menschen angeht, einen Unterschied. Wir haben damals eigentlich gelebt, um zu arbeiten. Uns war klar, wir werden im Krankenhaus für hundert Stunden in der Woche verschwinden. Und übrigens habe ich es auch sehr gern getan und tue es auch heute noch gern. Aber wir müssen einfach feststellen – und das sage ich ohne jeden Vorwurf, es ist eine reine Analyse –, dass die Generationen nach uns nicht mehr bereit sind, so zu leben. Wenn wir Älteren uns diesem Mentalitätswechsel nicht stellen, kriegen wir einfach keine mehr, die bereit sind, als Ärzte zu arbeiten. Wir haben gelebt, um zu arbeiten. Die Generation nach uns hat gearbeitet, um zu leben. Und jetzt haben wir noch eine neue Generation, das erlebe ich auch bei meinen eigenen Kindern, die hat den Anspruch, beim Arbeiten zu leben. Das macht es ganz schön schwierig. Der Frauenanteil in der Medizin ist ständig gewachsen, und es ist selbstverständlich, dass die Kolleginnen von ihrem Arbeitgeber verlangen, dass er Arbeitsprozesse und Lebensprozesse gleichzeitig ermöglicht – und damit auch mehr Arbeitszufriedenheit schafft und so übrigens bessere Ergebnisse.

Wir haben einfach erreicht, dass die Generation unserer Kinder heute Ansprüche an das Leben hat, die sie in ihrem Umfeld sieht, und sie sagt natürlich: „Warum soll ich das als Arzt nicht auch haben?" Und damit haben die Recht. Wir wollen, dass das gute Ärzte werden. Denn die Passion, das Brennen für den Beruf, das haben die genauso.

Doch es scheint, dass viele aus dieser Passion mehr Befriedigung ziehen, wenn sie nach Schweden, Norwegen, Dänemark oder Großbritannien gehen. Warum wird die Qualität der ärztlichen Tätigkeit dortzulande oftmals als höher wahrgenommen?

Zugrunde liegen zwei vollkommen divergierende Dinge. Nehmen wir mal die Skandinavier zuerst. Der Mythos, dass man in Skandinavien so unendlich viel mehr Geld verdient, ist genau das: ein Mythos, also falsch. Sie verdienen in Skandinavien ein bisschen mehr, aber nicht dramatisch. Aber Sie haben ein völlig anderes Umfeld und Selbstverständnis. Man versucht dort, Ihnen jede unnötige und lästige Arbeit abzunehmen, ganz einfach, weil Sie viel zu teuer sind, um diese weniger wertvollen Aufgaben zu erbringen. Das ganze Gebilde um Sie herum, das Team, das sich aber auch als Team begreift, ist darauf konzentriert, gemeinsam so effektiv wie nur irgend möglich die Arbeitsprozesse zu gestalten und dem Arzt wirklich zuzuarbeiten. Das ist das eine. Das zweite: Die Hierarchien sind viel flacher, und zwar die Hierarchien innerhalb der Ärzteschaft ebenso wie auch die Hierarchien über die einzelnen Berufsgruppen hinweg. Und das dritte ist: Es wird Ihnen geradezu verboten, übermäßig Mehrarbeit zu leisten. In Dänemark ist es so, dass ein Arbeitgeber 200 Prozent Zuschlag bezahlen muss, wenn er ein eng gefasstes Maß an zulässigen Überstunden überschreitet. Der hat nicht nur kein Interesse daran, der verbietet Ihnen Überstunden. Er will Ihnen auch einen den vernünftigen Erkenntnissen der Arbeitsphysiologie angepassten Arbeitsplatz bieten. Und er kümmert sich um Ihr Umfeld. Wenn Sie ein deutscher Arzt sind und Sie gehen in den hohen Norden, dann wird man Ihnen nicht nur einen Sprachkurs finanzieren. Man wird Ihnen auch anbieten, einen Arbeitsplatz für Ihren Partner zu besorgen. Man wird mit Ihnen über eine vernünftige, umfassende Kinderbetreuung reden, damit Ihre Kinder mindestens den Standard der Ausbildung bekommen, den sie in Deutschland hatten. Das ist doch für einen deutschen Arbeitgeber völlig unerhört! Die sind völlig baff, wenn sie hören, dass sie so etwas machen müssen. Das ist die eine Gruppe attraktiver Länder.

Zur anderen Gruppe, die genauso interessant ist, zählt zum Beispiel Großbritannien. Dort müssen Sie wahrscheinlich noch mehr arbeiten als in Deutschland. In Amerika übrigens auch. In Amerika streitet man noch darum, ob man die Arbeitszeiten jetzt auf 80 Wochenstunden begrenzt für die Residents. Nur – auch dort gilt, dass man versucht, Ihnen jede nur erdenkliche Wertschätzung entgegenzubringen und Ihnen alles abzunehmen, was überflüssig ist. Auch gemeinsam mit dem Patienten: Als Co-Worker an der Gesundheit des Patienten stellt man Sie in den Mittelpunkt, und es ist subjektiv diese Wertschätzung, die bei uns in Deutschland für den Arzt verloren gegangen ist, die meinen Kollegen teilweise so wahnsinnig wehtut.

Dennoch erscheint es, als seien andere Berufsgruppen von der Zeitdiagnose „Burnout" stärker betroffen als Ärztinnen und Ärzte. Ist die Qualität der Sinn-Erfahrung des ärztlichen Helfens hier vielleicht allen Widrigkeiten zum Trotz ein Schutzfaktor?

Ich bin kein Burnout-Spezialist, und ich halte den Begriff des Burnouts für inflationär gebraucht. Ich glaube, was wir heute erleben, wird vorangetrieben durch die Standardisierung aller Prozesse und durch eine Entkopplung des Arbeitsleistenden von seinem Erfolg. Wenn Sie immer nur eine bestimmte Schraube in ein Auto hineindrehen, aber niemals das Endprodukt sehen, geschweige denn, es fahren können, dann wird Ihnen der Wert Ihrer Arbeit genommen, und dann können Sie das irgendwann nicht mehr tun.

Und Sie haben wohl Recht: Wir als Ärzte haben ja fast alle immer noch bleibende Erfolgserlebnisse, die in der Heilung eines Menschen liegen. Selbst wenn Sie auf einer Krebsstation oder auf einer Palliativstation arbeiten, gibt es beglückende Momente, wo Sie etwas tun können, wo sie Menschen helfen können. Das fehlt in vielen anderen Bereichen, so dass ich nicht glaube, wir haben unterdurchschnittlich wenig Burnout, soweit der Begriff trägt, sondern die anderen haben überdurchschnittlich viel.

Wie gesagt, es macht Freude, und gibt damit Lebenssinn und Lebensqualität, wenn man den Patienten geheilt aus der Tür gehen sieht?

Es macht sogar Sinn, wenn Sie ihn *nicht* geheilt aus der Tür gehen sehen und Sie können ihm trotzdem helfen. Das ist sicher so. Das ist ein so erfüllender Beruf, und das ist der Grund, warum ich trotz meiner ja nicht immer so ganz schlanken Arbeitszeiten noch mindestens einen Tag in der Woche in der Klinik bin; das ist immer noch ein tolles Erlebnis, obwohl ich als Radiologe nun wahrlich nicht so ganz nah am Patienten dabei bin. Aber ich bin oft bei Punktionen oder Angiographien so ziemlich der erste, der mal länger mit dem Patienten geredet hat und auch an dem Weitertragen meines Wissens an jüngere Kollegen Freude habe – das ist immer sozusagen mein Urlaubstag in der Woche, der Dienstag, an dem ich in der Klinik bin.

Wie beurteilen Sie, gewissermaßen spiegelbildlich, die Leistungsqualität junger Ärzte, des Berufsnachwuchses, sowie die Qualität der Ausbildung, die sie heute bekommen?

Diese Variablen haben entscheidenden Einfluss. Die Qualität der Ausbildung und der Weiterbildung sind der Schlüssel zur Zukunft. Hier ist Umorientierung notwendig und auch im Gange: Wir haben eine Zeitlang operative Fächer unbeschreiblich überbetont, ich denke mal an so etwas wie die Gefäßchirurgie, welche dann plötzlich relativ – nicht komplett – obsolet wurde, oder zumindest einen erheblichen Teil ihrer Arbeit verloren, weil man mit modernen Verfahren gar nicht mehr operativ an viele Gefäß- und Herzerkrankungen herangeht. Man macht es invasiv von der Leiste aus, mit der Folge, dass wir plötzlich ganz andere Ärzte brauchen. Das betrifft die Weiterbildung.

Was die Ausbildung junger Ärzte angeht, so müssen wir uns heute in einem dauernden Qualitätsprozess damit auseinandersetzen, dass wir versuchen müssen, moderne Trends in der Medizin umzusetzen.

Leider ist es ja so, dass Ausbildung und Weiterbildung dem Fortschritt immer mit ein paar Jahren Verzug hinterherhinken. Das ist aber auch systematisch, denke ich, gar nicht zu vermeiden. Man kann dies allerdings auch fehlsteuern: Als wir in neue technische Operationsverfahren einstiegen, hat man den Studenten erklärt, wie eine Herztransplantation läuft oder wie man eine mikroinvasive Galle macht. Und das ist eindeutig Blödsinn, das braucht ein Student eigentlich nicht zu lernen. Hinterher, wenn er als Allgemeinarzt aufs Land geht, wird er nicht viel damit anfangen können, dass er einmal gesehen hat, wie ein Herz transplantiert worden ist. Hier muss Ausbildung wirklich eine vernünftige Allround-Ausbildung unter Berücksichtigung der Erfordernisse der Krankenversorgung werden.

Es gibt, glaube ich, keine Universität, die nicht andauernd versucht, ihre Studienordnung, ihren Studienablauf, ihr Curriculum zu ändern. Denn das Wissen, auch das Praxiswissen, ist etwas sehr Dynamisches geworden – die Zeiten, wo sich zwanzig Jahre nichts verändert hat bis zur Neufassung der Approbationsordnung 1973, die wird es niemals wieder geben. Wir werden in ganz schneller Taktung Änderungen von Approbationsordnung, von Studienordnung und Curriculumsabläufen haben. Das ist aber Fortschritt, wie er überall zu bemerken ist. Er erfordert Differenzierung der Fähigkeiten. Der Pilot einer Boeing 747 muss auch andere Dinge können als der Pilot einer kleinen Propellermaschine.

Die Qualität der Versorgung wird sich jedoch nicht dadurch sichern lassen, dass wir eine hochwertige, praxisnahe Ausbildung für potenzielle Landärzte anbieten, wenn niemand mehr Landarzt werden möchte. Wie halten wir künftig das Qualitätskriterium flächendeckende Versorgung ein?

Das Problem ist überhaupt nicht medizinspezifisch. Sie finden ja auch nicht mehr je eine Werkstatt für jeden Autotyp auf dem Land. Das ist der Prozess der Verstädterung, der sich jedoch in der Medizin besonders deutlich sichtbar darstellt. Die jungen gesunden Menschen – die eigentlich auch in der Vergangenheit keine medizinische Versorgung brauchten –, gehen in die Stadt. Und die Älteren bleiben auf dem Land. Gleichzeitig ziehen aber die Ärzte mit den jungen Leuten in die Stadt. Damit verdichtet sich das Problem der Versorgung der Älteren auf dem Land.

Wir haben tatsächlich keinen massiven globalen Ärztemangel. Wir glauben, dass wir dahin kommen könnten, wenn man jetzt nichts macht. Aber der Sinn von Prognosen ist, dass sie aufgestellt werden, damit sich etwas ändert: Damit sie nicht eintreten. Deswegen macht man Prognosen ja.

Als self destroying prophecy...

Sozusagen. Wenn Sie so wollen. Ich lache immer, wenn man die, welche die Prognosen aufgestellt haben, hinterher bestraft, weil die Prognosen nicht eingetreten sind! Sehr oft stellt man bei der Analyse fest, dass sie mit ihrer Prognose einen Wandel bewirkt haben, der dann verhindert hat, dass das Vorhergesagte eintritt, und das war ja genau das, was sie wollten.

Qualität in der ländlichen Versorgung kann man in meinen Augen in einen modernen System nur mit Anreizen sicherstellen. Diese Anreize sind nicht nur Geld. Sie sind auch nicht nur von der Gesundheitspolitik zu lösen. Wenn Sie Ärzte aufs Land haben wollen, dann müssen Sie es erleichtern, sich auf dem Land niederzulassen. Wir hatten bisher eine gänzlich absurde Situation: Waren drei Ärzte in einem Dorf, und hatte jeder 2000 Patienten, und zwei wanderten ab, starben oder fanden keinen Nachfolger, dann hatte der letzte, der übrig blieb, 6000 Patienten. Aber nach wie vor hatte er nur das Budget für 2000 Patienten! Er wurde bestraft dafür, dass er die anderen mitbehandelte. Das ist natürlich absurd. Der geht dann sehr schnell in die Stadt, weil er das alles so nicht mehr aushält.

Es gab eine regelrechte paradoxe Incentivierung?

Ja. Das will man ja mit dem Versorgungsstrukturgesetz abschaffen. Genauso wie etwas ganz banales: die Residenzpflicht. Wenn Sie eine Praxis auf dem Dorf haben, müssen Sie heute nicht mehr auf dem Dorf, sondern dürfen in der Kreisstadt wohnen. Auch das ist einfach Rationalität. Man muss sich einmal vorstellen, Sie haben als junger Mensch in der Stadt Abitur gemacht. Dann haben Sie in einer Stadt studiert, haben in einem städtischen Krankenhaus Ihre Weiterbildung gemacht, haben Ihren Partner kennen gelernt und Ihre Kinder gekriegt. Jetzt sollen Sie aufs Land. Wenn man Ihnen nicht garantiert, dass Ihr Partner einen Arbeitsplatz findet und dass Ihre Kinder eine ihnen adäquate Ausbildung bekommen, werden Sie nicht aufs Land gehen! Ich glaube, wir müssen weniger in zentral gesteuerten gesundheitspolitischen Incentives das alleinige Heil suchen. Wir müssen darüber hinaus kommunal- und infrastrukturpolitische Elemente suchen, mit denen wir es den Leuten erleichtern. Und da sind übrigens einige Gemeinden auch erfolgreich, indem sie einfach sagen: „Und wir sorgen dafür, dass unser Arzt zum Beispiel eine Praxis im Rathaus kriegt" – das ist jetzt ein plattes Beispiel. „Und wir sorgen dafür, dass wir ihm eine Gemeindeschwester an die Seite stellen, die für ihn bestimmte Besuche übernimmt. Und wir sorgen dafür, indem wir eine Kooperation mit einer Nachbarpraxis oder aber mit einem Kreiskrankenhaus machen, dass er nicht jede Nacht Nachtdienst machen muss."

Kann die Telemedizin hier einen entscheidenden Qualitätsbeitrag leisten?

Also, Sie können, so lange Sie bestimmte Kriterien der Sicherheit und der Standardisierung einhalten, einiges erreichen. Es muss aber das Richtige sein. Telemedizinische Erstdiagnose, wie man sie mal mit Diagnosecomputern vor 15 Jahren versucht hat, hat nicht funktioniert, dazu ist es besser, wenn Sie den Patienten physisch vor sich haben. Aber Sie können natürlich bei einem Angina-pectoris-Kranken, einem Diabetes-Kranken oder einem Dementen sehr viele Monitoring-Funktionen elektronisch abwickeln. Sie können nicht vollkommen die ärztliche Leistung ersetzen, aber Sie können sie so erleichtern, dass der Arzt halt weiß, wann er wirklich selbst kommen muss, und wann er nicht kommen muss.

Wo es passend ist und funktionieren muss, da funktioniert es auch. Als ich 1977 in Australien studiert habe, war ich unter anderem beim Royal Flying Doctors Service in Alice Springs. Wir hatten da jeden Tag eine Stunde Radiosprechstunde, damals gab es das nicht mal per Telefon sondern über öffentlich hörbaren Funk. Immer der gleiche Arzt, eine standardisierte Apotheke in jedem Outback, wo die Medikamente keine Namen hatten. Der Arzt sagte: „Jetzt gehen Sie mal und nehmen Sie Pille Nummer drei." Sinnvolle Telemedizin wird kommen und zur Qualität der Versorgung beitragen. Ich warne nur davor, Illusionen nachzuhängen – etwa: Arzt in Hamburg operiert Blinddarm in Alaska! Das wird nicht passieren, aber wo immer Technik uns hilft, Dinge, Lebensdinge zu erleichtern, soll sie das auch tun.

Ein großer Modernisierungstrend des letzten Jahrzehnts war die zunehmende Evidenzbasierung klinischer Praxis, gipfelnd in der Gründung des Instituts für Qualität und Wirtschaftlichkeit im Gesundheitswesen, dem IQWiG. Wie bewerten Sie diese Entwicklung?

Bessere Evidenz müssen wir mit Sicherheit als gute Entwicklung sehen. Keiner von uns kann heute noch selbst den gesamten medizinischen Fortschritt nicht nur im Auge behalten, sondern auch bewerten. Jedem von uns ist es schon passiert, dass er auf Heilsbotschaften reingefallen ist: Eine wissenschaftliche Novität hat erst einmal eine Aufwärtskurve in der Aufmerksamkeit – da schießt die Erwartungshaltung nach oben, dann macht man das eine gewisse Zeit lang. Dann fällt der Schenkel der Kurve langsam, um sich dann irgendwann auf ein Gleichgewicht einzupendeln. Das ist in allen innovativen Bereichen so und gar nicht medizintypisch. Das ist Innovation und ihre Verarbeitung. Und deswegen ist Evidenzbasierung gut, genaues Hinsehen, ob es tatsächlich einen Fortschritt darstellt, was praktiziert und eingeführt wird. Ob das IQWiG nun in der Verbindung mit dem Gemeinsamen Bundesausschuss und in dem Spannungsfeld der Machtinteressen von Krankenkassen und Ärzten und Krankenhäusern optimal positioniert ist und ob das Institut jetzt eine gute Arbeit leistet, das möchte ich nicht bewerten.

Wir haben als Ärzte mit Cochrane und mit dem Netzwerk Evidenzbasierte Medizin eigene Instrumente aufgebaut, die versuchen, Evidenzbasierte Medizin voranzubringen, ohne so formalisiert zu sein wie das IQWiG. Die Ärzteschaft selbst ist der Erfinder von EbM – später wurde sie ihr aus der Hand genommen und zu einem Machtinstrument der Krankenkassen. Übrigens wie bei der Qualitätssicherung – als ich 1983 das erste Qualitätssicherungsprojekt in Hamburg umsetzte, haben die Krankenkassen gesagt: „Ihr habt ja wohl einen Vogel, das ist irgend so eine Spökenkiekerei, das bezahlen wir doch nicht!" Heute nimmt uns die Gesetzliche Krankenversicherung die Qualitätssicherung aus der Hand, wo sie nur kann, und wir müssen darum kämpfen, die Meinungsführerschaft in Sachen Qualitätssicherung zu behalten.

Haben Sie den Eindruck, dass der Interessenausgleich zwischen den Stakeholdern des Gesundheitswesens in anderen Ländern bessere Ergebnisse erbringt als in Deutschland?

Ich glaube, dass bei uns in Deutschland vieles durch den institutionalisierten Konflikt zwischen den Playern im Gesundheitswesen kaputtgemacht wird. Siehe unseren Umgang mit Patientendaten und der Gesundheitskarte. Eine kryptografisch saubere Lösung, die Daten auf sichere Server abzulegen und autorisiert auf diese Daten zuzugreifen, ist eigentlich nur vernünftig. Und gäbe es nicht diesen Konflikt zwischen den Krankenkassen, den Leistungserbringern und der Politik, gäbe es längst eine elektronische Gesundheitskarte. So wissen wir bis heute nicht, wann das Ding kommt, was eigentlich ein Trauerspiel für die gesamte Gemeinde ist.

Ist Qualität ein werbliches Schlagwort der politischen Klasse oder sehen Sie ernsthaftes Bemühen in der Gesundheitspolitik, sie in der Fläche auch tatsächlich und messbar zu verbessern?

Erst einmal sind Politiker nicht automatisch schlechtere Menschen. Deswegen glaube ich ihnen, dass sie Qualität wollen und Qualität meinen. Doch wird in unserem System – das liegt auch an den knappen Mehrheiten, die wir oft haben – vieles von Machtfragen und von Blockfragen überlagert. Das fängt an bei der Frage, wie wir den Euro retten, das geht weiter über die Frage, wie viel Steuererleichterung richtig oder falsch sei, und es geht auch in alle prinzipiellen Fragestellungen des Gesundheitswesens ein. Wenn ich weiß, dass irgendjemand aus dem einem Block einen Vorschlag macht, können Sie reflektorisch schon auf den Gegenvorschlag und die Ablehnung von der anderen Seite zählen. Ich finde das angesichts der die ganze Gesellschaft bewegenden Fragen inzwischen unerträglich.

Ich glaube, das hat etwas mit dem Typus Politiker zu tun, den wir heute gezüchtet haben. Es ist für Menschen wie mich und andere, die erstmal einen anständigen Beruf gelernt haben und den auch lange Zeit ausgeübt haben, überhaupt nicht mehr attraktiv, Politiker zu werden, weil man sich dieser Art von Auseinandersetzung als Intellekt-geleiteter Mensch gar nicht stellen möchte. Ja, ich glaube, dass wir ein Problem haben mit der Debatten- und Entscheidungskultur, und trotzdem sind das alles nicht a priori böse Menschen.

Wenn einer in der gesundheitspolitischen Debatte nicht mehr weiter weiß, dann sagt er: „Bei Ihren Argumenten kommt mir der Patient aber überhaupt nicht vor." Dann entgegne ich zwei Dinge. Erstens: Wenn wir uns nicht gegenseitig verständigen können, dass der Patient natürlich das Zentrum aller Überlegungen im Gesundheitswesen ist – und zwar nicht nur der kranke, sondern auch der zu verhindernde Patient –, wenn wir uns das nicht gegenseitig a priori konzedieren, dann brauchen wir eigentlich gar nicht miteinander zu diskutieren. Und das Zweite ist der wunderbare Spruch von Karsten Villmar, der in seiner trockenen Art mal gesagt hat: Der Patient steht im Mittelpunkt des Gesundheitswesens. Und deswegen steht er eben auch allen im Weg.

Ein entscheidendes Schlagwort im aktuellen Qualitäts-Diskurs ist „Transparenz". Enstcheidungsprozesse, Behandlungspfade, Outcomes, Allokationsprinzipen, alles soll transparent werden, bis hin zum Arztbewertungsportal...

Es gibt eine ketzerische Bemerkung: Wir erzeugen soviel Transparenz, dass niemand mehr etwas durchschaut! Nein, ich halte Transparenz für unabdingbar. In einer modernen, aufgeklärten Gesellschaft, wo jeder sich Informationen besorgen kann und auch soll, muss man ihm auch diese Informationen in einer Art und Weise zur Verfügung stellen, dass er etwas damit anfangen kann. Der Patient soll als aufgeklärter Co-Akteur mit mir zusammen seine Gesundheit wiederherstellen. Meine Erfahrung, auch mit schwer kranken Patienten, ist, dass das viel besser gelingt, wenn er auch weiß, was da geschieht, was um ihn herum passiert, welche Möglichkeiten es gibt. Also: Ein nüchterner, sachlicher und transparenter Umgang mit dem Patienten hilft.

Ein Problem haben wir jedoch, und das ist die Komplexität des Systems Gesundheitsversorgung. Es reicht eben nicht, einfach Daten über Mortalität, Infektionsrate, Operationsstatistiken ins Internet zu stellen, sondern Sie müssen davon ausgehen, dass die meisten Menschen diese nicht weiter erklärten Daten nicht verstehen. Und das kann man ihnen auch nicht vorwerfen, das ist auch keine arrogante Äußerung eines Arztes. Der Kranke ist auch nicht der typische Internetnutzer, wissen Sie, der 35-jährige, der mehrere Sprachen sprechende Akademiker, sondern ich gehe jetzt mal von der 80 Jahre alten Dame aus, die heute auch schon im Internet zufällig auf die Homepage ihres Krankenhauses kommt.

Es muss uns gelingen, eine Übersetzung dieser Transparenz in verständliche Sprache darzustellen, damit der Bürger in seiner Wahlentscheidung etwas damit anfangen kann. Und solange er das nicht kann oder solange er einen Dolmetscher braucht für das, was er dort gefunden hat, brauchen wir Hausärzte, die diese Funktion für ihn übernehmen können, um ihm in der Beratung sagen zu können: „Pass mal auf, ich sag dir jetzt mal für das, was du hast, wäre es am besten, du gingest in dieses Krankenhaus in jene Abteilung, zu Dr. Soundso." Wenn das Vertrauensverhältnis zwischen dem Hausarzt und dem Patienten stimmt, dann ist das meines Erachtens ein Weg, wie wir Transparenz nicht im Sinne von „Ich kann alles angucken", sondern im Sinne von „Da hat jetzt einer, der es weiß, mit mir zusammen etwas überprüfbar entschieden, das können wir so machen."

Zu den Bewertungsportalen: Ich habe mich am Anfang vehement gegen diese Bewertungsportale ausgesprochen, weil es gibt ja inzwischen in Deutschland, glaube ich, 17 oder 18. Offen gesprochen: Die meisten davon sind völliger Schrott. Die nutzen dem Patienten überhaupt nichts, weil die ausschließlich subjektive Bewertungen wie „Hab' lange warten müssen." oder „Der Doktor war unfreundlich."

oder etwas ähnliches abbilden. Ich habe mich am Ende bereit erklärt, am AOK-Arztnavigator mitzuarbeiten, der inzwischen ja auch von vielen anderen Krankenkassen übernommen worden ist, weil wir gesagt haben, wir werden auf Dauer Portale nicht verhindern können, dann wollen wir wenigstens eines mitgestalten, das vernünftig ist. Und dieser AOK-Arztnavigator ist vernünftig.

Wir hätten es sehr gern, dass er die Benchmark für alle anderen wird, dass die anderen sich auch ähnlich verhalten, weil er ein Set von Fragen abdeckt und wirklich etwas über die Qualität der Leistung in einer Arztpraxis aussagt. Und er vermeidet, in Freitextkommentaren den akuten Frust, der übrigens sehr oft der Motivator ist, warum man so eine Bewertung abgibt, emotional abreagieren zu lassen. Und das halten wir für eine vernünftige Art und haben deshalb eben am Ärztlichen Zentrum für Qualitätssicherung einen Anforderungskatalog ausarbeiten lassen: Welche Bedingungen muss ein vernünftiges Portal erfüllen? Das sind 40 Punkte und der AOK-Arztnavigator erfüllt immerhin 37 davon, und das finden wir gut.

Die Daten, sagen wir mal, werden nach einem geprüften Verfahren erhoben, die Abfrage ist strukturiert, die Relevanz der Fragen an die Patienten bei der Bewertung ist geprüft – und dann kann das Ganze durchaus im systemischen Sinn auch qualitätsfördernd sein?

Exakt. Zudem: Wenn ein Patient auf die Frage, „Wie sind die Allgemeinärzte in Hamburg-Bahrenfeld?", eine Liste von sechs, sieben Namen bekommt und dahinter Bewertungen sieht, kann es ja sein, dass einer sagt: „Das ist ein total unfreundlicher Muffel, aber seine Behandlungsergebnisse sind fantastisch." Oder aber andersherum. Dann ist das in meinen Augen auch völlig in Ordnung. Man darf nur nicht dahin kommen, wenn ich mir diese Sottise erlauben darf, dass man dann hinterher den Ärzten, die, weil sie in diesen Portalen gut abschneiden, viele Patienten haben und deswegen Wartezeiten aufbauen, wieder an den Pranger stellt, dass sie die Patienten warten ließen, obwohl sie doch in der gesetzlichen Krankenversicherung alle sofort und schnell behandeln müssten.

Die dominierenden Bilder des Fortschrittes in der Medizin – wir haben die Themen ökonomisches Handeln, Effizienz- und Qualitätsmanagement, Telemedizin und Internet behandelt – sind technische Bilder. Der Patient jedoch möchte sich aufgehoben wissen in der Hand des Arztes, er fragt auch nach Fortschritten in der Arzt-Patient-Beziehung, in der Qualität dieser Interaktion. Wie bewerten Sie zusammenfassend dieses Verhältnis?

Da gab es vor ungefähr zehn Jahren ein sehr gutes Beispiel, an dem man die potenzielle Gefährlichkeit von Technologie und die Unersetzbarkeit des Arztes ablesen kann. Es war ein Anästhesie-und Intensivmedizin-Projekt, wo sämtliche Labordaten und körperlichen Befunde, soweit sie technisch erhebbar waren, in einem Rechenprogramm zusammenliefen und für den Arzt die Betten einer Intensivstation entweder in grün, gelb oder rot erschienen. Rot waren Patienten, die eine weniger als fünfprozentige Überlebenswahrscheinlichkeit in den nächsten drei, vier Tagen hatten. Wir haben uns vehement gegen dieses System ausgesprochen, weil wir gesagt haben: „Auch der klügste und souveränste Arzt kann nicht verhindern, dass in seinem Unterbewusstsein die Rotfärbung des Bettes seinen Einsatz für diesen Patienten verändert. Und deswegen darf es so etwas nicht geben. Es gilt, dass wir nie vergessen dürfen, dass fundamentale medizinische Entscheidungen uns von keinem Computer abgenommen werden können. Dies geschieht zwischen Arzt und Patient.

Und dennoch müssen wir technologisch vorankommen. Ich habe eben eine Sitzung gehabt, wir geben ja als Ärzteschaft ein Buch heraus, „Arzneiverordnung". Es ist ein dicker Schinken, den hatte früher jeder auf seinem Schreibtisch, um nachzugucken, welche Medikamente zu welchen Krankheiten passen. Da wollen wir nun eine neue Auflage machen. Ich habe soeben dafür plädiert, dass wir das bitte – als Buch - bleiben lassen sollten. Das muss man als App herausbringen, in einer modernen Form. Ein Arzt hat heute keine Zeit mehr, wenn er bei der Visite ist, in sein Stationszimmer zu laufen, in dem Buch nachzugucken und wieder zurück zu gehen. Auf seinem iPhone oder seinem Tablet-PC muss er nachgucken können! Das ist ein gutes Beispiel, denn es nimmt dem Arzt die Entscheidung nicht ab, stellt ihm aber deren Grundlagen unmittelbar zur Verfügung.

Heute habe ich Computertomographen zur Verfügung, die mir in der Notfallaufnahme innerhalb von acht Sekunden 2000 Bilder produzieren, wo ich in jeder Schrägvariante durch den Körper hindurchrauschen kann. Ich muss es nutzen im Sinne des Patienten, und ich muss bedenken, wie sich die Technik in ärztliches Agieren einpassen kann: Meine Geschwindigkeit, Bilder zu *betrachten*, hat sich ja nicht erhöht. Obwohl ich heute bei einem Polytrauma-Patienten in acht Sekunden 2000 Bilder bekomme, brauche ich hinterher dieselbe Zeit, diese 2000 Bilder anzugucken. Es passiert also durchaus, dass der Patient längst im OP ist, wenn ich endlich alles durchgeguckt habe und dem Chirurgen durchgebe, was ich alles so gefunden habe. Die Mensch-Maschine-Beziehung ist also hochgradig qualitätsrelevant.

Viele Impulse werden von der technologischen Industrie abgegeben mit dem Impetus, dadurch würde Innovation in der Medizin ganz wesentlich vorangetrieben. Das Gegenbild ist der Arzt, der durch jahrzehntelange Erfahrung am Patienten im Grunde der Innovativste ist, der deswegen in kleinen Schritten denkt und genau weiß, wie er auf einem Fortschrittspfad vorankommen kann – Evolution statt Revolution sozusagen. Also, ist es so, dass die qualitätsinnovative Intelligenz des Arztes durch Technik ersetzt werden kann? Wir beobachten, dass sich gerade in der Hochleistungsmedizin ständig, zum Teil auch aus wirtschaftlichen Gründen, Technologie mehr als kompletter Servicedienstleister versteht und sich immer mehr in bestimmte medizinische Entscheidungsverfahren hinein bewegt.

Also, in die ärztlichen Entscheidungssituationen möchten wir sie eigentlich nicht einbinden, aber in der Vorbereitung der Entscheidung für den, der dann tatsächlich entscheidet, sind derlei Dienstleister nicht mehr wegzudenken. Und es gibt ein sehr einfaches Beispiel, das uns das Dilemma zeigt: Sie können heute sehr viele Patienten, die bei Ihnen im Rettungswagen ankommen, in einem Zustand sehen, wo wir früher gesagt hätten: „Das wird nichts!" Sie können sie heute – vereinfacht – reanimieren, dann haben Sie sie auf der Intensivstation, und nach einem Tag haben Sie auch einen irgendwie stabilen Zustand hergestellt. Nun kommt der gesamte Maschinenpark der Intensivstation zum Einsatz. Und dann kommt die Frage: Hat sich das jetzt alles gelohnt? Ja oder nein?

Zweifellos hat uns der Fortschritt in diese Dilemmata gestellt. Denn theoretisch könnten Sie diese Menschen lange, lange Zeit ohne jede Hoffnung auf Besserung am Leben erhalten. Das erlebt man dann auch oft in den Ethik-Gremien in Kliniken, die sich Gedanken darüber machen, ob man jetzt, obwohl man ihn erfolgreich reanimiert hat, durch Abschalten der Geräte diesen Erfolg wieder zunichte macht. So wird heftig darüber diskutiert, ob man das machen darf oder ob man das nicht machen darf. Da bin ich der festen Überzeugung, dass am Ende immer die Ärzte die richtigen Entscheidungen vorbereiten können. Ich bin aber auch der Meinung, dass wir sie nicht allein treffen dürfen. Das ist keine heroische Ein-Mann-Entscheidung: „Den haben wir jetzt erfolgreich mithilfe von Technologie reanimiert, und jetzt drehe ich den Schalter um." Dies muss sehr intensiv und gut vorbereitet sein. Sie sehen: Hier hat die Technologie, die wir schätzen, zunächst einmal die Situation, der wir uns stellen müssen, geschaffen. Sie kann uns aber auf die ethischen Fragen keine Antwort geben. Dies zeigt, dass wir den Fortschritt bejahen, uns aber auch intensiv mit den von ihm geschaffenen neuen Problemen stellen müssen.

Klar ist: Forschung kann man nicht verbieten und nicht verhindern. Das ist in einer globalen Welt schon gar nicht möglich. So kommt es, dass wir diskutieren darüber, ob man denn Embryonenforschung, wenn man sie nun einmal in Deutschland nicht machen darf, halt in Israel oder sonstwo macht. Global werden Sie sie nicht verhindern können. Das Typische an diesen Prozessen ist der Hype, der damit einhergeht. Ich glaube, dass wir in Nano-Technologie, in der Chiptechnologie und so fort gewaltige Fortschritte erleben. Doch dass am Ende irgendwie der Roboter an Ihr Krankenbett tritt, das glaube ich dann doch nicht!

Ich bin kein Technik-Skeptiker. Ich bin gespannt, was alles auf uns zukommt. Ich finde das toll, ich finde großartig, was Menschen sich ausdenken können und was man machen kann, aber wir werden am Ende doch versuchen, das Vernünftige sich durchsetzen zu lassen. Und das ist Qualität!

Viele dieser Entwicklungen bringen uns wirtschaftlich in den Bereich des Grenznutzens, und da wird auch die Gesellschaft irgendwann sagen: Das werden wir so einfach nicht finanzieren können, das werden wir nicht machen können. Da werden wir uns vor Augen halten müssen: Das dürfen nicht wir Ärzte entscheiden, das wollen nicht wir Ärzte entscheiden, das muss die Gesellschaft insgesamt entscheiden, was sie sich da zumuten will und was nicht. Insgesamt eine qualitative Entscheidung, wie Sie sehen.

Teil II
Die Dynamik der Qualität
und ihre Widerstände

Die Dynamik der Qualität und ihre Widerstände

Christoph Koch

Es sind nicht selten die großen Werbebotschaften, die sich uns als Bürger hoch entwickelter Marktwirtschaften in das Gedächtnis einprägen. Sorgfältige Formulierung, Konzentration auf Schlagworte, ein griffiger und zugleich logisch überzeugender Slogan – diese Mixtur prägt sich oft besser ein als eine langatmige Argumentationskette. „Vertrauen ist der Anfang von allem", das war eine solche, höchst intensiv verbreitete Botschaft. Sie stammt aus einer Kampagne der Deutschen Bank. Es ist an dieser Stelle müßig zu sagen, dass sie nach dem *Credit Crunch* und in der noch unbewältigten Eurokrise für eine Bank wohl nicht mehr funktionieren würde; denn der Botschaft vom Vertrauen fehlt in diesem Wirtschaftszweig derzeit Vertrauen. Dabei ist der Slogan per se inhaltlich zutreffend. Und er gilt in ganz besonderem Maße auf einem Feld ebenso riskanter wie potenziell schicksalsbestimmender Dienstleistungen wie der Medizin.

Ralph Kray hat uns im ersten Teil dieses Bandes zunächst an die mehrdeutige und zuweilen prekäre Natur dieses Vertrauens eines unerkannt Schwerkranken zu seinem Arzt herangeführt – auch der „mündige", „aufgeklärte" und im informierten Einverständnis mit seiner Therapie stehende Patient ist darauf angewiesen, dem Spezialisten, dem er sich *an*vertraut, *auch zu trauen*. Damit setzt er – in den allermeisten Fällen ohne eigene Überprüfung oder nur der Möglichkeit dazu – voraus, dass das Wissen des Arztes zutreffend ist, dass dieser mit hoher Sicherheit weiß, was er tut. Dies ist zum einen ganz pragmatisch erforderlich, weil es sich aus dem einzig sinnvollen Organisationsprinzip für hochkomplexe, wissensbasierte Tätigkeiten im modernen Gemeinwesen ergibt: An der Expertise und damit am Experten, der die sowohl umfassenden wie auch mittlerweile oftmals hoch spezifischen Kenntnisse und Fähigkeiten eines Fachgebietes in sich konzentriert, führt in der technischen Moderne kein Weg vorbei.

Medizin ist auf Arbeitsteiligkeit angewiesen, und auch die Arzt-Patient-Beziehung unterliegt diesem Prinzip. Gerade im heute so relevanten Bereich der Prävention und am Beispiel der quasi zwingend mitwirkungsbedürftigen chronisch Kranken – man denke an Diabetes, Bluthochdruck oder auch an die Multiple Sklerose mit ihrer kostenintensiven und Disziplin fordernden Interferon-Therapie – erkennen wir, dass der Weg zu Heilung und Linderung ein zumeist zwingend kooperativer ist, selbst dann, wenn es so scheint, als hätten Maschine und Medikament die ganze Arbeit getan. Die Ausnahmen, therapeutische Verhältnisse, in denen der Patient keinen nennenswerten Anteil am Ausgang des Geschehens hat, sind an einer Hand abzuzählen, sie beschränken sich auf notfallmedizinische Interventionen oder mechanische Prozeduren – doch bereits bei einer die Statistik der Alltagserkrankungen dominierenden Problematik, dem Rückenschmerz, spielen psychosoziale Faktoren für Verlauf und Ausgang eine bekanntermaßen entscheidende Rolle und sind somit von hoher volkswirtschaftlicher Relevanz. Da das Spektrum möglicher Behandlungsansätze hier von einer Anleitung zur gesünderen Haltung und Stressbewältigung bis hin zur aufwändigen Operation reicht, handelt es sich um ein Beispiel dafür, dass sich das von uns als Anfang von allem erkannte Vertrauen nicht nur in der persönlichen Interaktion zwischen den Beteiligten erschöpft (in dem Sinne, dass der Patient davon ausgehen kann, dass in seinem besten Interesse gehandelt wird), sondern dass es sich, weil Vertrauen gerechtfertigt sein will, auch darauf erstreckt, dass der Arzt letztlich nicht nur nach bestem Gewissen, sondern auch nach bestem Wissen, also sowohl im Sinne einer soliden Wissenschaftlichkeit als auch nach ökonomischer Vernunft zu handeln versteht. Und „Ökonomische Vernunft" bedeutet hier oftmals: Gegen das Teure, Naheliegende und Schnelle zu entscheiden.

Hier hat Frank Ulrich Montgomery im ersten Teil des Bandes angesetzt, wenn er seinen Kolleginnen und Kollegen zu bedenken gibt: „Es hilft uns gar nichts, eine grundsätzliche, fast hilflose Abwehr solcher ökonomischer Maße und Prinzipien zu inszenieren." Montgomery hebt hier darauf ab, dass es keinen zwingenden Mechanismus gibt, der Vertrauen mindert, weil Leistung und Nutzen gemessen werden – auch nicht in einem Beruf, der traditionell so sehr vom Nimbus exklusiven Könnens gezehrt hat wie die Ärzteschaft. Hier wird Peter T. Sawicki im nun folgenden zweiten Teil unseres Bandes den Faden wieder aufnehmen.

Wir dürfen verlässlich annehmen (wenn wir für den Moment von der Möglichkeit absehen, dass der Arzt im Irrtum handelt, wie bei Kray geschildert), dass Vertrauen ganz grundsätzlich ein *effizienzrelevantes Gut* darstellt: Die Produktivität des Gesundheitssektors hängt in hohem Maße mit davon ab, dass das Vertrauen gegeben ist und erhalten und gerechtfertigt wird. Dies ist selbstverständlich allen führenden Akteuren bekannt. Doch was im Einzelfall der Behandlungssituation noch gut beherrschbar erscheint, entgleist manchem völlig, wenn das Licht der Öffentlichkeit in einen der vielen Winkel des Gesundheitswesens leuchtet: Wenn man nämlich, wie der Verfasser, seit vielen Jahren an der Schnittstelle dieses Systems mit der massenmedialen Öffentlichkeit tätig ist, fällt auf, dass innerhalb von Debatten über Qualität und Leistungsfähigkeit der Medizin auf kritische Nachfragen geradezu schematisch mit dem Vorwurf reagiert wird, man befürchte „eine Verunsicherung der Patienten". Mit anderen Worten: Wer überhaupt nur die Frage stellt, ob im jeweiligen Versorgungssektor optimale Qualität zum optimalen Preis geliefert werde, der verhalte sich nun wiederum seinerseits verschwenderisch mit einer kostbaren immateriellen Ressource, nämlich dem von uns soeben als unentbehrlich erkannten Vertrauen des Patienten in die Wirkmächtigkeit des ärztlichen Handelns.

Der politische Diskurs über Qualität in der Medizin, der während der gesamten Epoche der Gesundheitsreformen, also seit den siebziger Jahren intensiv geführt wird, ist von dieser rhetorischen Figur immer wieder geprägt worden. Die Verständigung ist dadurch erschwert, dass hierin ein vernehmlicher Nachklang paternalistischer Zeiten liegt, dass also keine Möglichkeit eines Dialogs mit und in der Öffentlichkeit, der sich trotz ungleich verteilten Wissens auf einer Augenhöhe vollzieht, gesehen wird. Aus einer spezifisch konservativen Perspektive heraus, die zwar erkannt hat, wie kostbar die Vertrauensressourcen tatsächlich sind, jedoch die Notwendigkeit von Vertrauen mit einem Angewiesensein auf passive Gläubigkeit seitens des potenziell schwächeren Partners (also des Patienten) verwechselt, erwächst mitunter eine nachgerade grantige Zurückweisung einer offen geführten Qualitätsdiskussion, mit der alle anderen öffentlichen Sektoren, seien es der öffentlich-rechtliche Rundfunk oder auch die Deutsche Bahn, ganz selbstverständlich zu leben haben. Es muss kaum gesagt werden, und alle, die regelmäßig mit der Eisenbahn unterwegs sind, werden nicht bestreiten, dass eine solche Debatte durchaus fruchtbare Konsequenzen haben dürfte.

Im nun folgenden zweiten Abschnitt wollen wir Schlaglichter auf Bereiche werfen, in denen sich in näherer Zukunft Chancen und Risiken für die Qualitätsdebatte, die wir eben auch als Diskurs über das kostbare Gut Vertrauen auffassen, ergeben werden. Den Auftakt macht dabei Peter T. Sawicki, als Mitbegründer und erster Leiter des Instituts für Qualität und Wirtschaftlichkeit im Gesundheitswesen (IQWiG) ein mit der deutschen Debatte sicherlich ebenso tief vertrauter Experte wie Frank Ulrich Montgomery, von dem er sozusagen den Staffelstab übernimmt. In das Zentrum seiner Umschau rückt Sawicki einen Aufruf zu klarer Priorisierung einer patientenorientierten Perspektive in der Nutzenbeurteilung medizinischer Praxis. Hier identifiziert er mehrere Hebel in Management, Forschung, Wissensökonomie und Rechtsetzung, um „das Richtige richtig zu tun".

Der Frage nach dem rechten Maß und dem richtigen Messen von Qualitätsparametern der Gesundheitsversorgung geht sodann Toby Gordon nach. Sie wirkt als Faculty Director für den Healthcare and Life Sciences MBA an der Johns Hopkins Carey Business School in Baltimore. Gordon zeichnet Geschichte und Gegenwart der Qualityof-Care-Bewegung in den Vereinigten Staaten nach; dabei rücken auch formelle und informelle Netzwerke der diversen auf dem Qualitätsfeld engagierten Akteure ins Blickfeld, die das sehr heterogene Versorgungssystem der USA überspannen und womöglich Wege aufzeigen, wie der einschlägige Diskurs in Deutschland, wo ein miteinem-Maß-messen von Qualität durch Sektoralität und Regionalität gleichsam zweidimensional erschwert erscheint, womöglich zu befruchten wäre.

Strukturkonservatismus als Hemmnis vertrauensbildender Qualitätstransparenz ist ein hierzulande wohlvertrautes Phänomen. Es zeigte sich in der ebenso sinnvollen wie zähen methodischen Umstellung der Qualitätssicherung nach § 137 SGB V und auch im turbulenten Übergang des Verfahrens von der BQS zum AQUA-Institut. Immerhin wird politisch zunehmend eingesehen, dass diejenigen, die ein Versorgungssystem mit ganz überwiegend zwangsweise eingehobenen Beiträgen finanzieren und de facto zur Abnahme seiner Leistungen gezwungen sind, infolgedessen auch ein Anrecht auf Daten- und Qualitätstransparenz haben – und zwar unabhängig von partikularen Interessen und möglicherweise unangenehmen Nebenfolgen. Es besteht bei Experten auch Einmut dahingehend, dass diesem Anspruch nicht umfassend Rechnung getragen ist. Angesichts der Tatsache, dass indessen reichlich Daten vorhanden sind, aus denen sich Rückschlüsse auf die jeweilige Qualität medizinischer Leistungen ziehen ließen, ist im Bereich des AOK-Bundesverbandes das Projekt „Qualitätssicherung mit Routinedaten" aufgesetzt worden. In ihrem Beitrag stellen die Autoren Christian Günster, Elke Jeschke, Jürgen Malzahn und Gerhard Schillinger Projekt und Verfahren umfassend dar. Auch durch seine öffentlichkeitswirksame und verständliche Aufbereitung bewährt es sich als Treiber des Qualitätsdiskurses.

Zu den Verdachtsmomenten, die gegen strukturiertes Management von Qualität in der Medizin ins Feld geführt werden, zählt landläufig derjenige, dass es sich dabei überhaupt um Management handelt. Kann, soll, darf „ärztliche Kunst" mit der Elle des kaufmännischen Rationalismus bemessen werden? Hier kommt das bereits bei

Montgomery anklingende Motiv der Rechtfertigung medizinischen Handelns ins Spiel – und die nicht von der Hand zu weisende Frage auf, die der CEO der Helios-Kliniken, Francesco De Meo, 2009 so formuliert hat: „Wie sonst soll die konkrete Verteilung knapper Mittel gerechtfertigt werden können, wenn nicht nach der Güte der medizinischen Ergebnisse?"

Oliver Rong und Irena Schwarzer, Berater bei Roland Berger Strategy Consultants in Berlin, zeigen in ihrem Beitrag auf, wie sich die Ausschöpfung von Effizienzpotenzialen durch Prozessmanagement am Beispiel der Steuerung der Verweildauer im Krankenhaus gestalten lässt. Die Auseinandersetzung mit ihren Argumenten, einschließlich ihrer prononcierten Kritik am Traditionsprinzip der permanenten Improvisation organisatorischer Notwendigkeiten im Kliniksektor, lehrt – neben den zahlreichen praxisrelevanten Einsichten – vor allem eines: Dass es nämlich kein nachhaltiger und gangbarer Weg mehr ist, ein solches Thema (welche Zeit-Ressource ist welchem Patienten sinnvoll zuzumessen) im Wege moralisierender Rhetorik, in der Figur etwa der „Blutigen Entlassung", abzutun, um so der Problematik begrenzter Mittel (und womöglich, in Verlängerung, auch der Frage nach einem objektiven Überangebot an Krankenhäusern) zu entkommen. Darin liegt kein Abstreiten der Tatsache, dass Patienten mitunter womöglich zu früh in einen strukturell nicht gut aufgestellten ambulanten Nachsorgesektor entlassen werden; doch auch dies lässt sich als Effizienzproblem analysieren und mit Mitteln des Versorgungsmanagements bearbeiten.

Den Abschluss des zweiten Blockes, „Von Hinderungen und Sicherungen für Qualität in der Versorgung", bildet der Beitrag des Psychologen Christoph Engemann, der bereits seit mehr als einem Jahrzehnt im Feld des „Electronic Government" forscht – früh schon hat er dabei die Dialektiken einer Modernisierung benannt, die nun wiederum hergebrachte Organisationsstrukturen und Konventionen (man denke ganz allgemein etwa an die Spannung zwischen der doppelten Buchführung der Privatwirtschaft und dem kameralistischen Verwaltungshandeln) aus durchaus durchwachsenen Motivlagen heraus in dynamische Erschütterungen versetzt. Das Zukunftsthema „Digitale Qualität" durchleuchtet Engemann nun im Kontrast zur krankenhausbezogenen Perspektive des vorherigen Beitrags in Bezug auf die Payor-Seite und die hier in Deutschland marktbeherrschenden Versicherungsstrukturen.

Mit dem zweiten Block des Bandes treten wir damit in den hoch dynamischen Diskurs über Qualität in der Versorgungslandschaft ein. Verdienen die gegebenen Strukturen, verdienen die innovativen Konzepte hier jenes Vertrauen, das der Anfang von allem ist?

Die Qualität hat es schwer

Beispiele für Hindernisse, Widerstände und Umleitungen auf dem Weg zu einer besseren Medizin.

Peter T. Sawicki

Bessere Medizin

Hier wird es um eine Medizin gehen, die die Zunahme der Qualität der Patientenversorgung anstrebt, nicht um die Qualität des Wirtschaftsfaktors „Gesundheit", nicht um die Ansprüche der Ärzte und Krankenhäuser, nicht um die Senkung der Ausgaben der Krankenkassen und auch nicht um die Steigerung des „Shareholder Value" von börsennotierten Aktiengesellschaften. Die Perspektive soll darauf zentrieren, wozu unser Gesundheitssystem eigentlich ursprünglich entwickelt wurde und weiter entwickelt werden sollte: das Streben nach einer möglichst guten medizinischen Versorgung kranker Menschen einschließlich der Krankheitsvorbeugung bei Gesunden. Die Eckpfeiler und damit die Messgrößen einer solchen Qualität sind nicht besonders komplex. Es geht darum, diejenigen Ergebnisse so gut wie möglich positiv zu beeinflussen, die für die Erkrankten wichtig sind, und das sind vor allem drei Aspekte: Mortalität, Morbidität und Lebensqualität. Maßnahmen zur Verbesserung der Qualität der Medizin sollten daher hauptsächlich die Verbesserung der Zielerreichung von drei Säulen der Medizinqualität anstreben:

▶ Lebensverlängerung bei Erkrankungen, die mit einer Einschränkung der Lebenserwartung einhergehen.

▶ Leidensverringerung bei Erkrankungen, die mit Beschwerden einhergehen.

▶ Vermeidung der erkrankungsbedingten Reduktion der Lebensqualität.

Es geht demnach um die *Steigerung der Ergebnisqualität dessen, was wir den Patienten zu ihrem direkten Wohl anbieten*. Natürlich sind auch die Prozessqualität und die Strukturqualität wichtig, sie können aber bestenfalls Surrogate der Ergebnisqualität sein und nur ein Zwischenziel auf dem Weg zu einer besseren Medizin. Es nützt nämlich den Patienten letztendlich wenig, wenn die Struktur und die Prozesse der Medizinabläufe optimiert werden, aber unklar bleibt, ob dies auch tatsächlich zu weniger Sterblichkeit, zur Reduktion von Erkrankungen und ihrer Komplikationen oder zu einem besseren Befinden der Erkrankten führt. Und im schlimmsten Fall kann sogar manche „Optimierung" der medizinischen Abläufe in Praxen und Krankenhäusern zu mehr Gedankenlosigkeit führen und weniger persönliche, individuelle, einfühlsame Zuwendung zum Patienten bedeuten. Bei allen Evaluationen der Qualität in der Medizin sollten wir demnach immer mit Nachdruck die scheinbar naive Frage stellen „Was hat konkret der Patient davon?" und diese Frage immer im Indikativ und nicht in einem Modell-abhängigen Konjunktiv formulieren und beantworten.

Leider hat sich das Gesundheitssystem in den letzten Jahren von der patientenorientierten Medizin entfernt; dafür wird die Bedeutung der Medizin immer mehr im Kontext der „Gesundheitswirtschaft" gesehen, wobei die Sorge um den individuellen Kranken bewusst oder unbewusst rückpriorisiert wird. Zweifelsohne erreicht die moderne Medizin die oben genannten Ziele insgesamt heute besser als beispielsweise noch vor 30 Jahren: Die Überlebenszeiten bei manchen Erkrankungen sind länger, Heilungen häufiger möglich und unterstützende Maßnahmen können das Wohlbefinden der Patienten steigern. Wenn dem nicht so wäre, müssten wir ja *das Gesamtkonzept* in Frage stellen und nicht nur seine Qualitätskontrolle. Diese Erfolge der Medizin sind meist auf die Fortschritte in der Pharmakologie und der Medizintechnik zurückzuführen. Wenn wir aber bedenken, welch ungeheurer Aufwand getrieben wird, wie viele Menschen im Gesundheitssektor praktisch und theoretisch arbeiten und dass allein in Deutschland jährlich circa 300 Milliarden Euro für die Gesundheitsversorgung ausgegeben werden, so ist es durchaus angebracht, sich Gedanken zu machen, ob die Qualität dieser Versorgung auch bei allen Kranken im notwendigen Maß ankommt und ob es mit diesem Riesenaufwand nicht besser ginge. Die Erhebung der Parameter der Ergebnisqualität ist gar nicht so schwierig – man könnte dies mit relativ geringem Aufwand erreichen, aber die konkrete Umsetzung in die Tat fehlt, da die Notwendigkeit, die Ergebnisqualität fortlaufend zu messen und sie auf der Basis dieser Ergebnisse in einem dynamischen Prozess fortlaufend zu verbessern, nicht zu den Prioritäten der Gesundheitspolitik gehört. Dafür gibt es Gründe.

Praxisrelevantes Wissen

Obwohl es wissenschaftlich machbar, praktisch umsetzbar und versorgungspolitisch sinnvoll ist, gibt es nach wie vor kein systematisches Vorgehen bei der Generierung von Erkenntnissen, die in der klinischen Medizin zu einer besseren Versorgung von Kranken führen würde. Die Forschung in Deutschland favorisiert traditionell den Erkenntnisgewinn in den Grundlagenwissenschaften, wodurch ein Ungleichgewicht zwischen der Grundlagenforschung und der angewandten vergleichenden klinischen Forschung sogar bei häufigen chronischen Erkrankungen vorliegt (vgl. Kaiser/Schmacke/Sawicki 2003, B758). Wir sind deshalb bei der vergleichenden klinischen Nutzenbewertung stark auf Studien aus anderen Ländern angewiesen. Dies reduziert zwar die von Deutschland aufgebrachte finanzielle Forschungslast, hat aber den Nachteil, dass wir wenig Einfluss auf die Art der durchgeführten Forschung haben, bei der Verwendung der Ergebnisse Übertragungsprobleme auftreten und die notwendigen praktischen Kenntnisse der spezifischen Methodik der vergleichenden Nutzenbewertung vor allem im Ausland weiter entwickelt werden. Darüber hinaus wird die Generierung von klinisch relevantem Wissen zu häufig den Herstellern der Pharmazeutika und Medizinprodukte überlassen; und natürlich sind diese vor allem an der Beschreibung der Effekte ihrer Produkte interessiert. Dies kann einerseits zu einseitig, oder zu unkritisch sein und wird zum anderen zu häufig in einem Kontext durchgeführt, der dem medizinischen Alltag in Klinik und Praxis nicht entspricht. Somit sind die Ergebnisse nur bedingt für die praktische Patientenversorgung verwendbar.

Der Grund dafür ist, dass die Finanzierung von Studien in Deutschland zu häufig von unmittelbaren Herstellerinteressen abhängt, was eine Betonung derjenigen Methoden bedeutet, die sich mit verkaufbaren Produkten befassen. Im Gegensatz zum Beispiel zu den USA existiert in Deutschland nur eine relativ geringe staatliche Förderung dieses Forschungsbereiches (vgl. Washington/Lipstein 2011, e31 (1)-e31-(3)). Strukturen und Arten der Gesundheitsversorgung, nicht-medikamentöse Verfahren und komplexe Interventionen werden kaum in methodisch hochwertigen Untersuchungen systematisch beforscht. Dies schafft eine medizinische Evidenzbasis, die sich vor allem auf die Anwendung von Pharmaka und anderer Medizinprodukte beschränkt, was einerseits die Kosten des Gesundheitswesens steigert und anderseits den Hauptbereich des medizinischen Handelns – der Kontext und die Art der Patientenversorgung – aus der Forschung ausblendet. Es ist sehr wahrscheinlich, dass die Qualität der Versorgung darunter leidet.

Die Betonung der pharmakologischen und operativen Interventionen bedeutet eine Zunahme unerwünschter Interventionseffekte wie beispielsweise Nebenwirkungen von Medikamenten oder post- und perioperativen Krankenhausinfektionen. Wenn wir wüssten, dass bestimmte nichtmedikamentöse Maßnahmen ähnlich effektiv zum Ziel führen, könnte man diese harmloseren Therapien primär den Patienten anbieten. Darüber hinaus wissen wir aufgrund mangelhafter und mangelnder Forschung auf diesem Gebiet nicht, welche Patienten in welchen Strukturen besser versorgt werden würden und setzen diese Strukturen daher auch nicht gezielt um.

Eine wichtige Voraussetzung für die Schaffung eines Erkenntnisgewinns für die praktische Medizin wäre eine systematische Erhebung der vorhandenen Wissensdefizite in der Medizin, die jede Intervention in eine der Kategorien 1 bis 3 einordnen würde:

1. **Positive Evidenz** ➜ Belastbare Belege für den (Zusatz)Nutzen einer Intervention sind vorhanden.

2. **Negative Evidenz** ➜ Es existieren belastbare Belege für den fehlenden (Zusatz)Nutzen einer Intervention.

3. **Ungenügende bzw. fehlende Evidenz** ➜ Es fehlen wesentliche belastbare Belege für (Zusatz)Nutzen- bzw. Schadenaspekte einer Intervention.

Ein derartiges systematisches Vorgehen könnte so strukturiert sein, dass man im ersten Fall eine Erstattung der entsprechenden Leistungen verbunden mit einer adäquaten Qualitätskontrolle vornimmt, im zweiten Fall eine Erstattung in der Regel ausschließt und im dritten Fall entsprechende Studien plant und durchführt, um die fehlende Evidenz zu generieren.

Systematische patientenorientierte Forschung

Es fehlt die Entwicklung von methodischen Vorgehensweisen für eine patientenorientierte und praxisrelevante vergleichende Nutzenbewertung. Die vorhandenen Studien sind meist auf die Zulassung von Medikamenten ausgerichtet und werden daher unter den Vorgaben der entsprechenden Zulassungsbehörden umgesetzt. Die Art, wie diese Studien durchgeführt werden, entspricht nur selten den tatsächlichen Bedingungen, in denen die Maßnahmen dann praktisch eingesetzt werden. Eine direkte Übertragbarkeit der Ergebnisse auf die Praxiswirklichkeit ist demnach zu selten gegeben. Solche Studien beantworten vor allem die Frage: „Könnte diese Intervention aufgrund abstrakter Forschung bei zumindest einem Aspekt besser sein, als eine andere?" Jedoch:

▶ Sie sagen wenig darüber aus, ob eine bestimmte Intervention unter Praxisbedingungen besser ist als die relevanten, bisher in der Praxis durchgeführten Maßnahmen.

▶ Sie geben keine Auskunft darüber, ob alle patientenrelevanten Aspekte beleuchtet sind.

▶ Sie beantworten nicht die Frage, ob und wie die täglichen Begleitumstände in Klinik und Praxis die Nutzen- und Schadensaspekte der Intervention beeinflussen.

Und die Forschung berücksichtigt so gut wie nie, was die betroffenen informierten Patienten tatsächlich wünschen oder wissen wollen (vgl. Bastian/Sawicki 2008, 1142-1145 und Tallon/Chard/Deppe 2000, 2037-2040). Nur sehr selten wird nach der Zulassung und Entscheidung über die Kostenerstattung in Deutschland geschaut, ob die real existierende Versorgung der Patienten sich durch die Einführung einer neuen Intervention auch tatsächlich verbessert hat. Eine methodische Entwicklung in diesem Bereich findet praktisch nicht statt.

Disease Management Programme

Eine objektive unabhängige Evaluation von Medikamenten und Medizinprodukten stößt auf erhebliche Widerstände, die meist durch die Befürchtung bedingt sind, dass eine stringente, an dem Wohl des

Patienten orientierte Nutzenbewertung Nachteile oder zumindest wesentliche Wissenslücken offenbaren würde und damit den Absatz der Produkte erschweren würde. Aber auch nicht unmittelbar kommerzialisierbare Interventionen, wie besondere Versorgungsstrukturen, werden nicht systematisch bezüglich ihres Nutzens für die Patienten untersucht und die geplante Unkenntnis ihrer Effekte kann auch interessensgeleitet sein. Ein gutes Beispiel dafür sind die so genannten Disease Management Programme (DMPs). Diese Interventionen sind vor etwa zehn Jahren für chronisch Kranke entwickelt und in das Gesundheitswesen implementiert worden, ohne dass ihr Nutzen in Deutschland belegt worden wäre. Dabei sind Disease Management Programme *nichts anderes als komplexe Interventionen*, die wie alle medizinischen Interventionen vor einer breiten Implementierung im Gesundheitswesen adäquat wissenschaftlich evaluiert werden sollten, damit ihre positiven und negativen Effekte bekannt und bei der Behandlung der Patienten berücksichtigt werden können.

Es existieren lediglich Vergleiche zwischen Patienten, die an solchen Programmen teilnehmen, und solchen, die es nicht tun. Da aber Patienten, die in ein DMP aufgenommen werden, sich von denjenigen, die aus welchen Gründen auch immer nicht daran teilnehmen, allein schon aufgrund der gesetzlichen Vorgaben *unterscheiden müssen*, kann eine Evaluation der DMP-Effekte zuverlässig nur in einer prospektiven randomisierten kontrollierten Studie (RCT) erfolgen.

Leider war es trotz vorliegender Konzepte und Studienprotokolle für die Verantwortlichen nicht möglich, die Einführung der DMPs im Jahr 2002 so zu gestalten, dass sie von einer solchen validen Evaluation begleitet wurden. *Vorliegende Studien sind sämtlich retrospektiv und qualitativ mangelhaft*, da die Vergleichsparameter zwischen den Interventionsgruppen und den Kontrollgruppen nicht fair verteilt sind. Zudem ist die Methode der retrospektiven Kontrollgruppenbildung überaus anfällig für den so genannten „sponsor bias", bei dem die Ergebnisse einer Studie bewusst oder unbewusst in die von der durchführenden und an einem bestimmten Ergebnis interessierten Seite gewünschte Richtung verzerrt werden (Bekelman/Li/Gross 2003, 454-465). Da nun eine prospektive Evaluation der DMPs im Rahmen eines RCT wohl nicht mehr erfolgen wird, werden auch zukünftige DMP-Evaluationen verzerrungsanfällige Methoden anwenden müssen. Um hier den „sponsor bias" zumindest zu minimieren, sollten solche Evaluationen gemeinsam von Krankenkassen, die an einem „positiven" Ergebnis und solchen Krankenkassen, die an einem „negativen" Ergebnis interessiert sind, getragen und von einer unabhängigen Stelle durchgeführt werden. Dies wird aber sehr wahrscheinlich nicht erfolgen; und so werden wir nicht zuverlässig wissen, welche Teile von Disease Management Programmen den Patienten in Deutschland nutzen, welche schaden und welche ohne Effekt sind. Und vor allem sind uns durch dieses Unwissen die Möglichkeiten genommen, nicht effektive bzw. schädliche Aspekte der DMPs zu modifizieren. Es ist also auf dem Gebiet der DMPs kein Fortschritt zu erwarten.

Dieses Beispiel demonstriert eindrucksvoll die fehlende Qualitätskultur in Deutschland. Es handelt sich ja um prospektiv und bewusst erzeugtes Nichtwissen. Und dabei wird in der Gesundheitspolitik und auch in der Wissensgesellschaft nicht einmal zugegeben, dass man manches aktiv ungewusst lassen möchte und ständig daran arbeitet, dass es sich nicht ändert. Vielleicht ist der Grund dafür, dass verlässliches Wissen den politischen Spielraum einengt?

Ausbildung in Evidenzbasierter Medizin

Die vergleichende praktische Nutzenbewertung bietet die Möglichkeit, objektiv zu überprüfen, ob eine bestimmte Maßnahme für die Patienten und das Versorgungssystem einen Fortschritt bedeutet. Sie ist in allen Bereichen des Gesundheitswesens einsetzbar. Voraussetzung für das Gelingen solcher Maßnahmen ist allerdings zunächst eine Ausbildung aller am Gesundheitswesen Beteiligten in den Methoden der Evidenzbasierten Medizin. Leider werden nicht einmal im Studium der Medizin die künftigen Ärzte systematisch unterrichtet, wie klinisch beantwortbare Fragen formuliert werden, wie die diesbezügliche Literaturrecherche praktisch durchgeführt wird, wie Studien nach ihrer Validität und Relevanz bewertet werden und wie sich daraus objektiv nachvollziehbare Antworten für den ärztlichen Alltag und den Individualfall finden lassen (vgl. Glasziou/Sawicki/Prasad/ Montori 2011, e4). Es ist unverständlich, dass in Deutschland - im Gegensatz zum Beispiel zu den angelsächsischen Ländern - Methoden der Evidenzbasierten Medizin nach wie vor kein verpflichtender Bestandteil von Ausbildungsprogrammen in Gesundheitsberufen sind. Daher ist die Vermittlung entsprechender Kenntnisse allein den lokalen individuellen Initiativen der Lehrenden überlassen und fehlt folglich häufig ganz.

Die systematische Vermittlung entsprechender Fertigkeiten und Kenntnisse wäre aber nicht nur für eine vernünftige Steuerung des Gesundheitswesens notwendig, sondern auch für eine praktische Verbesserung der Versorgungsqualität. Man bräuchte sie auch, um eine Verknüpfung zwischen interner und externer Evidenz, also zwischen persönlicher Erfahrung und Studienergebnissen, zwischen politischen Vorstellungen und wissenschaftlichen Erkenntnissen und zwischen epidemiologischen und individuellen Zielen zu erreichen.

Das Richtige richtig tun

In den Bereichen, in denen wir trotz unseres mangelhaften Erkenntnisstandes wissen, welche diagnostischen und therapeutischen Maßnahmen anderen überlegen sind (und vor allem besser als eine abwartende Haltung ohne sofortige medizinische Intervention), verfügen wir nur selten über öffentlich zugängliche Informationen, wie sich die Ergebnisse dieser Behandlungen zwischen den Praxen und Krankenhäusern unterscheiden. Aufgrund der vorliegenden wenigen vergleichenden Daten wissen wir, dass es zum Teil erhebliche Unterschiede in der Ergebnisqualität gibt. So variiert zum Beispiel je nach gynäkologischer Abteilung der Anteil unnötiger Entfernungen des Eierstocks bei Frauen zwischen 10 Prozent und 60 Prozent und der Anteil von Kniegelenkersatzeingriffen mit erfolgreichem Operationsergebnis zwischen 10 Prozent und 90 Prozent. Es wäre wünschenswert, eine Struktur zu schaffen, in der relevante Ergebnisse medizinischer Interventionen zumindest stichprobenartig erhoben und verglichen würden. Eine solche Struktur würde nach der Messung patientenrelevanter Endpunkte die Vollständigkeit und Richtigkeit der Daten überprüfen, sie vergleichen und eine Fehleranalyse erstellen mit dem Ziel einer individuellen Intervention zur Verbesserung der Ergebnisqualität dort, wo es notwendig ist. Die Ergebnisse dieser Intervention müssten dann erneut erhoben und veröffentlicht werden.

Der Gesetzgeber hat theoretisch bereits im Jahr 2008 einen Schritt in diese Richtung getan. Im § 137a des Sozialgesetzbuches V wird Folgendes geregelt: Der Gemeinsame Bundesausschuss soll eine fachlich unabhängige Institution mit der Entwicklung von Verfahren zur Messung und Darstellung der Versorgungsqualität beauftragen. Die Ergebnisse dieser Qualitätssicherungsmaßnahmen sollten dabei in einer für die Allgemeinheit verständlichen Form veröffentlicht werden.

Schon im Anfang ist die Umsetzung dieses Gesetzes behindert worden. Bis heute existiert kein öffentlich zugänglicher Bericht, in dem die wesentlichen Aspekte der Ergebnisqualität zwischen den Krankenhäusern oder Arztpraxen vergleichen werden könnten. Noch gibt es keine Struktur, die geeignet wäre, bei unzureichenden Ergebnissen wirksame Interventionen zur Qualitätsverbesserung einzuleiten. Darüber hinaus kann der Bürger sich nicht informieren, wo welche Qualitätsergebnisse zu erwarten sind.

AMNOG

Im Januar 2011 ist das neue Arzneimittelmarkt-Neuordnungsgesetz (AMNOG) in Kraft getreten. Das Bundesministerium für Gesundheit schreibt, dass mit dem Gesetz der Weg für fairen Wettbewerb und eine stärkere Orientierung am Wohl der Patienten freigemacht werde (vgl. Bundesministerium für Gesundheit 2012). Ein genauer Blick in das Gesetz und die zugehörige Rechtsverordnung offenbart eher das Gegenteil: Das Gesetz verhindert zum Beispiel nicht, dass neue Medikamente, die den vorhandenen Optionen in vergleichenden Studien *unterlegen* sind, in die Erstattung durch die GKV und somit in die Regelpatientenversorgung aufgenommen werden.

Damit kann ein neues Medikament, das schlechter ist als vergleichbare, bereits auf dem Markt vorhandene Präparate, verordnet und von den Krankenkassen erstattet werden; und dies wahrscheinlich auch zu einem ähnlichen Preis. Zudem ist mit dem AMNOG eine wichtige Aufgabe des Institutes für Qualität und Wirtschaftlichkeit im Gesundheitswesen (IQWiG) de facto weggefallen, die eigenständige vergleichende Nutzenbewertung. Sie ist durch die Bewertung von Dossiers der Hersteller ersetzt worden (vgl. Sawicki 2009, e42).

Das neue Gesetz beinhaltet aber auch grundsätzliche Denkfehler, die ein wissenschaftliches Vorgehen vorschreiben, das den Grundsätzen der Evidenzbasierten Medizin widerspricht. Zum Beispiel erfolgt das Festlegen der Vergleichstherapie *post hoc*, also erst *nach* der Durchführung von Evaluationsstudien. Dies hat nicht nur zur Folge, dass der Hersteller zu diesem Zeitpunkt gar keine Möglichkeit mehr hat, entsprechende Studien durchzuführen, sondern beinhaltet durch die retrospektive Festlegung der Vergleichsbehandlung die Möglichkeit einer systematischen Verzerrung des Bewertungsergebnisses. Da zudem die Art der zweckmäßigen Vergleichstherapie, die der Kernpunkt der Bewertung der Dossiers durch das Institut für Qualität und Wirtschaftlichkeit im Gesundheitswesen (IQWiG) bildet, *nicht* vom IQWiG sondern vom Gemeinsamen Bundesausschuss festgelegt wird, ist das IQWiG in seiner wissenschaftlichen Bewertung nicht mehr unabhängig. Dies ist im Grunde ein Widerspruch zum einschlägigen Gesetz (§139 SGB V), in dem eine wissenschaftliche Unabhängigkeit des IQWiG festgelegt wird. Eine solche wissenschaftliche Unabhängigkeit des Institutes ist aber eine unbedingte Voraussetzung für eine valide, objektive, vergleichende Nutzenbewertung medizinischer Interventionen.

Zudem erfolgt die Festlegung der Vergleichstherapie ohne die Berücksichtigung von Patientenpräferenzen. Darüber hinaus bilden laut AMNOG Zulassungsstudien als Evidenzgrundlage die Basis für diese Bewertungen, also Untersuchungen, die fern der Realität liegen und auf Fragestellungen der Zulassung (also auf Wirksamkeit und Unbedenklichkeit) unter definierten meist artifiziellen Bedingungen ausgerichtet sind, und nicht auf die Beschreibung des patientenrelevanten Zusatznutzens unter Praxisbedingungen. Komplexe Interventionen, Kombinationen von Behandlungen und Patienten mit mehreren Erkrankungen, die in der Realität der medizinischen Versorgung der Regelfall und nicht die Ausnahme darstellen, werden durch die verwendeten Ein- und Ausschlusskriterien dieser Zulassungsstudien meist nicht betrachtet. Van Spall et al. haben die Praxisrelevanz derartiger randomisierter kontrollierter Studien (RCTs) auf der Basis von 283 zufällig ausgewählten Artikeln, die in Zeitschriften mit hohem Impact Faktor publiziert wurden, bezüglich der methodischen Ausschlusskriterien untersucht (vgl. van Spall/Toren/Kiss/Fowler 2007, 1233-1240). Sie fanden, dass bei 81 Prozent der RCTs Patienten mit häufigen Erkrankungen ausgeschlossen wurden, 72 Prozent der Studien schlossen Patienten aufgrund des Alters aus. Bei 54 Prozent der RCTs erfolgte ein Ausschluss aufgrund der Einnahme häufig verordneter Medikamente. Der durch solche Studienprotokolle geschaffene Studienkontext unterscheidet sind demnach *erheblich von den Bedingungen, unter denen die untersuchten Medikamente später eingesetzt werden*.

Die Bewertungen im Rahmen des AMNOG werden also zwar möglicherweise die Erstattung von Medikamenten in Deutschland erschweren und ihre Preise reduzieren, einen Fortschritt in Richtung einer patientenorientierten, praxisrelevanten und auf die täglichen medizinischen Probleme ausgerichteten vergleichenden Nutzenbewertung bewirkt das Gesetz aber nicht; durch die Beschädigung der Unabhängigkeit des IQWiG und der Grundsätze evidenzbasierter Nutzenbewertung ist es sogar ein Rückschritt. Zudem bindet es die Ressourcen der bewertenden Institutionen und lenkt sie von einer am Patientenwohl orientierten vergleichenden Nutzenbewertung ab.

Wünschenswerte gesetzliche Regelungen

Die bisherigen Reformen im Gesundheitswesen dienten vor allem der Sicherung der Finanzierung der gesetzlichen Krankenversicherung und hatten primär nicht zum Ziel, eine Struktur für patientenorientierten Fortschritt in Deutschland zu implementieren. Durch den Streit über verschiedene Finanzierungskonzepte wurde und wird vergessen, dass ein stärker an wissenschaftlichen Kriterien orientiertes Gesundheitswesen nicht nur eine Verbesserung der Ergebnisqualität bedeuten würde, sondern auch in vielen Bereichen über die Reduktion von Nichtnotwendigem oder gar Schädlichem und vermehrtem Einsatz qualitätsgesicherter nützlicher Maßnahmen indirekt zu einer Reduktion der Morbidität und damit der Kosten führen könnte (vgl. Sawicki 2009, e42).

Dafür müsste man allerdings einen Teil der Gelder der Solidargemeinschaft in unabhängige Forschung und Entwicklung investieren. Darüber hinaus müsste ein Forschungsbudget festgelegt werden, das zunächst etwa ein Prozent aller Ausgaben im Gesundheitswesen betragen könnte; aus diesen Mittel könnten dann für die Praxis relevante vergleichende Studien finanziert werden. Aber auch in Zeiten, in denen finanzielle Mittel für einen qualitätssteigernden Erkenntnisgewinn zum Wohle der Versicherten durch die Durchführung von vergleichenden Nutzenbewertungsstudien potenziell zur Verfügung stünden, wird eine solche Option leider nicht einmal diskutiert (vgl. Haverkamp 2012). Für die Umsetzung müsste dann ferner ein Gremium unter Beteiligung von Patienten und Ärzten, das die Patientenperspektive im Mittelpunkt hat, zunächst eine Liste von versorgungsrelevanten Themen und Fragestellungen festlegen, deren Klärung für eine Steigerung der Qualität im Gesundheitswesen notwendig ist und im zweiten Schritt diese Themen priorisieren.

In einer nachfolgenden Ausschreibung würden sich Forschungseinrichtungen mit Studienprotokollen um die Leitung der Vorhaben bewerben. Die Durchführung der geplanten Studien würde in besonderen Forschungskliniken und -praxen mit einer zusätzlichen wissenschaftlichen Kompetenz umgesetzt werden. Untersucht würden nicht nur der Einsatz von Medikamenten und Medizinprodukten, sondern auch komplexe Interventionen und Versorgungsstrategien. Erst *nach* der Evaluation und Interpretation der Ergebnisse würden die Interventionen ggf. in die breite Versorgung übertragen werden, wobei die Qualität der Umsetzung systematisch erhoben und gegebenenfalls korrigiert werden müsste. Und vor allem müsste diese Struktur so konzipiert werden, dass sie die an der Selbstverwaltung im Gesundheitswesen beteiligten Vertreter der Krankenhäuser, der Krankenkassen, der niedergelassenen Ärzte und Zahnärzte sowie die Hersteller von Pharmaka und Medizinprodukten nicht ausbremsen oder umgehen können.

Literatur

Bastian, H./Sawicki, P. T.: German Health Care: A bit of Bismarck plus more science. BMJ 2008; 337: 1142-1145.

Bekelman, J. E./ Li, Y./Gross, C. P.: Scope and impact of financial conflicts of interest in biomedical research. JAMA 2003, 289: 454-465.

Bundesministerium für Gesundheit: http://www.bmg.bund.de/krankenversicherung/arzneimittelversorgung/arzneimittelmarktneuordnungsgesetz-amnog/das-gesetz-zu-neuordnung-des-arzneimittelmarktes-amnog.html (Zugriff am 4.8.2012).

Glasziou, P. P./Sawicki, P. T./Prasad, K./Montori, V. M.: Not a medical course, but a life course. Academic Medicine 2011; 86: e4.

Haverkamp, L.: Krankenkassen-Überschüsse. Diebstahl am Beitragszahler. ZEIT ONLINE. http://www.zeit.de/wirtschaft/2012-03/krankenkassen-ueberschuss (Zugriff am 4.8.2012).

Kaiser T., Schmacke N., Sawicki P. T.: Versorgungsforschung ist unterrepräsentiert. Eine quantitative Analyse der Publikationsleistungen deutscher Autoren im Verlauf der Jahre 1992-2002. Deutsches Ärzteblatt 2003; 14: B758.

Sawicki, P. T.: Communal Responsibility for Health Care – The Example of Benefit Assessment in Germany. N Engl J Med 2009; 361: e42.

Tallon, D./Chard, J./Dieppe, P.: Relation between agendas of research community and the research consumer. Lancet 2000; 355: 2037-2040.

Van Spall, H. G. C./Toren, A./Kiss, A./Fowler, R. A.: Eligibility criteria of randomized controlled trials published in high-impact general medical journals. JAMA 2007; 297: 1233-1240.

Washington, A. E./Lipstein, S. H.: The Patient-Centered Outcomes Research Institute — Promoting Better Information, Decisions, and Health. N Engl J Med 2011; 10.1056/NEJMp1109407; e31(1)-e31(3).

Quality of Care in the United States

The US Experience in Defining and Measuring Quality

Toby Gordon

Introduction

Like the cornucopia in Greek mythology that symbolizes an endless supply of food and drink, it is perhaps also a mythic belief that a healthcare delivery system can provide an endless suppy of affordable, accessible, high quality care. Inevitably, a balance can rarely be struck between providing access to ever more costly care and achieving quality, whose measurement may be elusive. The notion that there even *is* a system, and what it is comprised of, further complicates measuring fulfillment of the system's economic and quality performance.

A healthcare system such as in Germany is comprised of preventive, diagnostic and treatment services deemed appropriate under universal coverage with standard benefits. In the United States (US), however, there are no standard benefits and no one model of a healthcare delivery system; healthcare services one receives are dependent on one's medical insurance coverage or ability to pay otherwise, and not all services widely acknowledged as an important part of healthcare are routinely covered, such as dental care.

As Sawicki (2009) wrote, "many German observers are bewildered by the US healthcare reform debate." That the US could be a source of ideas and innovations in quality may be a difficult argument to make in light of the lack of consensus and polarized political views on healthcare coverage, even after the US Supreme Court upheld the the Patient Protection and Affordable Care Act (PPACA), signed into law in 2010, also known as "Obamacare."

One way to consider the potential contributions of the United States to the German discussion about healthcare quality is to appreciate that the quality movement reflects the work of clinicians, researchers, policy makers, statisticians, computer scientists and mathematicians, among others, as part of a "virtual" quality enterprise that spans the public and private sectors. They are seeking to define and measure quality while achieving the best possible balance across the competing priority of cost, quality and access. All the while, medical and public health discoveries, new technologies, and the promise of informatics continue to change the expectations and outcomes of care. The process is dynamic and everchanging with political debate always present on the role of government in healthcare.

The US healthcare system is unique among developed nations for its fragmented approach to funding and access to care, while now spending almost 20 percent of its Gross Domestic Product (GDP) on healthcare. As healthcare expenditures as a percent of GDP grew over the last 40 years, the national debate focused largely on two issues: cost and excess spending on healthcare, and the universal coverage of services or the lack thereof. However, not until the passage of "Obamacare" was improving quality a central component of policy, seen as a necessity to reduce costs and pay for expanded coverage. This chapter will discuss the confluence of public and private efforts to achieve and improve quality as a central tenet of healthcare delivery in the US, through the vectors of policy, professional private sector leadership, education, and consumer empowerment.

History of the Quality of Care Movement in the US

While the national focus on healthcare quality in the US seems to have arisen after calls for healthcare reform in the 1990's, in which the "iron triangle" of cost, access and quality would be melded into an affordable effective system, the advent of the quality of care movement in the United States can be traced to the start of the modern hospital era in the late 19th century. Surgical care was revolutionized on the heels of three major discoveries of that century – antisepsis, and the control of pain and bleeding. The kitchen table as operating theatre and the surgeon's quality judged by speed of amputation fell by the wayside, as these discoveries enabled hospitals, once asylums and charity wards, to become places for diagnosis and treatment not previously available. Hospitals became paragons of technology and innovation, with dedicated operating theatres and a focus on cleanliness and sterility, and were the nidus for developments such as new surgical procedures, x-rays and electrocardiology.

Once patients could be anesthetized and operated upon in a sterile hospital operating room environment using conservative surgery techniques to control bleeding, the range and scope of surgical procedures took off. Surgical treatments for common afflictions such as hernias and gall bladder stones were miraculous developments, followed by advances in new surgical subspecialties focusing on areas such as neurosurgery, otorhinolaryngology and urology. The medical literature largely consisted of case reports. It was a time of great experimentation and discovery, furthered along as finer instrumentation and antibiotics were developed. The scope of practice of surgery grew rapidly, at a time when there were no standards for certification of physician expertise, no hospital quality accreditation and little accumulated knowledge about outcomes of care beyond mortality or obvious morbidity during hospitalization.

The advent of the quality movement in healthcare is often credited to the work of Ernest Amory Codman, a Harvard trained surgeon who began his efforts to reform clinical medicine and surgery in 1910 when he proposed a case monitoring system to record the "end-results" of surgery (Reverby 1981). He used individual patient cards for data collection, upon which a determination would be made regarding clinical outcome and, if "perfection" had not been obtained, classification of such imperfect cases using his nosology of errors. Codman reasoned that by using his system of comparison, surgeons could specialize in operations they did best. He further proposed that each hospital would require an "end-results" clerk for record-keeping, an efficiency committee for monitoring purposes, and publication of results in a standardized format. Codman also proposed that patients should have access to these hospital reports. Codman's approach exemplified the application of the scientific management principles of industrial efficiency techniques to the practice of medicine.

Codman aggressively pursued acceptance of the end-results system but was frustrated by the difficulties encountered in gaining acceptance of this radical idea. He was ridiculed and ultimately left his Harvard post. Codman next worked with the newly forming American College of Surgeons (ACS) to implement some of his quality ideas. Although the College did not accede to an outcomes measurement system along the lines proposed by Codman, it did push for the creation of quality standards for surgeons and hospitals, The ACS was a key participant in bringing about hospital accreditation in the United States, joining with other professional societies to set standards. In surgery the ACS established criteria for training programs and offered an examination to obtain a fellowship in the College, thus certifying the surgeon's competence. While Codman's outcomes research system was not appreciated until closer to the end of the 20th century, he keenly influenced the launch of professional organizations that played historic and instrumental roles in voluntary accreditation of quality. Although the federal government certifies providers in its programs and state governments license medical professionals and hospitals, they use criteria based on those set by private, non-profit professional organizations, whose governance and regulations are set by its professional members.

While Codman's end results system have come to be appreciated, his major contribution was in influencing professional self-governing organizations to focus on quality. The next major leap forward in the US quality movement came following the tremendous social reforms after World War I, which raised many questions about cost, access and quality of care in the United States. Standing an army to fight in the war brought light to the low health status and poverty of many Americans. The professional public health movement in the US was just taking off at this time, and the first graduate schools in this field were launched in the 1920's.

With the continuing evolution and growth of surgical practice, tonsillectomies became commonly performed procedures. In the 1920s and 1930s tonsillectomies came under scrutiny for medical necessity due to the common and widespread use of this procedure, with concomitant risk of anesthesia-related mortality. The outcry over potentially unnecessary surgeries coupled with unnecessary exposure to risk led to greater scrutiny and more judicious use of the tonsillectomy procedure, illustrating the role of patients and professionals in changing treatment norms.

Social Reforms

The introduction of employer and government-sponsored health care coverage after World War II brought about the next major influences on the quality of care movement. Following World War II, the booming economy and fears of inflation, the US government froze wages as a form of inflation control. This led employers to offer health insurance as a form of additional compensation. Employers thus became purchasers of healthcare for a significant portion of the working members of US population and their families, generally through healthcare insurance companies as their fiscal intermediaries. Twenty years later, the US government became a provider of health insurance coverage after Johnson administration of the early 1960's waged "war on poverty" in response to a national poverty rate of around nineteen percent. By 1966, much of the non-working population was given the basic right to health benefits under the federally sponsored Medicare plan, which provided coverage for those 65 and over, and the disabled, and through the joint federal and state Medicaid program for the poor under age 65.

Having this expanded coverage made healthcare services affordable, and insurance payment resulted in the collection of medical claims data that was eventually used for health services research. While patient confidentiality issues secondary to such research would be addressed in 1996 when the Health Insurance Portability and Accountability Act (HIPAA) was passed, the use of insurance claims data from federal Medicare files and private insurance files along with US Census information was well-established as a way to examine the volume and frequency of services provided and outcomes including mortality and some measures of morbidity based on diagnostic and procedure coding included in the insurance claims.

Payer and Private Sector Focus on Quality

Once the government became a major payer of healthcare, it began focusing on quality, to ensure that Medicare beneficiaries received care up to medical standards. In 1971, the Nixon administration declared "war on cancer", perhaps based on the confident belief that with more investment in research a cure for cancer could be found, since a man had walked on the moon in 1969.

Once the Medicare and Medicaid programs were underway, Congress authorized the study of whether physician groups could reduce unnecessary use of services. This program provided a model for the first nationally legislated quality review program, the Professional Standards Review Organizations (PSROs) in the Medicare program The PSRO's looked at whether services were medically necessary, if they met professional standards, and if they were provided in the most cost- effective way possible (Bhatia).

The PSROs were highly fragmented; standards were set based on local practice patterns. They had funding sources ranging from grants, cooperative agreements, and formal contracts with the government. As a result, there was wide variation in PSRO performance and despite the investments made the PSRO program was unable to effect rising health care utilization or costs.

Subsequently, the voluntary hospital accrediting body, the Joint Commission on Accreditation of Health Care Organizations (JCAHO), instituted performance improvement activities as requirements for accreditation. Again, a private sector based organization, JCAHO, played a key role in implementing national policy to improve quality.

The next major turn of events in improving quality of care was the result of massive reform of the Medicare reimbursement methodology. The Medicare "prospective payment system", implemented in 1983, based payment on diagnosis-related groups (DRG's) adopted by Medicare. The notion that payment could be based on a diagnostic group code rather than a unique ICD diagnosis and procedure code and fee-for-service bill led to extensive debate and discussion about the need for risk adjustment and the effect of comorbidities on resource use, and the modification of the DRG based payment methodology. The discussion and debate over payment led to the creation and widespread use of administrative claims databases now used for economic and clinical outcomes research.

Medicare also launched another quality initiative through the promulgation of "centers of excellence". By establishing quality standards based on clinical outcomes, selected hospitals were designated to provide services for certain high-volume, high-cost procedures such as coronary artery bypass surgery and organ transplantation. The quality determinations were made in part from routinely collected insurance claims data, underscoring the transparency of outcomes data as part of the quality review process.

Taking this transparency a step further, in the 1980s, the Medicare program publicly disseminated hospital mortality data for certain procedures such as open heart surgery, with data from Medicare claims files. This practice was highly controversial; hospitals decried the lack of risk adjustment to the data in that patient condition and comorbidities were not considered and the grouping of procedures into "buckets" did not account for the "casemix" differences between hospitals. The promulgation of mortality-based outcome measures was ultimately discontinued following caustic debate regarding risk adjustment of data, and after it was shown that some hospitals were refusing to operate on high-risk patients so as not to skew their results.

Access to Care

The debate on providing universal access to care sharpened in the first term of the Clinton administration (1993-2001) with his healthcare reform proposal to provide universal coverage, but this concept was not uniformly embraced in the US as a government priority. Quality was not a central policy issue. Americans generally assumed hospitals were safe and the quality of care was good, perhaps because those who could afford it had access to costly high technology and the newest pharmaceuticals. This perception may have been reinforced by popular television shows such as "House" and "Grey's Anatomy", and even the popular "soap opera", "General Hospital", in which dashing, smart doctors deployed the latest in the healthcare armamentarium, ensuring a happy ending for all.

While Clinton's proposal for universal coverage was denounced on a host of political and economic fronts, the quest for universal coverage still remained central in the political debate. However, quality emerged as a critical issue in American healthcare after the landmark Institute of Medicine (IOM) reports on quality and patient safety.

Established in 1970, the IOM is the health arm of the National Academy of Sciences. Its role is to address the most critical issues facing the country in the healthcare arena.

IOM studies may be specific mandates from Congress, or requested by federal agencies or independent organizations. Starting with a series of reports in 1996, the IOM's Committee on the Quality of Health Care in America, under the umbrella of the "Crossing the Quality Chasm" initiative, called for fundamental redesign of the American health care system to improve quality, and provided performance expectations for the 21st century health care system.

The IOM reports were based on an extensive and in-depth review of the literature conducted by RAND to better understand the quality issue, and a framework was established, defining quality issues in the categories of overuse, misuse and underuse of health care services. Quality was defined as "the degree to which health services for individuals and populations increase the likelihood of desired health outcomes and are consistent with current professional knowledge." Specific reports in the series included *Ensuring Quality Cancer Care* (1999), which documented that cancer care received by many in the US was vastly different from what would be considered ideal cancer care. The IOM reported on the safety of healthcare in US hospitals, documenting the "quality gap." They identified practices that impeded quality care and approaches to implement change. These reports – *To Err is Human: Building a Safer Health System* (1999) and *"Crossing the Quality Chasm: A New Health System for the 21st Century"* (2001) – included quality metrics to quantify the gap between actual and ideal care, and advocated for the significant changes necessary to improve quality. The metrics illustrated how wide the quality chasm was and how important it was to narrow it; of note was the attribution of unnecessary deaths in hospitals secondary to quality of care issues.

The IOM hospital safety reports were a watershed event. Safety issues were seen as a crisis. The reports triggered in-depth analysis and significant policy and practice responses related preventable deaths, as they documented "the serious and pervasive nature of the nation's overall quality problem."

Mandates for quality care issued by the IOM were that care should be safe, effective, patient-centered, timely, efficient and equitable, and rules for care delivery redesign were also included.

While quality emerged as a significant issue in the national discourse on healthcare, both the Clinton and Obama administrations focused on formulating universal coverage as a top priority, with Obama successfully orchestrating the passage of the Patient Protection and Affordable Care Act (PPACA) in 2010. The greatest controversies over PPACA have been over sources of funding to expand insurance coverage to the uninsured, and the role of the government in mandating the purchase of insurance. An underlying assumption is that the cost of expanded coverage would be covered by savings from the elimination of unnecessary services, more selective use of costly new technologies, and disease prevention and health promotion. Incentives to improve cost and quality outcomes are central to the reforms. Under "Obamacare", the popular name for the PPACA, physicians and hospitals are incented to provide cost-effective care by voluntarily setting up newly authorized Accountable Care Organizations (ACOs). ACO regulations allow the sharing of cost savings within the ACO under a set of regulations carefully constructed to prevent fraud and abuse. Presumably, ACO's will figure out how to provide quality care at a lower cost, which will result in a positive bottom line. In recent years, the Medicare program also includes some disincentives. For example, the cost of hospital care for certain adverse outcomes, called "never events", will not be reimbursed. According to the US Agency for Healthcare Quality and Research (AHRQ), never events are unambiguous (clearly identifiable and measurable), serious (resulting in death or significant disability), and usually preventable. The list of 28 "never events" is grouped by event type: surgical, product or device, patient protection, care management, environmental, and criminal. Medicare has selected eight events for payment denial if certain conditions are met. The eight are pressure ulcers; falls and trauma; surgical site infections; vascular and urinary tract infections; administration of incompatible blood; air embolism; and a foreign object unintentionally retained after surgery.

The Medicare programs also conduct and make available relevant quality studies with respect to the relative benefit of new procedures and technologies, and they collect and share information on consumer assessment of quality through the Consumer Assessment of Health Providers & Systems (CAHPS) program. CAHPS refers to a surveys of consumers and patients on aspects of care for which they are the best or only source of information. Hospitals are required to participate. Participation is required and this serves as a driver to improve consumer satisfaction with care.

Quality and Health Services Research

While providers may have some newly created incentives and disincentives and there is a broader professional and regulatory context for the quality of care in the US, there is also a pipeline of privately and federally funded research to improve the process and outcomes of care, satisfaction with care, and the efficiency and effectiveness of care.

Since the 1960's, increased national funding of medical research and private sector sponsored research have supported the promulgation of clinical research. In the health services research sector, the well-known study of small area variations in clinical practice by Wennberg's in the 1960's demonstrated that population based rates of surgery varied across communities because surgeons in one community practiced differently than in another.

Wennberg (1981) compared surgical procedure rates in 13 hospital service areas in Vermont, finding that physician preferences were the greatest influence on rates of tonsillectomies, appendectomies, hysterectomies, mastectomies, hemorrhoidectomies and surgeries for other common conditions, with considerable variation in rates of surgery across service areas. In the 1980s and 1990s, surgical outcomes research studies focused on the efficacy and effectiveness of new surgical procedures, clinical outcomes and cost- effectiveness of new versus existing procedures, surgical compared to medical treatment, the relationship between volume and outcome, and increasingly, on quality of life considerations. Refinements in clinical and quality of life outcomes measurements have contributed to these areas of study. Other burgeoning areas of research that followed looked at the use and effectiveness of "critical pathways" of clinical diagnostic and treatment pathways, and care management guidelines. Once derided as "cookbook" medicine, the move to standardize care has resulted in well-documented outcome benefits.

In 1989, reflecting the growing importance of research to support health care policy development, a federal Agency for Health Research and Quality, AHRQ, was created to support studies in quality improvement and patient safety, outcomes and effectiveness of care, clinical practice and technology assessment, and health care organization and delivery systems. AHRQ provides funding and technical assistance for health services research for policy development.

As healthcare reform is implemented in the US, the PPACA health reform act established the non-profit Patient-Centered Outcomes Research Institute (PCORI) for comparative effectiveness research.

PCORI is charged with examining the "relative health outcomes, clinical effectiveness, and appropriateness" of medical care, by both looking at existing studies and by conducting research. It was set up with a board that includes patients, doctors, hospitals, drug and device manufacturers, payers, government representatives and healthcare experts. PCORI will not have any authority related to coverage or reimbursement and they are forbidden to use any "dollars per quality adjusted life year" or metrics that discount the value of a life because of disability. Thus the US has sidestepped the discussion of "value" in its approach to considering the utility and effectiveness of care.

Bringing New Technologies to Market

While PCORI is getting underway, the current regulatory processes to ensure safety and quality of new drugs and devices remain. Regulatory quality controls include primarily those of the Food and Drug Administration, a complex process beyond the scope of this chapter. From a quality perspective, the extensive requirements of the FDA serve as a protection of the public's health, and the process, while complex, is transparent. In addition to the approval mechanisms of the FDA, they maintain a publicly available database of reportable events, MAUDE, that can be studied from a quality perspective.

The system will improve in measures of access to care once universal coverage is implemented and the patient safety movement that arose out of the IOM work will continue to make great strides in reducing mortality and morbidity. To a large extent, responsibility for grappling with the value question will fall back on providers and accountable care organizations relative to value of episode of care. Larger, population based measures of lifetime value will remain in the background unless they fall into the public health arena.

As electronic medical records take hold, there is an emerging field of bio-informatics that will take the science of analyzing care delivery and determining the most efficient and effective models, ultimately based on the tenets of "personalized medicine". Many of the most prolific areas of development of new technologies center on "e-health" applications and smart devices, and this area is being looked at for further safety regulation and oversight.

Lessons for the German Healthcare System

This chapter has attempted to provide a high level summary of the public policy and private sector efforts to incorporate quality measures and incentives into the US healthcare system. Numerous other efforts are underway that include the key features of quality outlined in this chapter. In summary, we can see that the US quality system is not a system per se but instead a set of interdependent public policy and private sector initiatives. Some of the characteristics of note in this public/private interplay include the role of voluntary professional organizations that comprise and govern the accrediting bodies that the government in turn looks to for regulation of care delivery, the federal funding of research in the private sector to inform policy making, government mandated quality initiatives governed in the private sector. In addition to the inherent checks and balances in the public-private system construct is the use of publicly available 'administrative data', stripped of any personal identifiers, for research into quality of care. Insurance claims data, census reports, and health surveys are the backbone of this data-driven approach to the study of mortality and morbidity, cost and access. Last, there is a culture of ranking hospitals and doctors based on algorithms built from publicly available data. Perhaps the lessons learned include the importance of both public and private efforts; the value of the availability and use of data, along with laws respecting privacy, to advance the study of care delivery; the openness about the need to improve; and market competition based on quality metrics. The US stands to learn much from Germany as universal coverage is implemented, with convergence of both systems around the same cost, access and quality pressures.

References

Bhatia A., Blackstock S., Nelson R., Ng T.: Evolution of Quality Review Programs for Medicare: Quality Assurance to Quality Improvement. Health Care Financing Review, 2000; 22(1): 69-74.

Reverby S.: Stealing the golden eggs: Ernest Amory Codman and the science management of medicine. *Bull Hist Med* 1981;55:156-71.

Sawicki P. T.: Communal Responsibility for Health Care — The Example of Benefit Assessment in Germany. N Engl J Med 2009; 361:e42

Wennberg J., Gittelsohn A.: Variations in medical care among small areas. Sci Am 1981; 245(4):120-34.

Qualitätssicherung mit Routinedaten (QSR)

Christian Günster, Elke Jeschke, Jürgen Malzahn &
Gerhard Schillinger

Einleitung

Qualitätssicherung mit Routinedaten (QSR) ist ein Verfahren, um die Versorgungsqualität von Kliniken messbar zu machen, ohne mehr Dokumentationsaufwand für Ärzte und Pflegepersonal zu erzeugen. QSR greift dazu auf administrative und Abrechnungsdaten von Kliniken und AOK zurück, die sowieso erhoben werden müssen. Der zentrale Vorteil von QSR gegenüber traditionellen Qualitätssicherungsverfahren besteht darin, dass auch Krankheitsereignisse *nach* einem Krankenhausaufenthalt in die Messung einfließen. Behandlungsergebnisse können durch die Langzeitbeobachtung insgesamt besser eingeschätzt werden.

Die QSR-Qualitätsindikatoren werden für ausgewählte Leistungen ermittelt und veröffentlicht. Valide Qualitätsinformationen sind für Patienten und Ärzte bei der Auswahl von Kliniken und für Kliniken bei ihrem internen Qualitätsmanagement von Bedeutung. Krankenkassen dienen diese Informationen, um Qualitätsaspekte bei vertraglichen Regelungen berücksichtigen zu können.

Die GKV-Routinedaten umfassen eine Vielzahl von versichertenbezogenen Leistungsdaten: Abrechnungsdaten aus allen Versorgungssektoren, verschlüsselte Diagnosen und Leistungsziffern, Abrechnungsdaten für Arznei-, Heil- und Hilfsmittel sowie Daten zur gesetzlichen Pflegeversicherung. Allein bei der AOK liegen bundesweit Routinedaten von 24 Millionen Versicherten mit mehr als sechs Millionen Krankenhausfällen und rund 350 Millionen ambulanten Praxiskontakten jährlich (http://www.ekmed.de/routinedaten/download/symposium_2012/guenster.pdf) vor. Solche zu Verwaltungszwecken erhobenen Daten bilden zugleich eine wertvolle Basis für deskriptive und analytische Studien zu verschiedensten Fragestellungen. In der Qualitätsmessung gelten Routinedaten inzwischen als etabliert (Swart/Heller 2007).

QSR ist also ein aufwandsarmes Qualitätsmessverfahren mit anonymisierten Routinedaten. Die Kliniken werden dabei anhand von Qualitätsindikatoren bewertet, die die im Behandlungsverlauf aufgetretenen Komplikationen berücksichtigen. Da Behandlungsergebnisse auch erheblich von patientenbezogenen Faktoren wie Alter und Begleiterkrankungen abhängen, muss dabei großes Gewicht auf eine wirksame Risikoadjustierung gelegt werden, um Ergebnisse vergleichen zu können. Auf Routinedaten basierende Indikatoren sind neben den QSR-Indikatoren beispielsweise German Inpatient Quality Indicators (G-IQI) und Austrian Inpatient Quality Indicators (A-IQI). Bei der Auswertung von Routinedaten können für die Versorgungsforschung auch bereits entwickelte Qualitätsindikatoren Anwendung finden. Ein Beispiel hierfür ist QISA, das „Qualitätsindikatorensystem für die ambulante Versorgung", das vom AQUA-Institut im Auftrag des AOK-Bundesverbandes entwickelt wurde, um ambulant tätigen Ärzten ein Instrumentarium an die Hand zu geben, mit dem sich die Qualität der Behandlung messen lässt und das gezielte Maßnahmen zur Verbesserung der Qualität ermöglicht. Bei der Entwicklung der mehr als 130 teilweise in Pilotprojekten getesteten Qualitätsindikatoren wurde Wert darauf gelegt, dass diese nach Möglichkeit durch Routinedaten abbildbar sind.

Auch in der gesetzlichen Qualitätssicherung werden durch das gemäß §137a SGB V beauftragte AQUA-Institut sowie durch den Gemeinsamen Bundesausschuss zunehmend Routinedaten bei der Formulierung und Auswertung von Qualitätsindikatoren verwendet. Der Gesetzgeber hat 2012 zudem mit der Erweiterung der Nutzungsberechtigten von GKV-Routinedaten im Versorgungsstrukturgesetz weitere Möglichkeiten für die Nutzung von Routinedaten für die Zwecke der Qualitätssicherung geschaffen.

Die Entwicklung des QSR-Verfahrens

QSR wurde im Jahr 2002 als gemeinsames Entwicklungsprojekt des Wissenschaftlichen Instituts der AOK (WIdO), des AOK-Bundesverbands, der HELIOS Kliniken und des Forschungs- und Entwicklungsinstituts für das Sozial- und Gesundheitswesen Sachsen-Anhalt initiiert. Am Anfang stand die Datenvalidierung unter Rückgriff auf Krankenhaus-Abrechnungsdaten, klinikinterne Daten und Patientenakten. Drei Jahre nach dem Beginn des Projekts war der Prototyp für den QSR-Klinikbericht fertiggestellt. Die Entwicklungsphase endete zwei Jahre später, 2007, mit der Veröffentlichung des Abschlussberichts. Seitdem entwickelt das WIdO die Methodik kontinuierlich weiter, so etwa 2008 durch die Einführung von Komplikationsindizes.

Dank einer Kooperation mit dem Tagesspiegel und Berliner Kliniken konnten 2010 erstmals QSR-Ergebnisse publiziert werden. Die Veröffentlichung erfolgte sowohl regional im Tagesspiegel-Klinikführer Berlin als auch bundesweit im AOK-Krankenhausnavigator (AOK-Bundesverband et al. 2007, Heller 2008). Dargestellt und bewertet wurden die Ergebnisse beim Einsatz künstlicher Gelenke an Knien und Hüften (Knie- und Hüftendoprothesen) sowie bei hüftgelenksnahen Frakturen. Die Auswertung per QSR zeigte, dass zwischen den Kliniken relevante Qualitätsunterschiede bestehen. So kam es beispielsweise zwischen 2008 und 2010 beim Einsatz eines künstlichen Hüftgelenks innerhalb von zwölf Monaten nach Operation durchschnittlich bei 3,6 Prozent der AOK-Patienten zu einer erneuten Operation (auch Revisionsoperation genannt). Bei einem Viertel der Kliniken war die Revisionsrate um mindestens 50 Prozent erhöht.

Im Jahr 2011 stand neben der Erweiterung um einen weiteren Leistungsbereich, die Entfernung der Gallenblase (Cholezystektomie), die methodische Weiterentwicklung des QSR-Verfahrens im Mittelpunkt. Außerdem wurde durch den neu etablierten Wissenschaftlichen Beirat zum QSR-Verfahren sowie die Gründung eines Expertenpanels Kardiologie die Einbeziehung fachlicher Expertise weiter ausgebaut und intensiviert.

Über die methodischen Grundlagen des QSR-Verfahrens informiert seit Juli 2011 eine neu eingerichtete Website (www.qualitaetssicherung-mit-routinedaten.de). Sie dient als zentrale Methodenreferenzstelle und bietet der interessierten Fachöffentlichkeit eine Darstellung der Leitidee des Verfahrens, der Meilensteine sowie der Indikatorendefinitionen. Patienten finden hier leicht verständliche Erläuterungen zu den medizinischen Indikationen und den Bewertungskriterien des Klinikvergleichs. Für Kliniken stehen Antworten auf häufig gestellte Fragen und Informationen zum QSR-Klinikbericht bereit.

Wie QSR funktioniert – Methodische Grundlagen

Die Grundlage der Qualitätsmessung im QSR-Verfahren sind anonymisierte Routinedaten (vor allem Abrechnungsdaten) der AOK. Dazu gehören Angaben über Erkrankungen und Eingriffe, Liegezeiten, Verlegungen und abgerechnete Krankenhausentgelte stationärer Behandlungen. Erkrankungen werden in Deutschland zur Abrechnung mittels ICD-10 (International Classification of Diseases, 10. Revision) und alle Eingriffe mit OPS (Operationen- und Prozedurenschlüssel) kodiert.

Die Daten werden in Verbindung mit weiteren administrativen Versichertendaten der Krankenkasse – wie etwa dem Alter und Geschlecht der Patienten und dem Versichertenstatus (zum Beispiel Mitglied, Versicherter, Rentner) – analysiert. Dabei werden alle Daten so anonymisiert, dass verschiedene Behandlungsepisoden (also Versorgung in unterschiedlichen Krankenhäusern, bei unterschiedlichen Ärzten und Therapeuten) einem Patienten zugeordnet werden können, ohne dass die Identität des Patienten bekannt ist oder ermittelt werden kann.

Durch die Betrachtung des individuellen Behandlungsverlaufes ist es möglich, bestimmte Patienten aus den Analysen auszuschließen, etwa solche, die sich im Vorjahreszeitraum bereits einem ähnlichen Eingriff unterziehen mussten und daher nicht fair vergleichbare Ausgangsbedingungen mitbringen. Durch die Analyse von Nachbeobachtungszeiträumen ist eine Betrachtung von Qualitätsindikatoren jenseits des Krankenhausaufenthaltes gegeben. Patienten, die nicht während der kompletten Nachbeobachtungszeit Mitglied der AOK waren, werden aus den Analysen ausgeschlossen.

Im QSR-Verfahren werden also Längsschnittanalysen durchgeführt. Neben Indikatoren, die den initialen Krankenhausaufenthalt betreffen, wurden auch Indikatoren entwickelt, die für die Auswertungen im Follow-up notwendig sind. So entsteht ein wesentlich aussagekräftigeres Bild.

Die Krankenhaussterblichkeit etwa ist kein einheitliches Maß, sondern abhängig von der Liegezeit. Für Kliniken endet der Beobachtungszeitraum mit der Verlegung eines Patienten. Komplikationen oder Sterbefälle jenseits der Klinikpforte können daher in Klinikberichten nicht erfasst werden. Gerade vor dem Hintergrund sinkender Verweilzeiten in den Krankenhäusern ist der Blick auf Ereignisse jenseits des initialen Krankenhausaufenthaltes aber unerlässlich. Das QSR-Verfahren nutzt diese Möglichkeit der Messung von Ergebnisqualität konsequent. Im Rahmen der QSR wird nicht nur die Krankenhaussterblichkeit, sondern auch die Sterblichkeit innerhalb von 30 Tagen, 90 Tagen und einem Jahr *nach* der Krankenhausaufnahme ausgewiesen. Neben der Mortalität werden weitere Ereignisse betrachtet und analysiert, so zum Beispiel erneute Krankenhausaufnahmen wegen spezifischer Komplikationen in definierten Nachbeobachtungszeiträumen.

Die Revisionsrate, also die Häufigkeit notwendiger Nachoperationen, ist ein oft gewählter Indikator für die Ergebnisqualität nach der Implantation einer Kniegelenkstotalendoprothese. Ein Krankenhaus hat aber nur in den Fällen Kenntnis über einen Revisionseingriff, *in denen die Patienten sich in derselben Klinik (In-house) erneut operieren lassen*. Die Routinedaten der Krankenkassen hingegen sind vom Ort der Revisionsoperation unabhängig. Bei der Analyse der Revisionsraten lag der Schwerpunkt in Deutschland in den letzten Jahren vor allem auf der Betrachtung von In-house-Ereignissen (AQUA 2009). Wie notwendig eine umfassendere Nachbetrachtung (Follow-up) zur sinnvollen Qualitätsmessung ist, zeigte eine Auswertung klinikbezogener In-house- und Ein-Jahres-Revisionsraten am Beispiel der Implantation einer Hüftgelenkstotalendoprothese im Rahmen des QSR-Verfahrens. Sie kam zu dem Ergebnis, dass die klinikbezogenen In-house und Ein-Jahres-Revisionsraten nach dem initialen Krankenhausaufenthalt kaum im Zusammenhang stehen. So gab es etliche Kliniken, die zwar eine In-house-Revisionsrate von Null, aber gleichzeitig eine relevante Revisionsrate innerhalb eines Jahres aufwiesen. Bei anderen Kliniken verhielt es sich genau umgekehrt. Dabei treten fast ein Drittel aller Komplikationen erst im Nachbeobachtungszeitraum auf.

Im QSR-Verfahren werden als Maß für die Ausprägung eines Qualitätsindikators sogenannte SMR-Werte (eine standardisierte Mortalitäts- beziehungsweise Morbiditätsratio) als Verhältnis von beobachteten zu erwarteten Ereignissen berechnet:

$$SMR = \frac{\text{beobachtete Ereignisse}}{\text{erwartete Ereignisse}}$$

Die erwarteten Ereignisse werden mit Hilfe logistischer Regressionsmodelle berechnet. Um einen fairen Vergleich von Kliniken zu gewährleisten, wird dabei eine Risikoadjustierung nach Patientenmerkmalen durchgeführt. Diese *Risikoadjustierung* erfolgt nach Geschlecht und Alter der Patienten sowie nach relevanten Begleiterkrankungen, zum Teil auch nach den angewandten diagnostischen und therapeutischen Verfahren. Dabei werden nur solche Begleiterkrankungen zur Risikoadjustierung verwendet, bei denen davon ausgegangen werden kann, dass sie bereits zum Zeitpunkt der Aufnahme bestanden. Der zur Erfassung der Komborbidität verwendete Elixhauser Score berücksichtigt insgesamt 30 Begleiterkrankungen bzw. Erkrankungsgruppen und wurde bisher insbesondere im Bereich der Routinedaten eingesetzt (Elixhauser et al. 1998).

Ein SMR von 1 ist gleichbedeutend mit der Aussage, dass die risikoadjustierte Mortalität beziehungsweise Morbidität der betrachteten Klinik durchschnittlich ist. Ein SMR von 1,5 zeigt dagegen eine Erhöhung der risikoadjustierten Sterblichkeit beziehungsweise Morbidität um 50 Prozent (unterdurchschnittliche Kliniken), ein SMR von 0,5 eine Reduktion auf die Hälfte des Durchschnittswertes an (überdurchschnittliche Kliniken).

Was wurde gemessen? – Ergebnisse

Die Ergebnisse des QSR-Verfahrens werden für Kliniken zum internen Qualitätsmanagement in Form eines Klinikberichtes zusammengestellt. Außerdem werden für Patienten und Interessierte seit 2010 klinikbezogene Qualitätsergebnisse bei endoprothetischen Operationen veröffentlicht. Im AOK-Krankenhausnavigator, einem Infoportal in Kooperation mit der Weißen Liste der Bertelsmann Stiftung, können die Ergebnisse der Kliniken abgerufen werden. Dabei erhebt das

QSR-Verfahren nicht den Anspruch, die Qualität des gesamten Leistungsspektrums von Kliniken zu beurteilen. Vielmehr werden ausgewählte Leistungsbereiche definiert und im Detail analysiert. Derzeit sind im Klinikbericht QSR-Ergebnisse zu den folgenden Leistungsbereichen verfügbar: Herzinsuffizienz, Herzinfarkt, Hirninfarkt oder intrazerebrale Blutung, Kolon- beziehungsweise Rektumoperation bei kolorektalem Karzinom, Appendektomie (Entfernung des Blinddarms), Implantation einer Hüftgelenkendoprothese bei Gelenkverschließ, Implantation einer Hüftgelenkendoprothese bei Hüftfraktur, Implantation einer Kniegelenktsotalendoprothese und Cholezystektomie (Gallenblasenentfernung). Im AOK-Krankenhausnavigator öffentlich zugänglich sind derzeit Informationen zur Qualität einzelner Kliniken beim Einsetzen von Hüft- und Kniegelenkprothesen sowie zur Gallenblasenentfernung.

Der QSR-Klinikbericht wurde entwickelt, um das klinikinterne Qualitätsmanagement zu unterstützen. Er bietet eine große Anzahl an Kennzahlen pro Leistungsbereich und ermöglicht hinsichtlich der dargestellten Indikatoren ein Benchmarking der eigenen Klinik mit dem Bundesdurchschnitt. Der detaillierte Bericht enthält jahresbezogen aufbereitete Kennzahlen wie zum Beispiel Indikatoren zu ausgewählten Leistungsbereichen und Leistungsfallzahlen, Merkmale der Patientenstruktur wie Alter und Komorbidität, Verweildauern und Verlegungen. Zusätzlich werden die Sterblichkeit und allgemeine und spezifische Wiederaufnahmen bezüglich der gleichen Erkrankung und anderer Hauptdiagnosen ausgewiesen.

Mit dem Klinikbericht ist ein Vergleich der Ergebnisqualität der jeweiligen Klinik hinsichtlich der einzelnen Indikatoren mit dem AOK-Bundesdurchschnitt möglich. So kann beispielsweise die Sterblichkeit innerhalb von 30 Tagen bei Herzinfarkt als das standardisierte Mortalitätsverhältnis (SMR) einer Klinik dargestellt werden. Durch einen Vergleich von Sterblichkeitsraten während eines Krankenhausaufenthaltes mit Sterblichkeiten nach 30 Tagen, 90 Tagen und einem Jahr ist es darüber hinaus möglich, zumindest orientierend zwischen Problemen innerhalb der Klinik und etwaigen Problemen in der poststationären Versorgung zu differenzieren. So ist es beispielsweise möglich, die Sterblichkeit nach Herzinfarkt zu verschiedenen Sterbezeitpunkten für eine Klinik im direkten Vergleich mit dem Bundesdurchschnitt darzustellen. In einer solchen Aufbereitung wird auf einen Blick deutlich, ob in dieser Klinik nach angemessener Risikoadjustierung die Sterblichkeit von Herzinfarktpatienten im Bundesdurchschnitt liegt oder besonders hoch oder niedrig ist und wie sich die weitere Entwicklung in der Nachbeobachtungszeit darstellt (siehe **Abbildung 1**).

Abbildung 1: Beispiel aus dem QSR-Klinikbericht 2008: Sterblichkeit bei Herzinfarkt für verschiedene Sterbezeitpunkte

---

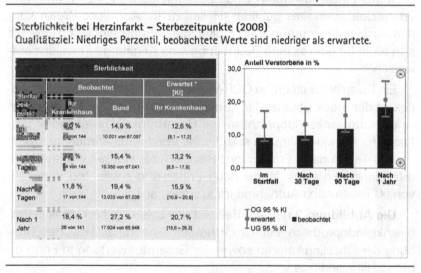

Seit dem Jahr 2010 werden die QSR-Ergebnisse zu ausgewählten Leistungsbereichen auch der interessierten Öffentlichkeit im AOK-Krankenhausnavigator zur Verfügung gestellt (www.aok-gesundheitsnavi.de). Wesentliche Unterschiede zur Darstellung der Ergebnisse im QSR-Klinikbericht sind die namentliche Nennung der

Kliniken und eine laienverständliche Aufbereitung der Daten. Dazu werden die QSR-Ergebnisse verdichtet und die Bewertung der Krankenhäuser kategorisiert.

Einzelindikatoren und Qualitätsindizes

Im QSR-Verfahren werden nicht nur Einzelindikatoren, sondern auch aus Einzelindikatoren eines Leistungsbereiches zusammengefasste *Qualitätsindizes* gebildet (Heller 2010). Auf diese Weise können auch Indikatoren in die Qualitätsbewertung einfließen, die für sich allein für eine sichere Beurteilung eine zu geringe Prävalenz aufweisen.

Ein Beispiel für einen im QSR-Verfahren verwendeten Qualitätsindex ist der Index potenzieller Komplikationen nach der Implantation einer Hüftgelenksendoprothese bei Coxarthrose. Dieser Index umfasst drei Aspekte, nämlich spezifische Wiederaufnahmen innerhalb von 90 Tagen nach Entlassung, Revision der Hüftgelenksendoprothese innerhalb eines Jahres nach Entlassung sowie Tod innerhalb von 90 Tagen nach Aufnahme im Krankenhaus.

Die Abbildung 2 gibt am Beispiel des Leistungsbereiches „Hüftgelenksendoprothese bei Coxarthrose" eine detaillierte Beschreibung der Einzelindikatoren sowie der Gesamtbewertung in Form eines Qualitätsindexes.

Abbildung 2: Indikatorenbeschreibung für den Leistungsbereich „Künstliches Hüftgelenk"

Künstliches Hüftgelenk (Arthrose)

Mit zunehmendem Alter kommt es nicht selten zur Abnutzung des Hüftgelenks (Arthrose). Da die Krankheit nicht heilbar ist, können oft schmerzhafte Beschwerden nur durch eine Operation verringert werden. Dabei ersetzen Ärzte das verschlissene Gelenk durch ein künstliches, eine Endoprothese (EP).

Qualitätsindikatoren

■ *Gesamtbewertung (Lebensbäume)*
Die einzelnen Indikatoren werden zu einer Gesamtbewertung zusammengefasst. Je nach der Gesamtqualität für die Behandlung eines Krankheitsbilds kann ein Krankenhaus ein, zwei oder drei Lebensbaumsymbole erhalten.

■ *Ungeplante Folge-Operation innerhalb eines Jahres nach dem Eingriff*
Wenn sich nach der Operation das Operationsgebiet entzündet oder die Prothese lockert, kann unter Umständen ein erneuter Eingriff notwendig sein.

■ *Chirurgische Komplikationen innerhalb von 90 Tagen nach dem Eingriff*
Zu chirurgischen Komplikationen zählen unter anderem Wundinfektionen, Verletzungen von Blutgefäßen sowie das Ausrenken des künstlichen Gelenks.

■ *Thrombosen oder Lungenembolien innerhalb von 90 Tagen nach dem Eingriff*
Eine Thrombose ist ein Blutgerinnsel, das ein Blutgefäß teilweise oder völlig verschließt. Eine Thrombose wiederum kann eine Lungenembolie verursachen, wenn sich das Blutgerinnsel löst und der Pfropfen mit dem Blutstrom durch das Herz in die Lungenarterien gelangt und diese verstopft.

■ *Sterblichkeit innerhalb von 90 Tagen nach dem Eingriff*
Beim geplanten Einsetzen eines künstlichen Hüftgelenks ist es höchst selten, dass Patienten an den Folgen der Operation sterben. Dennoch können seltene Komplikationen in Einzelfällen zum Tod führen.

■ *Hüftgelenksnaher Oberschenkelbruch innerhalb von 90 Tagen nach dem Eingriff*
Brüche des Oberschenkelknochens nach der Operation beeinträchtigen den Heilungsprozess. Im schlimmsten Fall können sie dazu führen, dass die Hüftprothese sich lockert und ein erneuter Eingriff notwendig wird.

Für die interessierte Öffentlichkeit werden die Ergebnisse für die Indikatoren in verdichteter Form anhand der folgenden Symbole dargestellt:

Einzelindikatoren:

➕ bessere Qualität

⭕ durchschnittliche Qualität

➖ schlechtere Qualität

Bei der Vergabe der Symbole wird anhand des sogenannten Vertrauensintervalls (genau: des 95- Prozent-Konfidenzintervalls/KI) gewährleistet, dass neben der eigentlichen SMR-Kennzahl auch die Sicherheit der damit verbundenen statistischen Aussage berücksichtigt wird.

Gesamtbewertung:

überdurchschnittliche Qualität

durchschnittliche Qualität

unterdurchschnittliche Qualität

Mit drei Lebensbäumen beziehungsweise einem Plussymbol werden diejenigen Krankenhäuser ausgezeichnet, die mit hoher Wahrscheinlichkeit zu denen gehören, die überdurchschnittliche Qualität in dem betreffenden Leistungsbereich erbringen. Mit nur einem Lebensbaum beziehungsweise einem Minussymbol werden Krankenhäuser mit unterdurchschnittlichen Ergebnissen bewertet. Alle Krankenhäuser, die im Bereich durchschnittlicher Qualität liegen, erhalten eine Gesamtbewertung mit zwei Lebensbäumen beziehungsweise ein Indikatorsymbol in Kreisform.

Krankenhäuser, bei denen weniger als fünf Ereignisse pro Indikator für die Auswertung zur Verfügung standen, werden ebenfalls mit durchschnittlich, also einem Indikatorsymbol in Kreisform bewertet. Dadurch wird verhindert, dass Krankenhäuser aufgrund von zufälligen Ereignissen unverdient eine unter- oder überdurchschnittliche Bewertung erhalten.

Für die Gesamtbewertung wird im Prinzip das gleiche Vorgehen angewendet. Ein Beispiel für die Klinikbewertung im AOK-Krankenhausnavigator und Interpretation des Ergebnisses ist in **Abbildung 3** dargestellt.

Abbildung 3:   Klinikbewertung im AOK-Krankenhausnavigator

Krankenhausnavigator bietet Hilfe bei der Kliniksuche

Die Behandlungsergebnisse nach dem QSR-Verfahren der AOK: Das Beispielkrankenhaus hat beim Einsetzen künstlicher Hüftgelenke eine durchschnittliche Gesamtbewertung bekommen (zwei Lebensbäume). Grundlage dafür sind die Bewertungen einzelner Qualitätsindikatoren. So wird das Beispielhaus bei ungeplanten Operationen und chirurgischen Komplikationen schlechter als der Durchschnitt (Minus), bei Thrombosen/Lungenembolien und Sterblichkeit besser als der Durchschnitt und bei Oberschenkelbruch durchschnittlich bewertet (Kreis).

Bewertung bei seltenen Ereignissen

Eine grundsätzliche Problematik bei der Beurteilung der Ergebnisqualität von Kliniken ist, dass die Ereignisse einiger Indikatoren selten auftreten. So beträgt zum Beispiel die 30-Tage-Sterblichkeit nach Implantation einer Hüftgelenksendoprothese bei Coxarthrose lediglich 0,34 Prozent. In Kombination mit geringen Behandlungsfallzahlen führt dies dazu, dass es in diesen Fällen nur eingeschränkt möglich ist, verlässliche Aussagen zur Qualitätsbewertung zu treffen. Um mit dieser Prävalenz-Fallzahl-Problematik insbesondere in der öffentlichen Berichterstattung umzugehen, wurden im QSR-Verfahren wirksame Strategien entwickelt.

Bei der vergleichenden Qualitätsbewertung von Kliniken wird die Problematik kleiner Fallzahlen und seltener Ereignisse berücksichtigt, indem die Bewertung für die öffentliche Berichterstattung im AOK-Krankenhausnavigator, wie oben beschrieben, anhand des Vertrauensintervalls der SMR-Werte und *nicht* allein anhand des SMR-Wertes erfolgt. Da die Patientenstruktur in den Kliniken unterschiedlich sein kann, werden im QSR-Verfahren für die Qualitätsmessung risikoadjustierte SMR-Werte berechnet.

Im QSR-Klinikbericht haben Indizes dann ihre Vorteile, wenn der Datenschutz die Ausweisung seltener Ereignisse verbietet, weil sonst einzelne Patienten identifiziert werden können. Gerade bei der Darstellung von *„sentinel events", also sehr seltenen, schwerwiegenden Ereignissen* wie zum Beispiel der 90-Tage-Sterblichkeit nach elektiver Hüftendoprothese verfolgen Datenschutz und Qualitätsmanagement konkurrierende Ziele, nämlich den Schutz von Personendaten vor Identifizierbarkeit einerseits und die Aufdeckung seltener, schwerwiegender Ereignisse für die Einzelfallanalyse andererseits, wie sie beispielsweise im Peer Review vollzogen wird. Bei diesem Verfahren untersuchen Fachkollegen gegenseitig Behandlungsprozesse mit auffälligen Ergebnissen auf mögliche Fehler, um auf diese Weise Verbesserungsmöglichkeiten in den Abläufen, Strukturen und Schnittstellen zu identifizieren.

Qualität und Behandlungskosten

In den Komplikationsindizes, in denen verschiedene Komplikationsereignisse zusammengefasst werden, treten relevante Qualitätsunterschiede in den Klinikbehandlungen deutlicher hervor. Zwischen 2008 und 2010 kam es bei insgesamt rund 150 Tausend AOK-Patienten, die ein künstliches Hüftgelenk bei einer Gelenkarthrose erhielten, in mehr als jedem zehnten Fall zu mindestens einer Komplikation (11,2 Prozent). Im Klinikvergleich lag die Gesamtkomplikationsrate beim besten Viertel aller Kliniken unter 8,2 Prozent. Am anderen Ende der Skala hatte ein Viertel der Kliniken eine Rate von 15,0 Prozent oder höher (WIdO 2011a).

In die Gesamtbewertung fließen ein: Revisionen (erneute Operation am gleichen Gelenk mit oder ohne Wechsel oder Entfernung der Endoprothese) innerhalb eines Jahres, chirurgische Komplikationen (Ausrenkung des Gelenks oder Implantatkomplikationen) binnen 90 Tagen, Thrombosen und Lungenembolien binnen 90 Tagen und Tod innerhalb von 90 Tagen, Oberschenkelfraktur innerhalb von 90 Tagen jeweils nach Entlassung nach der Gelenkoperation und im initialen Aufenthalt (vgl. WIdO 2011b). Auch die risikoadjustierte Gesamtbewertung variiert zwischen den Kliniken erheblich.

Mit den Qualitätsunterschieden gehen Kostenunterschiede einher. Diese Kostenunterschiede sollen einmal näher betrachtet werden. Grundlage dieser Darstellungen sind die 2011 durch das QSR-Verfahren ermittelten und veröffentlichten Behandlungsergebnisse. Diese beruhen auf Krankenhausbehandlungen zwischen 2007 und 2009, die bis Ende 2010 im Hinblick auf Spätkomplikationen nachbeobachtet wurden. Patienten mit vorheriger Operation am gleichen Gelenk wurden ebenso ausgeschlossen wie Behandlungen in Kliniken mit weniger als 30 Fällen in den drei Jahren, sodass insgesamt die Daten von 154.470 AOK-Patienten in 930 Kliniken ausgewertet werden konnten. Daten von Patienten, die durch Verlegung in mehr als einer Klinik behandelt wurden, wurden zusammengeführt. Bei den Kosten wurden die Krankenhausrechnungsbeträge zulasten der AOK zugrundegelegt (Malzahn et al. 2013).

Unterschieden werden die komplikationsbedingten Folgekosten eines Einzelindikators und die gesamten komplikationsbedingten Folgekosten über alle Indikatoren hinweg jeweils bis zu einem Jahr nach Gelenkoperation sowie die Gesamtbehandlungskosten eines Jahres inkl. Startfall und allen Folgebehandlungen. Dabei zeigt sich, dass Revisionen mit 12.573,41 Euro pro Patient am teuersten sind und mit 1,97 Prozent neben den chirurgischen Komplikationen die häufigste Follow-up-Komplikation darstellen. Insgesamt ereignen sich Follow-up-Komplikationen mit einer Häufigkeit von 3,84 Prozent, die Folgekosten pro Patient mit Komplikation betragen insgesamt durchschnittlich 9.106,40 Euro.

Vergleicht man nun die Ergebnisse der über- und unterdurchschnittlichen Krankenhäuser, kann zunächst festgestellt werden, dass alle einzelnen Folgekomplikationen in den überdurchschnittlichen Krankenhäusern seltener auftreten als bei den unterdurchschnittlichen Krankenhäusern (Beispiel Revision 1,42 zu 2,80 Prozent). Insgesamt ist die Häufigkeit komplikationsbedingter Folgebehandlungen mit 2,84 Prozent in überdurchschnittlichen Krankenhäusern gegenüber 5,21 Prozent in unterdurchschnittlichen Krankenhäusern deutlich geringer. Beim Blick auf die Kostenebene zeigt sich, dass die komplikationsbedingten Folgekosten in den Krankenhäusern unterdurchschnittlicher Qualität sowohl insgesamt als auch in den Einzelindikatoren über denen der Kliniken überdurchschnittlicher Qualität liegen.

Überdurchschnittlich gute Krankenhäuser lösen nicht nur nachgewiesen geringere Krankenhausfolgekosten aus. Bei Patienten, die in überdurchschnittlichen Krankenhäusern behandelt werden, tritt auch seltener eine Erhöhung der Pflegestufe im Folgejahr ein. Ganz offenkundig besteht ein Zusammenhang zwischen der Qualität des primär operierenden Krankenhauses und der Inanspruchnahme von nachgelagerten Leistungen.

Die eingesparten Kosten spiegeln somit vermiedenes Leiden der Patienten an Komplikationen wider. Diese Ergebnisse legen nahe, dass ein erhebliches Potenzial für eine Verbesserung der Behandlungsqualität vorhanden ist, sodass es Sinn macht, Patienten in qualitativ hochwertige Krankenhäuser zu steuern. Vor diesem Hintergrund wären auch Verträge zu qualitätsbezogener Bezahlung sinnvoll, bei denen durch bessere Behandlungsqualität eingesparte Kosten teilweise den Krankenhäusern zugutekommen, sodass sich für diese die Investition in Qualität auch auszahlt. Bei einer solchen Regelung würden qualitativ schlechtere Leistungserbringer bewusst „benachteiligt" und stünden so vor der Alternative, entweder Maßnahmen zur Qualitätsverbesserung zu ergreifen oder aber ihr Leistungsspektrum zu reduzieren.

Ausblick

Nach der Fokussierung auf öffentliche Berichterstattung und Einführung von Komplikationsindizes liegen die Schwerpunkte der Weiterentwicklung des QSR-Verfahrens auf:

▶ der Entwicklung neuer Indikatoren für weitere Erkrankungen und Operationen

▶ der Einbeziehung von weiteren Datenquellen (zum Beispiel Arbeitsunfähigkeitstage oder Pflegedaten)

▶ der Weiterentwicklung der Methodik zur Bildung von Qualitätsindizes

▶ Informationsangebote für Patienten und Ärzte.

Insbesondere der Ausbau von QSR um weitere Krankheitsgebiete – auch für die öffentliche Berichterstattung – ist ein wesentlicher Schwerpunkt der Weiterentwicklung des QSR-Verfahrens. Die Krankheiten und therapeutischen Verfahren (zum Beispiel Operationen) werden dabei nach ihrer epidemiologischen, medizinischen und ökonomischen Relevanz ausgewählt. Es sollte sich um häufige und planbare Therapien handeln. Verfahren, die problembehaftet sind (problem prone), bei denen also häufig Komplikationen auftreten, werden dabei besonders berücksichtigt.

Aktuell werden im WIdO Indikatoren für den Bereich Linksherzkatheter entwickelt. Bei der Indikatorenentwicklung im Bereich der interventionellen und diagnostischen Herzkatheter werden sektorenübergreifend nun auch Daten aus dem ambulanten Sektor in die Analysen einbezogen. Auch hier deuten erste Ergebnisse der mit einem Expertenpanel entwickelten Qualitätsindikatoren auf eine unerwartete Versorgungsvarianz und eine Häufung von mittelfristigen Komplikationen nach Krankenhausentlassung hin, die einer krankenhausinternen, sektoralen Qualitätsmessung unentdeckt bleiben muss.

Literatur

AOK-Bundesverband, Forschungs- und Entwicklungsinstitut für das Sozial- und Gesundheitswesen Sachsen-Anhalt (FEISA), Helios Kliniken, Wissenschaftliches Institut der AOK (WIdO) (Hrsg). Qualitätssicherung der stationären Versorgung mit Routinedaten (QSR)- Abschlussbericht. Bonn 2007; www.wido.de/fileadmin/wido/downloads/pdf_krankenhaus/wido_kra_qsr-abschlussbericht_0407.pdf (7. März 2011).

Aylin, P./Bottle, A./Majeed, A.: Use of administrative data or clinical databases as predictors of risk of death in hospital: comparison of models. BMJ. 2007 May 19;334(7602):1044.

Elixhauser, A./Steiner, C./Harris, D. R./Coffey, R. M.: Comorbidity measures for use with administrative data. Med Care 1998;36(1):8-27.

Heller, G.: Zur Messung und Darstellung von medizinischer Ergebnisqualität mit administrativen Routinedaten in Deutschland. Bundesgesundheitsblatt-Gesundheitsforschung- Gesundheitsschutz 2008; 10: 1173-82.

Heller, G.: Qualitätssicherung mit Routinedaten – Aktueller Stand und Weiterentwicklung. In: Klauber, J: Garaedts M, Friedrich J (Hrsg.), Krankenhausreport 2010. Stuttgart: Schattauer 2010, 239-53.

Malzahn, J./Günster, C./Fahlenbrach, C.: Pay-for-Performance – Einsparungen und Bonuszahlungen am Beispiel der Hüftendoprothesen-Implantation. Krankenhaus-Report 2013. Stuttgart: Schattauer 2013; im Druck.

Pine, M./Jordan, H. S./Elixhauser, A./Fry, D. E./Hoaglin, D. C./Jones, B./Meimban, R./Warner D./Gonzales, J.: Enhancement of claims data to improve risk adjustment of hospital mortality. JAMA. 2007 Jan 3;297(1):71-6.

Qualitätsreport 2009. AQUA – Institut für angewandte Qualitätsförderung und Forschung im Gesundheitswesen GmbH; www.sqg. de/sqg/upload/CONTENT/Qualitaetsberichte/2009/AQUA-Qualitaetsreport-2009.pdf

Southern, D. A./Quan, H./Ghali, W. A.: Comparison of the Elixhauser and Charlson/Deyo methods of comorbidity measurement in administrative data. Med Care. 2004 Apr;42(4):355-60.

Swart, E./Heller, G.: Nutzung und Bedeutung von (GKV)Routinedaten für die Versorgungsforschung. In: Janssen, C./Borgetto, B./ Heller, G.: Medizinsoziologische Versorgungsforschung. Theoretische Ansätze, Methoden, Instrumente und empirische Befunde. Weinheim/München: Juventa Verlag, 2007: 93-112

Wissenschaftliches Institut der AOK (WIdO) (2011a). Bundeswerte 2011; www.qualitaetssicherung-mit-routinedaten.de/kliniken/ werte/ (Zugriff am 15.09.2011).

Wissenschaftliches Institut der AOK (WIdO) (2011b). Indikatorenhandbuch 2011; www.qualitaetssicherung-mit-routinedaten.de/ methoden/indikatoren/index.html (Zugriff am 15.09.2011).

Verweildauerorientiertes Patientenmanagement

Durchgängig optimierte Prozesse von der Aufnahme bis zur Entlassung als Basis für nachhaltige Qualitäts- und Effizienzverbesserungen

Oliver Rong & Irena Schwarzer

Ausgangssituation

Die wirtschaftlichen Herausforderungen für Krankenhäuser in Deutschland – aber dies gilt gleichermaßen für alle Volkswirtschaften weltweit – werden immer gravierender. Um langfristig erfolgreich sein zu können, müssen Krankenhäuser permanent ihre Strukturen weiterentwickeln und die Prozesse anpassen. Wesentlicher Treiber für diese Verschärfung in Deutschland ist die grundlegende Veränderung des Finanzierungssystems durch die Umstellung auf das pauschalierte Entgeltsystem (DRG-System). Dies erfordert, dass Krankenhäuser ihre Kosten an Hand der Erlösvorgaben aus der InEK-Kalkulation optimieren und durch Attraktion von zusätzlichen Fällen vorhandene Kapazitäten optimal auslasten.

Ein wesentliches Optimierungsfeld ist dabei die Länge des Patientenaufenthalts – die Verweildauer. Denn innerhalb der unteren und oberen Grenzverweildauer ist der Erlös konstant, während der Aufwand mit längerer Verweildauer steigt. Dies schafft signifikante Anreize, vorhandene Verweildauer-Spielräume – sofern dies medizinisch möglich ist – zu erschließen. Folglich ist die durchschnittliche Verweildauer von 2001 bis 2010 weiter von 9,4 auf 7,9 Tage gesunken und zeigt weiterhin eine deutliche Abwärtstendenz (siehe Abbildung 1).

Abbildung 1:   Entwicklung der durchschnittlichen Verweildauer
                deutscher Krankenhäuser (d)

Durchschnittliche Verweildauer in deutschen Krankenhäusern [Tage]

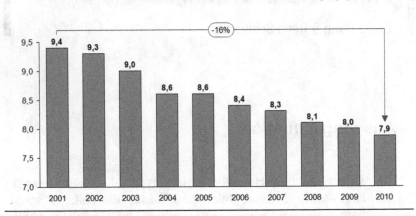

Quelle: Statistisches Bundesamt

Die Einführung der DRGs hat auch zu Veränderungen des Verhältnisses zwischen Krankenkassen und Krankenhäusern geführt. Die Krankenkassen müssen die abgerechneten Leistungen der Krankenhäuser kontinuierlich überprüfen, um ihre eigenen Kosten zu optimieren und Falschabrechnungen zu vermeiden (MDK-Anfragen). Bei den Krankenhäusern führt dies zu einem Abwehrverhalten und damit zu einem kontinuierlichen Anstieg von administrativen Aufgaben. Diese müssen geleistet werden, denn Erlösminderungen für erbrachte Leistungen können nur so vermieden werden (siehe Abbildung 2).

| Oliver Rong & Irena Schwarzer

Quote der MDK-Prüfungen zugunsten der Kostenträger [%]

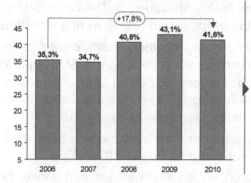

- **Schwerpunkt der Prüfgründe** im Bereich der oberen und unteren Grenzverweildauer sowie der GAEP-Kriterien[1]

- Mit zunehmender Versorgungsstufe der Krankenhäuser ist ein Anstieg der Prüfhäufigkeit und der Erlösverluste festzustellen und damit ein gleichzeitiger Aufwandszuwachs

1) German appropriate evaluation protocol = Grundlage für die Notwendigkeit stationärer Behandlung

Quelle: medinfoweb.de

In den urbanen Regionen Deutschlands stehen Krankenhäuser in einer Wettbewerbsbeziehung zueinander – anders als im ländlichen Raum, wo ein Krankenhaus die Versorgung komplett übernimmt. Um unter wettbewerblichen Rahmenbedingungen langfristig erfolgreich sein zu können, müssen sich die Krankenhäuser aktiv im Wettbewerb positionieren. Dazu ist die Sicherstellung einer hohen Behandlungsqualität erforderlich. Die Messung der Behandlungsqualität kann normiert über Kennzahlen erfolgen – hierzu bestehen entsprechende Vorgaben im Rahmen der Qualitätsberichterstattung im SGB V. Einen koordinierten und für den Patienten als solchen erkennbaren Behandlungsverlauf zu sichern, ist aber ebenfalls ein wesentliches, qualitätsbestimmendes Strukturmerkmal.

Um die oben genannten Herausforderungen bewältigen zu können, müssen die internen Strukturen, Prozesse und Verantwortlichkeiten der Krankenhäuser ineinander greifen und einheitlich ausgerichtet sein – und zwar sowohl, um den ökonomischen Erfolg durch geringen Ressourceneinsatz wie die unter Qualitätsgesichtspunkten zu optimierenden Prozesse zu schaffen. Jedoch ist häufig das Gegenteil der Fall:

▶ Der Patientenprozess ist nicht standardisiert bzw. bindet teils unnötig Personalressourcen (siehe Abbildung 3). Die Vorrausetzungen für eine optimierte Verweildauer sind damit nicht geschaffen:

  ▷ Einbestellungen von Patienten erfolgen *undifferenziert*, zu *einem* Zeitpunkt (gleichzeitige Einbestellung mit Schwerpunkt Montag bis Mittwoch morgens um 08:00 Uhr) und *unzureichend vorbereitet* (nicht-diagnostiziert, unzureichende Informationsübermittlung durch den zuweisenden Arzt).

  ▷ Einbestellungen erfolgen über viele verschiedene Schnittstellen; Eine Bündelung von Informationen fehlt häufig.

  ▷ Nahezu alle Berufsgruppen im Krankenhaus und zahlreiche Aufgabenträger sind in die Planung und Koordination von Patienten involviert; es gibt jedoch oftmals keinen festen Ansprechpartner.

  ▷ Notwendige Diagnostik- und Behandlungsschritte sind unzureichend standardisiert und nicht vorrausschauend geplant.

  ▷ Entlasstermine für den Patienten werden zu spät festgelegt und vorbereitet.

  ▷ Belegung erfolgt nach starren und unflexiblen Mustern mit Reibungsverlusten in Engpasssituationen (geringe interdisziplinäre Belegung); häufig sind verschiedene Berufsgruppen/ Verantwortliche in den Belegungsprozess involviert.

▶ Die Voraussetzungen für eine leistungsgerechte und zeitnahe Abrechnung sind nicht geschaffen:

  ▷ DRG-Kodierung erfolgt häufig erst *nach* der Entlassung der Patienten durch Ärzte, medizinisches Hilfspersonal oder zentrale Kodierer.

  ▷ Es kommt zu Erlösausfällen durch unzureichende Kodierung auf Basis der Patientenakten.

- ▶ Prozessschwächen führen zu Abrechnungsfehlern, Dokumentationslücken und damit zu Ansatzpunkten für die Krankenkassen zur Kürzung von Rechnungen.
- ▶ Steuerungsrelevante Informationen fehlen und abrechnungsrelevante Daten werden zu spät übermittelt:
  - ▶ Ärztliche und pflegerische Mitarbeiter haben keine ausreichende Transparenz über die Ist-Situation der Patienten bezüglich der Erlöse, der aktuellen und der Ziel-Verweildauern oto.
  - ▶ Standards der zeitnahen Übermittlung von Aufnahmediagnosen nach § 301 des Sozialgesetzbuches V werden nicht eingehalten.

Abbildung 3: Prozessineffizienzen während des stationären Patientenaufenthalts

Aufnahme	Stationärer Aufenthalt	Entlassung
⚡ Zeitlich und medizinisch undifferenzierte Einbestellungen	⚡ Zu späte, unzureichende Planung der Aufenthalte	⚡ Zu späte Einbindung Entlassmanagement
⚡ Unzureichende Vorbereitung von Patienten	⚡ Unzureichende Steuerung von Verweildauern und Erlöspotenzialen	⚡ Unzureichender Prozessablauf zu externen Dienstleistern
⚡ Zu spätes Anlegen der Entlassplanung	⚡ Unzureichende Dokumentation	⚡ Zu späte Kodierung und Fakturierung
⚡ Hohe Anzahl an Schnittstellen		

⚡ **Unzureichende Transparenz über Patientensituation**

FAZIT: Prozesse müssen verändert und neu bzw. schlanker gestaltet werden, um schneller auf die externen Anforderungen zu reagieren und ressourcenschonender zu agieren. *Prozessinnovation* wird zur Kernaufgabe an der Schnittstelle von medizinischen Abläufen und Verwaltungsaufgaben. Die definierte Zielstellung lautet: bei gleichen oder reduzierten Kapazitäten mehr Fälle und mehr Case-Mix-Punkte erwirtschaften!

Viele deutsche Krankenhäuser setzen daher auf neue Berufsgruppen. Diese heißen Case-Manager, Fall-Manager, Care-Manager, Patienten-Manager, Versorgungsmanager oder Prozess-Manager. Es lässt sich bereits aktuell fast kein deutsches Krankenhaus finden, das nicht über Mitarbeiter mit diesen Berufsbezeichnungen verfügt. Sie alle sollen den Patientenprozess unterstützen und effizienter gestalten. Doch was bedeutet dies genau? Welche Aufgaben hat so ein Case-Manager? Und wie können sie ein Krankenhaus wertschöpfend unterstützen?

In der Literatur gibt es eine Vielzahl von Definitionen für den anglo-amerikanischen Begriff Case Management:

„Case Management ist ein System zur Erbringung von Leistungen der Gesundheitsversorgung, das entworfen wurde, um die *Realisierung erwarteter Ergebnisse* auf Seiten der Patienten innerhalb einer *angemessenen Verweildauer* zu ermöglichen. Zu den Zielen von Case Management gehört die auf Kontinuität ausgerichtete Bereitstellung einer *qualitativ hochwertigen Gesundheitsversorgung*, die *Reduzierung der Fragmentierung von Versorgungsleistungen*, die über verschiedene Settings hinausgehen, die *Erhöhung der Lebensqualität* des Klienten, die *effiziente Nutzung* der patientenbezogenen Versorgungsressourcen und die *Einsparung von Kosten*." (Ewers 2000, 57)

„Der professionelle Case Manager erstrebt eine moralische Umgebung und Praxis, in der sich *ethische Prinzipien* anwenden lassen. Ethische Zwangslagen werden offen gelegt, und vernünftige Lösungen werden durch hinreichende Beratung und moralisches Handeln gesucht. Ethisch ist ein Case Management mit den Resultaten seiner Entscheidungen und Handlungen sowohl gegenüber dem Klienten als auch gegenüber dessen Angehörigen, gegenüber dem, der die Kosten trägt, sich selber und der Gesellschaft gegenüber rechenschaftspflichtig." (Werthemann 2006, 6)

„Case Management ist ein *Prozess der Zusammenarbeit*, in dem *eingeschätzt, geplant, umgesetzt, koordiniert und überwacht* wird und Optionen und Dienstleistungen evaluiert werden, um dem gesundheitlichen Bedarf eines Individuums mittels Kommunikation und mit den verfügbaren Ressourcen auf *qualitätsvolle und kostenwirksame Ergebnisse* hin nachzukommen." (Wendt 1997, S. 154)

Die Definition von Ewers macht die wesentlichen Elemente des Case Management deutlich: Eine Person trägt die Verantwortung entlang des Patientenprozesses, um eine optimierte effiziente Versorgung des Patienten von Aufnahme bis Entlassung innerhalb einer „angemessenen Verweildauer" zu erreichen. Die Definition von Werthemann stellt neben der Kostenreduktion vor allem die ethische und moralische Verpflichtung des Case-Managers in den Vordergrund. Die Definition von Wendt beschreibt die verschiedenen Funktionen, die der Case-Manager entlang des Patientenprozesses erfüllen muss, um die Balance aus Kosten und Qualität optimal zu erfüllen. An dieser Definition orientiert sich auch der VPU (Verband der Pflegedirektorinnen und Pflegedirektoren der Unikliniken und Medizinischen Hochschulen) in seinem Positionspapier, das auf Basis der Rahmenempfehlungen der Deutschen Gesellschaft für Care und Case Management, verfasst wurde.

Dem Case-Manager werden demnach drei wesentliche Aufgaben/Funktionen zuteil:

▶ Als *Gatekeeper* soll er eine selektierende Funktion wahrnehmen und kontrolliert damit den Zugang zu Gesundheitsleistungen. Damit soll er u.a. primäre und sekundäre Fehlbelegungen verhindern. Er schafft die Balance zwischen einer sozialverträglichen Zugangssteuerung zur Krankenversorgung unter knapp bemessenen finanziellen Mitteln und gleichzeitig zu erbringendem größten Nutzen für das Gesamtsystem.

▶ Als *Broker* steht der Case-Manager für neutrale Vermittlung zwischen Patienten und den Anbietern von Dienstleistungen im Gesundheitswesen. Gemäß dem Positionspapiers des VPU4 sind folgende Funktionen beinhaltet:

  ▶ Terminierung von Patientenaufnahmen interner und externer Einweiser mit Koordination von vorstationären Prozessen

  ▶ Zuordnung eines Patienten zu einem Versorgungsbereich/ Pflegebereichs und Zuweisung eines Bettes

  ▶ Einordnen des Patienten in den OP-Plan

- ▶ Koordination von diagnostischen und therapeutischen Leistungen in Anlehnung an Standards, Behandlungspfade/-muster

- ▶ Zentraler Ansprechpartner und Informationsgeber zur Koordination und Organisation von Gesundheits- und ausgewählten Serviceleistungen

- ▶ Ermittlung der Hilfebedarfe, Ressourcen und Risiken zur Planung des Hilfe- und Unterstützungssystems (Assessment)

- ▶ Bei definierten Standards, Behandlungspfaden oder IV-Verträgen findet eine Prozessbegleitung und -steuerung durch den Case-Manager statt, um die mittlere Verweildauer/Vertragsbedingungen einzuhalten

- ▶ Der Case-Manager bedient sich der Unterstützung verwandter interner und externer Einrichtungen zur Hilfeplanerfüllung (z.B.: outgesourctes Überleitungsmanagement)

- ▶ Der Case-Manager erfüllt im Netzwerk eine Konsiliarfunktion in anderen Fachabteilungen und Einrichtungen anderer Sektoren

- ▶ Als *Advocacy* stehen für den Case-Manager die persönlichen und individuellen Interessen des Patienten im Vordergrund. Er hat hier eine vermittelnde Rolle zwischen dem behandelnden Arzt/Pflegepersonal und dem Patienten.

In Anlehnung an die drei wesentlichen Funktionen des Case-Managers hat *Roland Berger Strategy Consultants das Konzept des verweildauerorientierten Patientenmanagement* zur Optimierung des gesamten Behandlungsprozesses entwickelt.

Eckpfeiler des verweildauerorientierten Patientenmanagement

Abbildung 4: Eckpfeiler de verweildauerorientierten
Patientenmanagement

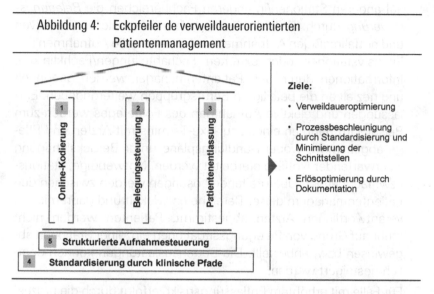

Ziele:

- Verweildaueroptimierung
- Prozessbeschleunigung durch Standardisierung und Minimierung der Schnittstellen
- Erlösoptimierung durch Dokumentation

1. Eine Aufgabe des Patientenmanagers ist es, die relevanten Patienteninformationen in einer standardisierten Dokumentationsstruktur festzuhalten und über eine *Online-Kodierung* die Basis für die Steuerung der Verweildauer durch die behandelnden Ärzte zu schaffen. Dies erfolgt idealerweise über eine Stations-basierte Verweildauerberatung von Ärzten und Pflegenden. Schon mit dem Tag der Aufnahme wird eine Hypothesen-DRG von den Patientenmanagern angelegt und die Ärzte werden so über das angestrebte Entlassdatum informiert. Der Patientenmanager sorgt für die notwendige Datentransparenz. Anhand der tagesaktuellen Patienten-DRG-Daten kann das ärztliche Personal die Verweildauer gemäß dem InEK-System steuern und Diagnostik und Eingriffe hieran ausrichten. Die Dokumentations- und Kodierqualität wird durch die räumliche Nähe von Kodierenden und Dokumentieren-

den gesteigert. Eine verbesserte Liquiditäts- aber auch Erlössituation je Fall ist die Folge. Die Anzahl erfolgreicher MDK-Anfragen nimmt durch die verbesserte Dokumentation kontinuierlich ab.

2. Der Patientenmanager führt in Abstimmung mit seinen Kollegen auf anderen Stationen/in anderen Fachbereichen die *Belegungssteuerung* durch. Er bildet die Koordinationsstelle von elektiven und notfallmäßigen Aufnahmen und integriert die Aufnahmen aus Intensivstationen oder externen Fachabteilungen/Fachkliniken. Informationen durch den Patientenmanager werden gebündelt und gezielt an die beteiligten Berufsgruppen weitergegeben. Entlassungen und elektive Aufnahmen des Folgetages werden zum Beispiel im Rahmen eines Jour-fixe-Termins mit Ärzten und Pflege abgestimmt, wobei Handlungspläne unter Berücksichtigung zu erwartender Notfälle erarbeitet werden. Notwendige, stations- bzw. fachbereichsübergreifende Lösungen werden zwischen den Patientenmanagern dieser Bereiche entwickelt und dann mit den verantwortlichen Ärzten abgestimmt. Patienten werden nicht mehr auf Grund von Belegungssituationen einzelner Stationen abgewiesen bzw. abbestellt. Die Bettenauslastungen können deutlich gesteigert werden.

3. Für Fälle mit erhöhtem Entlassungsrisiko erfolgt durch die prozessuale und aufbauorganisatorische Verknüpfung von Patientenmanagement und Sozialdienst die strukturierte *Patientenentlassung*. Das frühzeitige Bewerten (Assessment, Bsp. Blaylock) des Pflegezustands eines Patienten durch die Pflegekräfte liefert dem Patientenmanager die benötigten Informationen, um, wenn nötig, den Sozialdienst zeitnah einzuschalten oder gegebenenfalls kleinere Maßnahmen (zum Beispiel die Organisation von Hilfsmitteln) selbst durchzuführen. Die medizinische Nachversorgung ist somit bereits vor der Entlassung gesichert. Der Patient wird in ein funktionsfähiges Umfeld entlassen. Durch die regelmäßige Interaktion des Patientenmanagers mit dem Arzt im Rahmen der Online-Kodierung werden zeitnah Änderungen des Entlassungsrisiko einzelner Patienten identifiziert und Gegenmaßnahmen eingeleitet.

4. Zusätzlich entwickelt das Patientenmanagement gemeinsam mit dem ärztlichen und pflegenden Personal *klinische Pfade* für die häufigsten Diagnosen und vor allem Diagnosen mit hohem Verweildauerpotenzial. Diese dienen in den stationären Abläufen als standardisierte Checklisten, anhand derer Kosten optimiert und Verweildauern gesenkt werden.

5. Eine notwendige begleitende Prozesskomponente des Patientenmanagements ist weiterhin die strukturierte, spezialisierte *Aufnahmesteuerung* elektiver Patienten je Fachbereich. Ein zentraler Ansprechpartner (Klinikkoordinator) ist der Kontaktpunkt (nach Außen) für die niedergelassenen Ärzte und Patienten. Er prüft die Vollständigkeit präoperativer Untersuchungen/Untersuchungsunterlagen (zum Beispiel Laborbefunde, bildgebende Diagnostik, Überweisungsdokumente), koordiniert elektive Patientenaufnahmen und terminiert die notwendige Aufnahmediagnostik. Für zuweisende, niedergelassene Ärzte ist er ein verlässlicher, erreichbarer Kontaktpartner, der zudem strukturiert medizinische Patientendaten erhebt. Für den Patientenmanager stellt der Klinikkoordinator eine wesentliche Informationsquelle über geplante Aufnahmen dar. Hohe planerische Genauigkeit der Klinikkoordinatoren bei Diagnostik und Eingriffen ist hier wesentlich. Die positiven Effekte einer solchen zentralen Anlaufstelle liegen in der Prozessstandardisierung, der Entzerrung von Arbeitsspitzen auf Stationen und in der Diagnostik, der Vermeidung von präoperativen Tagen sowie aus Marktsicht der Steigerung der Patienten- und Zuweiserzufriedenheit.

Zusammenfassend schafft die Etablierung von Patientenmanagern eine Organisationsstruktur, mit der die zentralen Ziele des Unternehmens Krankenhaus bis in die Stationsbereiche transportiert werden können. Und – noch viel wichtiger – die strukturelle Basis für das Einsteigen in einen an Kennzahlen orientierten kontinuierlichen Verbesserungsprozess. Denn Verweildauerverkürzungen können nicht angeordnet werden, sondern müssen von verantwortliche Mitarbeitern vor Ort jeden Tag hart erarbeitet werden – und dies erfordert eine kontinuierliche Optimierung der Prozessschritte.

Voraussetzungen für die Einführung

Optimierte Ressourcenverteilung: Voraussetzung für eine sinnvolle Belegungssteuerung durch den Patientenmanager ist die optimale, bedarfsorientierte Verteilung der Bettenressourcen zwischen den Fachabteilungen. Nur so kann eine effiziente Patientenbetreuung durch den ärztlichen und pflegerischen Dienst gewährleistet werden. Die Anzahl externer Lieger sowie von Patientenverlegungen kann so minimiert werden.

Stringente Aufbauorganisation: Schaffung einer zentralen Abteilung „Patientenmanagement" als Teil der Verwaltung – Integration von Casemanagement, Patientenmanagement, Sozialdienst und Medizincontrolling unter einem „Dach"; Je nach Schwerpunkt des Aufgabengebietes (Patientenprozesssteuerung oder Verweildauerkontrolle) sind die Möglichkeiten hier: Medizincontrolling, Finanz- und Rechnungswesen (gegebenenfalls Patientenabrechnung) oder in Ausnahmefällen das Pflegemanagement – in der Regel ist lediglich ein moderater Aufbau von Kapazitäten durch die Integration von bestehenden Funktionen und Ressourcen notwendig.

Durchgängige Prozessintegration: Zentrale Aufnahmekoordination je Fachabteilung über den oben genannten Klinikkoordinator. Sowie engste Zusammenarbeit auch mit den Stationsärzten im Bereich der Verweildauersteuerung

Funktionale IT-Unterstützung: Bettenplanung (ähnlich Hotelplanung – inklusive Aufnahme- und geplantem Entlassdatum), integrierte Grouper-Funktionen, tagesgenaue Kennzahlenberichte pro Patient hinsichtlich Verweildauerzielen, Erlöserwartungen sowie dem Status der Aktivitäten des Entlassungsmanagement

Kennzahlensystem und Verankerung in Zielvereinbarungen: Einbindung des Patientenmanagements in die Leistungsplanung der einzelnen Kliniken mit Festsetzen von Kennzahlen und Leistungsindikatoren, die sowohl den Erfolg der Klinik, als auch der Patientenmanager aufweisen

Anforderungsgerechte Qualifikation: Auswahl von durchsetzungsfähigen Mitarbeitern, die an solch einem komplexen, integrierten Arbeitsplatz agieren können. Umfassende Primär-Qualifikation in den Aufgabenbereichen sowie kontinuierliche Schulung zur Arbeit mit den jährlichen Änderungen des Erlössystems (InEK)

Konsequente, diplomatische Umsetzung: Die Einführung eines solchen Patientenmanagements könnte als ein Eingriff in das Verantwortlichkeitsgebiet von Chefärzten empfunden werden. Diese Sichtweise ist aber nicht richtig. Statt dessen ist ein notwendigerweise zentral geführtes Patientenmanagement das dezentrale Instrument für die verantwortlichen Ärzte, um die aus den Finanzierungsrahmenbedingungen resultierenden Anforderungen zu bewältigen. Die Patientenmanager sind Berater der Klinikdirektoren. Bei einem konsequenten Projektmanagement kann die flächendeckende Einführung bei einem Maximalversorger binnen neun Monaten erfolgen.

Erfahrungen und Referenzen

Innerhalb von neun Monaten wurde unter Einbindung aller relevanten Berufsgruppen das Prozess- und Organisationskonzept in großen kommunalen Kliniken erarbeitet, verabschiedet und umgesetzt. Wesentlicher Erfolgsfaktor war die präzise Definition von Prozessen und Aufgabenbeschreibungen sowie die gezielte Auswahl von Mitarbeitern nach einem standardisierten Kriterienkatalog gemeinsam mit Fachverantwortlichen und unter Einbindung der Personalvertretung. Die sichtbaren Verweildauer-, Abrechnungs- und Prozessoptimierungen verdeutlichen bei gleichzeitigen Fallzahlsteigerungen die Angemessenheit dieses Konzepts auch oder insbesondere in Sanierungsprojekten, die sowohl kosten- als auch wachstumsorientiert ausgerichtet sind.

Abbildung 5: Entwicklung Verweildauern im Rahmen einer Pilotphase

Auswertung VWD Pilotierung (Beispielklinik)

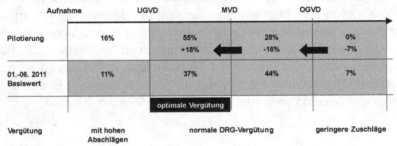

Quelle: Roland Berger

Abbildung 6: Entwicklung Kodierkennzahlen 3 Monate nach Start der Einführung

Durchschnittliche Dauer bis Aufnahmediagnose (t)

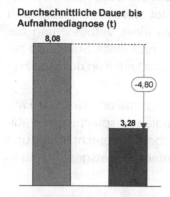

Durchschnittliche Dauer bis Entlassdiagnose (t)

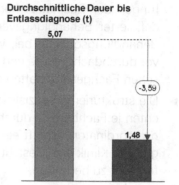

Quelle: SAP, Patientenadministration

Neben der Verbesserung der ökonomischen Kennzahlen konnten in Referenzprojekten folgende Effekte beobachtet werden, die direkt oder indirekt zu einer verbesserten Behandlungsqualität führen:

▶ Die Onlinekodierung ermöglicht eine frühe Festlegung und Kommunikation des Entlassungszeitpunktes. Der Patient gewinnt so Planungssicherit für die Zeit nach dem Akut-Krankenhausaufenthalt. Es entsteht eine verbindlichere Kommunikationskultur.

▶ Die optimierte Belegungsteuerung durch den Patientenmanager führt zu verringerten Wartezeiten in den Diagnostikbereichen, damit kann eines der Hauptärgernisse aus Patientensicht zumindest teilweise beseitigt werden.

▶ Die frühzeitige und strukturierte Identifikation von Fällen mit erhöhtem Entlassungsrisiko führt zu einer reibungsloseren Überleitung in nachgelagerte Versorgungsstufen. Der Verlegungsprozess wird von den Patienten insgesamt als abgestimmt und synchronisiert empfunden. Die engere Abstimmung der Akteure kann auch für weitergehende Integrationsüberlegungen eine gute Basis bilden.

▶ Die über das Patientenmanagement gemeinsam mit dem ärztlichen und pflegenden Personal entwickelten *klinischen Pfade* sollten selbstverständlich unter Berücksichtigung von Anforderungen der Qualitätssicherung erarbeitet werden. Ein dergestalt definierter Behandlungsverlauf trägt zu einer Verbesserung der Behandlungsqualität bei, weil sie im Sinne eines Standards zuvor durchdacht wurde und entsprechende Leitlinien der Medizinischen Fachgesellschaften einfließen.

▶ Die strukturierte, spezialisierte *Aufnahmesteuerung* elektiver Patienten je Fachbereich durch einen zentralen Ansprechpartner (Klinikkoordinator) schafft einen verlässlichen Ansprechpartner und gibt der Klinik ein „Gesicht" Dies ist unter Qualitätsgesichtspunkten sehr zu begrüßen.

Literatur

Ewers, M.: Das anglo-amerikanische Case Management. Konzeptionelle und methodische Grundlagen. In: Ewers, M./Schaeffer, D. (Hrsg.): Case Management in Theorie und Praxis. Hans Huber Verlag, Göttingen 2000a, S. 56-58; 63-70; 72-78.

VPU (Verband der Pflegedirektorinnen und Pflegedirektoren der Unikliniken und Medizinischen Hochschulen) (2008): Case Management an den deutschen Universitätsklinika – Definition, Entwicklung, Konsentierung und Implementierung – Ein Positionspapier des VPU auf Basis der Rahmenempfehlungen der Deutschen Gesellschaft für Care und Case Management e.V. (DGCC). 2. Auflage.

Wendt W. R.: (1999): Case Management im Sozial- und Gesundheitswesen – Eine Einführung. 2. Auflage Lambertus, Freiburg.

Werthmann, C.: Case Management im Gesundheitswesen. Konzeptionelle Grundlagen, ausländische Beispiele und erste Erfahrungen in der Schweiz. dissertation.de – Verlag im Internet GmbH: Berlin 2006, S. 36f; 44.

Elektronische Gesundheitsakte oder Fallakten

Medizinische Archivmacht und die elektronische Gesundheitskarte

Christoph Engemann

Seit 2011 wird in Deutschland schrittweise die elektronische Gesundheitskarte (eGk) ausgegeben. Jeder Versicherungsnehmer einer gesetzlichen oder privaten Krankenversicherung in Deutschland soll eine solche elektronische Gesundheitskarte erhalten. Da in der Bundesrepublik Deutschland nach §5 SGB-V Sozialversicherungspflicht herrscht und lediglich 0.3% der Bevölkerung nicht krankenversichert sind, handelt es sich um etwa 80 Millionen Karten.[1] Nicht zu unrecht wurde deshalb bei diesem auf das Gesundheitsmodernisierungsgesetz (GMG)[2] von 2003 zurückgehende Vorhaben vom „größten IT-Projekt der Welt gesprochen."[3] Die „11 Milliarden Transaktionen"[4],

---

1 Die Differenz von ca. 1 Mio zur Gesamtbevölkerung kommt durch Kinder und Jugendliche, Migranten und Pflegebedürftige ohne eigene Karte zustande.

2 Novellierung des Fünften Sozialgesetzbuchs (SGB V) durch die Bundesregierung: „Gesetz zur Modernisierung der gesetzlichen Krankenversicherung", http://www.bmgs.bund.de/downloads/GKV_Modernisierungsgesetz.pdf. Sie auch die Darstellung bei Hornung: Hornung, Gerrit: Die digitale Identität, Nomos 2005, S. 60ff.

3 Borchers, Detlef: „Gesunder Datenschutz bei der Gesundheitskarte fraglich [Update]", http://www.heise.de/newsticker/meldung/Gesunder-Datenschutz-bei-der-Gesundheitskarte-fraglich-Update-101596.html (zugegriffen am 23.3.2012).

4 Ebd.

die jährlich im Gesundheitswesen in Deutschland anfallen, sollen digital abgewickelt werden. Im als Teil der *Agenda 2010* benannten Reformen des deutschen Sozialsystems 2003 von der rot-grünen Koalition verabschiedeten Gesetz zur Modernisierung der gesetzlichen Krankenversicherung (GKV-Modernisierungsgesetz – GMG) heißt es:

> „(1) Zur Verbesserung der Qualität und Wirtschaftlichkeit der Versorgung soll die *papiergebundene Kommunikation* unter den Leistungserbringern so bald und so umfassend wie möglich durch die elektronische und maschinell verwertbare Übermittlung von Befunden, Diagnosen, Therapieempfehlungen und Behandlungsberichten, die sich auch für eine einrichtungsübergreifende fallbezogene Zusammenarbeit eignet, ersetzt werden."[5]

Papier, so könnte man den Willen des Gesetzgebers zusammenfassen, soll in der Gesundheitsversorgung schnell und möglichst vollständig abgeschafft werden. Papier jedoch ist weit weniger unscheinbar als es für gemeinhin genommen wird. Papier ist die Grundlage des über 7 Jahrhunderte[6] gewachsenen Medienensembles, ohne das auch die moderne Medizin ihr Wissen weder speichern, noch übertragen, noch prozessieren hätte können.[7] Die „strukturelle Hegemonie des Papiers als Bild und Zeichenträger"[8] und damit auch als Träger von Autoritätszeichen[9] neigt sich ihrem Ende zu. In diesem Übergangsprozess, wo Staatlichkeit mit der Einführung der elektronischen Gesundheitskarte das Verschwinden des Papiers in der medizinischen Versorgung in Deutschland forciert, gerät die Sys-

---

5 Hervorhebung von mir C.E.

6 Vgl. Müller, Lothar: Weisse Magie. Die Epoche des Papiers, München: Carl Hanser Verlag 2012. Zum Zusammenhang von Papier und Aktenführung vgl.: Vismann, Cornelia: Akten - Medientechnik und Recht, Frankfurt am Main: Fischer Verlag 2000, S. 137ff.

7 Kittler, Friedrich A.: Aufschreibesysteme 1800/1900, Vierte vollständig überarbeitete Aufl., München: Wilhelm Fink Verlag 2003, S. 501.

8 Müller: Weisse Magie. Die Epoche des Papiers, S. 10.

9 Derrida, Jacques: Paper Maschine, Stanford: Stanford University Press 2005, S. 57; Derrida, Jacques: „Signatur, Ereignis, Kontext", Randgänge der Philosophie, Wien: Passagen Verlag 1988, S. 291–314.

tematizität papierener Aufschreibesysteme und damit auch ihrer epistemischen und machttechnischen Effekte in den Blick. Ein Prozess der Krisenhaft verläuft, werden dabei doch Selbstverständlichkeiten der Genese, Sicherung und Kontrolle medizinischen Wissens ebenso in Frage gestellt wie die Modi der Organisation und Allokation medizinischer Ressourcen. Einer der Schauplätze dieser Krise und der damit verbundenen Auseinandersetzungen ist die Gesundheitsdokumentation, die wie im Text des GMG ersichtlich, von papierenen Akton auf digitale Dokumentationssysteme umgesetzt werden soll. Die vom Gesetzgeber geforderten Veränderungen stellen die bestehenden Formate der Kontrolle und der Lese- und Schreibrechte medizinischer Akten und damit mediale Grundlagen medizinischer Autorität in Frage. Dazu gehört insbesondere die Frage, wo und unter wessen Kontrolle medizinische Akten gespeichert werden. Im papierbasierten System hielten Kliniken und Ärzte einen großen Teil der Akten in ihren Systemen, Aktenschränken und Computeranlangen vor. Gesundheitsakten zirkulierten vor allem zwischen medizinischen Einrichtungen und den Krankenkassen. Patienten erhielten selten vollständige Kopien ihrer Akten und Abrechnungsunterlagen. Sie wurden für Rezepte, Krankschreibungen und Überweisungen zu Trägern ihrer medizinischen Papiere und erhielten im Falle der Privatversicherungen zusätzlich zur Abrechnung dienende Unterlagen über die vorgenommenen Maßnahmen. Mit der elektronischen Gesundheitskarte und der geplanten elektronischen Gesundheitsakte ändert sich diese Verteilung der Lese- und Schreibrechte sowie der Lokalisation der Gesundheitsakten radikal. Die Ärzte sollen nach Willen des deutschen Gesetzgebers die Kontrolle über die Daten weitgehend verlieren, und an ihrer Stelle sollen die Patienten zu Hütern und Trägern ihrer medizinischen Akten werden. Ärzte und andere Heilberufler sollen diese elektronische Gesundheitsakte der Versicherungsnehmer nunmehr anlassbezogen nur bei Einwilligung der Patienten lesen und schreiben können.

Gesundheitsakten und elektronische Gesundheitskarte

Die ISO Normen 21549 1 bis 4 sind Standards für die Repräsentation von medizinischen Daten und dienen international als Grundlage für digitale Gesundheitsverwaltungssysteme. Auch das in Deutschland geplante papierlose Gesundheitsdokumentationssystem basiert auf diesen Normen. Das GMG sieht für die elektronische Gesundheitskarte zwei logisch und physikalisch voneinander getrennte patientenbezogene Gesundheitsdatensätze vor. Zum einen die elektronische Patientenakte, zum anderen den Notfalldatensatz. Letzterer wird direkt auf der elektronischen Gesundheitskarte gespeichert und entspricht dem in der ISO Norm 21549-3 beschrieben Datensatz für „Limited Emergency Data". Obwohl dieser nur Daten enthalten soll, die als notfallrelevant klassifiziert werden, handelt es sich faktisch bereits um eine kleine elektronische Patientenakte. Der Notfalldatensatz umfasst 34 Kategorien, unter anderem Herz- und Kreislauferkrankungen, Gerinnungsstörungen, Asthma, Diabetes und Insuffizienzkrankheiten,[10] die jeweils mit Datum der Erstdiagnose, ICD-Schlüssel und optionaler Erläuterung abgelegt werden können. Außerdem notfallrelevante Medikationen und Arzneimittelunverträglichkeiten, wobei insgesamt 20 Medikamente inklusive Verordnungsdatum, Dosis, Einnahmefrequenz und der bundeseinheitlichen Pharmazentralnummer des Medikaments oder Wirkstoffs abgespeichert werden können. Vorgesehen ist die Auflistung des Impfstatus für Tetanus und Hepatitits B. Ebenfalls können Informationen über zurückliegende Operationen aufgenommen werden. Die seit 2011 in Deutschland in Ausrollung befindliche elektronische Gesundheitskarte ist für diese Funktionalität vorbereitet und der Notfalldatensatz kann, wenn vom Versicherten gewünscht, auf seiner Karte eingerichtet werden.

---

10 Ibid., S. 76

Vollständige Patientenakten werden von den ISO Normen 21549-1 und 2 „Extend Health Data"[11] beschrieben. Diese Normentexte bilden die Grundlage für die projektierte elektronische Patientenakte in Deutschland, die anders als der Notfalldatensatz nicht auf der Karte gespeichert wird, sondern in der vom Gesetzgeber als *Gesundheitstelematik* bezeichneten Internetlösung des digitalisierten Gesundheitswesens. Die elektronische Patientenakte soll mit den in Entwicklung befindlichen Systemen in Europa kompatibel sein, und die deutsche Industrie erhofft sich von einem erfolgreichen System Exportchancen im internationalen Markt für digitale Gesundheitsdokumentationssysteme. Anders als die Versicherungsstammdatenverwaltung und der Notfalldatensatz ist die elektronische Patientenakte nicht Bestandteil des 2011 begonnen Basis-Rollout der elektronischen Gesundheitskarte. Ein genauer Zeitrahmen der Einführung dieser Funktionalität ist derzeit nicht absehbar. Ursprünglich vom Gesetzgeber zur Einführung im Jahr 2006 vorgesehen, wird inzwischen mit einer Verfügbarkeit im Jahr 2016 gerechnet.[12] Ein öffentlich zugängliches Fachkonzept der für die Verwaltung und Standardisierung der Gesundheitstelematik zuständigen und in Berlin ansässigen 'Gesellschaft für Telematikanwendungen der Gesundheitskarte mbH' (Gematik) existiert bislang nicht. Auf Grundlage des GMG 2005 als kooperatistische Vereinigung der Spitzenverbände von Krankenkassen,[13] Ärzteschaft und Apothekern gegründet, war die Gematik mit Spezifikation, Test und Zulassung der für die elektronische Gesundheitsverwaltung erforderlichen Datenformate und Komponenten betraut. Im April 2010 erfolgte die Restrukturierung der Gematik durch die Schwarz-Gelbe Koalition. Insbesondere die

---

11 Vgl. iso.org/21549

12 Borchers, Detlef: „Diskussion über elektronische Gesundheitskarte", http://www.heise.de/newsticker/meldung/Diskussion-ueber-elektronische-Gesundheitskarte-1466343.html (zugegriffen am 9.3.2012).

13 Es ist ein Spezifikum des deutschen Gesundheitswesens, dass es keine eigenständig verfasste Vertretung der Patienten gibt. Patientenrechte – und -interessen werden deren eigenem Verständnis nach durch die Krankenversicherungen repräsentiert.

FDP und der spätere Bundesgesundheitsminister Philipp Rösler hatten im Bundestagswahlkampf 2009 offensiv mit dem Versprechen, die elektronische Gesundheitskarte in Frage zu stellen, Wahlkampf gemacht. Nach einem halbjährigen Moratorium wurde das Projekt nicht, wie einige Vertreter insbesondere der Ärzteschaft gehofft hatten, eingestellt. Vielmehr hat sich gezeigt, dass der politische Wille zur Einführung der elektronischen Gesundheitskarte ungebrochen ist. Jedoch wurde mit der Restrukturierung der Gematik diese gegenüber den ständischen Vertretungen der Ärzte- und Apothekerschaft geschwächt. Effekt dieser Konzession ist, dass diese Interessengruppen größeren Gestaltungsspielraum bei der Einführung und Implementierung der auf die elektronische Gesundheitskarte aufsetzenden Funktionen bekommen. Im Rahmen der Restrukturierung ging die Verantwortung für die Konzeption der elektronischen Patientenakte von der Gematik auf die zur Ärzteschaft zu zählende Deutsche Krankenhausgesellschaft (DKG) über. Die folgende Darstellung beruht auf den von der Gematik bis Mitte 2012 veröffentlichten Dokumenten zur Gesamtarchitektur der elektronischen Gesundheitskarte sowie auf Veröffentlichungen der DKG, der Bundesärztekammer und von Industrieseite vor allem des Vereins eFa[14] (elektronische Fallakte). Mitglieder dieses 2008 gegründeten Vereins sind eine Reihe von Universitätskliniken, der Bundesverband deutscher Privatkliniken, außerdem private Klinikunternehmen und die Kassenärztliche Bundesvereinigung. In Kooperation mit Industrieunternehmen wie IBM, Siemens, Microsoft und dem Frauenhofer Institut für Software- und Systemtechnik betreibt dieser Verein maßgebliche Pilotprojekte zur Etablierung und Standardisierung elektronischer Patientendokumentation in Deutschland. Projekte, die in die endgültige Gestaltung der elektronischen Gesundheitskarte und -akte eingehen sollen. Während die gesetzlichen Vorgaben durch das Gesundheitsmodernisierungsgesetz eindeutig sind und von Seiten des Gesetzgebers keine Anpassungen des Gesetzes zu erwarten sind, so muss dennoch darauf hingewiesen werden, dass die im folgenden gemachten Aussa-

---

14 www.fallakte.de

gen auf der Grundlage der einschlägigen Veröffentlichungen, Konzepte und Spezifikationen der genannten Akteure getroffen werden, jedoch eine Implementierung von elektronischen Fallakten im Rahmen der Gesundheitstelematik noch nicht vorliegt und von den bislang beobachtbaren Strukturen abweichen kann.

Lese- und Schreibrechte der elektronischen Patientenakte

Die elektronische Patientenakte wird vom Gesetzgeber mit dem Satz 4, Absatz 3 §291a des Gesundheitsmodernisierungsgesetzes als Bestandteil der elektronischen Gesundheitskarte gefordert. Sie soll in der vollen Ausbaustufe der Gesundheitstelematik folgende Daten speichern:

„....Befunde, Diagnosen, Therapiemaßnahmen, Behandlungsberichte sowie Impfungen für eine fall- und einrichtungsübergreifende Dokumentation über den Patienten"

In der Architekturdokumentation der Gematik wird die elektronische Patientenakte als „eine überall zugreifbare und von allen beteiligten Heilberuflern fortgeschriebene Patientenakte"[15] gefasst. Damit ist gesagt, dass Klinik und die Praxis nicht mehr die privilegierten Orte sind, an denen sich unter den besonderen vom Staat via Approbation bescheinigten Schreibrechten der Mediziner Schrift und Körper kreuzen. Vielmehr wird für elektronische Patientenakten der technisch und organisatorisch hohe Anspruch ihrer permanenten und ortsunabhängigen Verfügbarkeit für das medizinische Personal gefordert.

---

15 Gematik: „Gesamtarchitektur Version 1.3.0", S. 32, http://www.gematik.de/ (S(3ozkwo45visgue45lgt4z545))/Detailseite___Architektur___Gesamtarchitektur.Gematik (zugegriffen am 8.2.2009).

Diese Akten sollen sowohl überall dort, wo ein Patient sich aufhält, zugänglich sein, aber auch unabhängig von seiner Anwesenheit, beispielsweise in telemedizinischen Szenarien, bearbeitbar sein. Einmal angelegt gilt, dass einem Versicherten eine elektronische Patientenakte entspricht, die idealerweise über seinen gesamten Lebenslauf alle seine medizinischen Daten aufnehmen soll. Da es sich um eine freiwillige Anwendung der elektronischen Gesundheitskarte handelt, deren Einrichtung wie beim Notfalldatensatz vom Versicherten autorisiert werden muss, ist davon auszugehen, dass in der klinischen Praxis nur ein Teil der Patienten tatsächlich eine solche elektronische Patientenakte nach §291a SGB V führen lässt.

Technisch gesehen ist eine elektronische Patientenakte ein kryptographisch verschlüsseltes Dokument, dass auf einem Server vorgehalten wird. Zur Entschlüsselung gilt ein 2-Karten-Prinzip: Es muss sowohl die Karte des Versicherten an einem entsprechendem Terminal präsent sein, als auch der sogenannte Heilberufsausweis des Arztes, Apothekers, Psychotherapeuten oder anderen medizinischen Personals. Die elektronische Patientenakte wird diesen Heilberuflern nur als Klartext angezeigt, so er sich im nächsten Schritt erstens mit seinem Ausweis und PIN gegenüber der Gesundheitstelematik erfolgreich als zugelassener Heilberufler authentifiziert und zweitens durch den Versicherten selbst mittels PIN-Eingabe eine entsprechende Freigabe seiner Daten gegenüber dem Heilberufler erfolgt ist. Der Patient muss also dem Heilberufler aktiv Leserechte an seiner Gesundheitsakte einräumen. Der Vorgang wird protokolliert und zugleich erhält der Heilberufler rollenspezifische Schreibrechte. Beim gegenwärtigen Stand sind die Lese- und Schreibrechte der elektronischen Gesundheitsakte folgendermaßen organisiert:

Tabelle 1: Lese- und Schreibrechte elektronische Patientenakte[16]

	Erstellen oder Ändern (mit Autorisierung durch Versicherten)	Anzeigen (ohne Autorisierung durch Versicherten)	Anzeigen (mit Autorisierung durch Versicherten)	Signieren (mit Autorisierung durch Versicherten)	Abschalten (mit Autorisierung durch Versicherten)
Arzt	X		X	X	X
Klinische Gehilfen (vom Arzt autorisiert)	X		X		
Apotheker	X		X	X	X
Apotheker Gehilfe (vom Apotheker autorisiert(			X		
Psychotherapeut	X		X	X	X
Rettungssanitäter					
Versicherter			X		

Alle Lese- und Schreiboperationen wie auch das der eigenhändigen Unterschrift entsprechende und für Verordnungen und Diagnoserstellungen notwendige Signieren der Daten der elektronischen Patientenakte sind von der Autorisierung des Versicherten abhängig. Wie aus der dritten Spalte ersichtlich, bleibt die elektronische Patientenakte ohne Autorisierung durch den Versicherten unlesbar. Mit dessen Autorisierung bestehen Leserechte mit der Ausnahme von Rettungssanitätern sowohl für den Versicherten selbst

16 Eigene Darstellung auf Grundlage Gematik Whitepaper Sicherheit C.E.

als auch für Ärzte, Apotheker und deren „berufsmäßigen Gehilfen".
Zugleich ist es sowohl bei der elektronischen Gesundheitsakte als
auch beim Notfalldatensatz ausschließlich approbierten Heilberuflern
vorbehalten, medizinische Daten in die elektronische Gesundheitsakte zu schreiben und diese zu signieren. Hier zeigt sich die Medialität
medizinischer Autorität deutlich. Versicherte werden durch medien-
technische Vorkehrungen ebenso daran gehindert, sich selbst Diagnosen oder Verordnungen in ihre Gesundheitsakten zu schreiben wie
nicht approbierten Heilberufler diese Rechte in der Gesundheitstelematik nicht zugeteilt werden. Ärzte, Apotheker und Psychotherapeuten dagegen sind in der Gesundheitstelematik medial instande gesetzt, Aussagen über Körper und Geist von Menschen zu treffen und
diese mit rechtsgültigen Konsequenzen niederzuschreiben. War im
papierbasierten System die eigenhändige Namensunterschrift durch
den Mediziner diejenige Signatur, die einem Rezept oder einer Diagnose Gültigkeit verlieh, so ist es nun ein durch die Gesundheitstelematik dem approbierten Heilberufler via Heilberufsausweis zugestell-
tes Schreibrecht.[17]

Da eine elektronische Akte, die allumfänglich medizinische Daten aufnehmen soll, in den Betriebsabläufen von Arztpraxen, Kliniken und Reha-Zentren auch von einer Vielzahl von „berufsmäßigen Gehilfen" des Gesundheitswesens nutzbar sein muss, können
Schreibrechte teilweise delegiert werden. Neben den genannten
elektronischen Heilberufs- und Berufsausweisen existiert dazu noch
eine weitere Klasse von elektronischen Karten. Die SMC-B Karte,
auch Institutionenkarte genannt, weist eine als Betriebsstätte gefass-

---

17 Zur Re-Medialisierung von Unterschriften vergleiche: Engemann, Christoph: „Write Me Down
Make Me Real. Zur Gouvernemedialität der digitalen Identität", in: Passoth, Jan-Hendrik
und Wehner, Josef (Hrsg.): Quoten, Kurven und Profile – Zur Vermessung der Gesellschaft,
Wiesbaden: VS Verlag für Sozialwissenschaften 2012; Engemann, Christoph: „Im Namen
des Staates: Der elektronische Personalausweis und die Medien der Regierungskunst",
Zeitschrift für Medien- und Kulturforschung 2 (2011), S. 211–228.

te „Einheit oder Organisation des *Gesundheitswesens*"[18] gegenüber der gesundheitstelematischen Infrastruktur aus und soll „den sicheren, diskriminierungsfreien Zugriff auf und die entsprechende Verfügbarkeit von institutionsbezogenen Zugängen zur Telematikinfrastruktur sicherzustellen."[19] Vorgesehen sind die Betriebsstätten Arzt, Zahnarztpraxis, Psychotherapeut Krankenhaus, Öffentliche Apotheke, Krankenhausapotheke und Bundeswehrapotheke.[20]Wie bei den elektronischen Gesundheitskarten und den Heilberufsausweisen speichert die SMC-B den privaten Schlüssel einer Digitalen-Signatur, in diesem Falle einer Institution, und ist somit das materielle Artefakt, dass es erlaubt, diese als juristische Person auszuweisen. Mit der SMC-B können Berichte und medizinische Dokumente sowie Einträge in elektronischen Patientenakten digitale Institutionsstempel erhalten. Weiterhin können mit ihr innerhalb von Institutionen die Lese- und Schreibrechte von nicht-approbierten Mitarbeitern organisiert werden. Diese müssen sich weiterhin mit ihren Ausweisen gegenüber der Gesundheitstelematik ausweisen, können aber nach Freigabe von approbierten Heilberuflern ausgeweitete Lese- und Schreibrechte auf medizinische Daten erhalten, die dann als Zugriffe der SMC-B dokumentiert sind.

---

18 gematik GmbH Gesellschaft für Telematikanwendungen der Gesundheitskarte mbH, "Einführung Der Gesundheitskarte - Glossar V. 2.6", Mai 2009, S. 109.

19 Gematik: „Gesamtarchitektur Version 1.3.0", S. 58.

20 Gematik Gesamtarchitektur S. 305

Speicherort der elektronischen Gesundheitsakte

Die elektronische Patientenakte wird nicht auf der elektronischen Gesundheitskarte sondern online gespeichert. Das genaue Speichermodell steht noch nicht fest und bleibt zwischen den Akteuren nicht zuletzt aufgrund der damit verbundenen Monetarisierungsoptionen umstritten. In allen derzeit diskutierten Varianten wird jedoch davon ausgegangen, dass die Daten nicht zentral gespeichert werden, sondern verteilt auf Servern verschiedener Anwender und Institutionen liegen. Die elektronische Gesundheitsakte ist somit eine virtuelle Akte, faktisch ein versichertenindividuelles Register aller auf den Versicherten bezogenen medizinischen Daten. Die jeweilige Akte besteht aus den Verweisen auf die medizinschen Speicherobjekte, die von Arztpraxen, Kliniken, Apotheken, Versicherungen und eventuell weiteren Akteuren angelegt und in der Gesundheitstelematik abgelegt worden sind. Während also die individuelle Gesundheitsakte der logische Speicherort ist, können die Daten physikalisch verstreut und redundant vorliegen. Dennoch ist auch der physikalische Speicherort von Bedeutung. Zum einen da die anfallenden Transaktionen monetarisiert werden können, sich somit ein Markt für Intermediäre eröffnet, zum anderen, da vom Speicherort Datenschutz- und Haftungsfragen abhängen können, was insbesondere bei der Speicherung von medizinischen Daten auf ausländischen Servern ungeklärte Rechtsprobleme mit sich bringt. Weiterhin kann mindestens von Arztpraxen die dauerhafte Onlinehaltung der medizinischen Daten nicht erwartet werden, und entsprechend wird deren digitale Aktenhaltung voraussichtlich von Dritten übernommen. Gleichzeitig sichert das Anlegen lokaler Kopien der Daten die Praxis gegen Netzausfälle oder Störungen der Gesundheitstelematik ab und kann zudem geringere Latenzen bei Zugriff bedeuten. Klinische Praxistests haben insbesondere im Hinblick auf letzteren Punkt Probleme ergeben. Schreibprozesse auf Papier haben keine Latenz, die Aufzeichnung ist sofort gespeichert, und die lokale Aktenhaltung in Registerschränken hält die Dokumente schnell zugänglich. Bei Schreibprozessen mit Tablets, Laptops oder anderen digitalen Medien fallen Synchronisations- und Authentifikationsprozesse an, die bei Zugriffen auf entfernt liegende Daten bei hoher Netzlast mehrere Sekunden dauern können und sich je nach Fallzahl an einem Arbeitstag zu erheblichen Zeiträumen summieren. Die lokale Vorhaltung von Kopien vermeidet solche Konflikte ebenso wie die Abhängigkeit von funktionierenden Netzverbindungen, bringt aber zugleich Datenschutz- und Haftungsprobleme mit sich.

Medizinische Daten unter Versichertenkontrolle

Unabhängig vom physikalischen Speicherort stellen die elektronischen Gesundheitsakten eine Revolution medizinischer Schreibpraxen dar und sind entsprechend Gegenstand heftiger Auseinandersetzungen. Der Gesetzestext des GMG und die entsprechenden Stellen im SGB V fordern eine Akte, die zwar von öffentlich legitimierten Akteuren – den Medizinern – geschrieben wird, aber weder in deren Obhut liegt, noch für sie ohne Zutun von Patienten und nur nach Autorisierungsabfragen via der zu Grunde liegenden Telematikinfrastruktur lesbar ist. Staatlichkeit lässt also Akten schreiben, kann aber nicht lesen, was geschrieben ist, ohne dass diejenigen, die Niedergeschrieben wurden, die Lesbarkeit eben dieser Akten explizit zulassen. Die kryptographische Infrastruktur der Gesundheitstelematik ist dabei so beschaffen, dass keine Hintertüren oder Metaautorisierungen existieren, die es staatlich autorisierten Ärzten oder staatlichen Akteuren wie der Bundesnetzagentur oder dem Bundesamt für Sicherheit in der Informationstechnik (BSI) erlauben, die Akten gegen den Willen des Versicherten oder in Notfällen zu entschlüsseln. Dies wird als „versichertenindividuelle Verschlüsselung" bezeichnet und bedeutet, dass sämtliche, eine bestimmte Person betreffende Speicherobjekte in der Gesundheitstelematik mit einem ausschließlich auf der individuellen Gesundheitskarte vorliegenden kryptographischen Code verschlüsselt sind:

„Die Verschlüsselung der medizinischen Daten eines Versicherten erfolgt individuell für diesen Versicherten und die zur Entschlüsselung notwendigen Schlüssel liegen in der alleinigen Hoheit des Versicherten. Der Versicherte kann damit steuern, wem er welche seiner Daten unter welchen Bedingungen herausgibt."[21]

Der in der Öffentlichkeit als kritisch bekannte Leiter des unabhängigen Landesdatenschutzzentrums Schleswig-Holstein, Thilo Weichert, erkennt in den Vorkehrungen zum Datenschutz bei der Gesundheitstelematik Modellcharakter:

„Tatsächlich kann dieses Sicherheitsinstrumentarium als ausreichend zur Wahrung des Datenschutzes angesehen werden, ja sogar als vorbildlich. Besonders bestechend ist bei der Konzeption, dass die sensiblen Medizindaten verschlüsselt abgelegt werden und das Lesen dieser Daten technisch nur mit Hilfe eines auf der eGK befindlichen privaten Schlüssels möglich ist. (…) Diese Konstruktion bedeutet, dass – technisch – die Verfügungshoheit über die Medizindaten tatsächlich beim Patienten liegt. Dieses Konzept ist durch die gesetzliche Regelung vorgegeben: Abgesehen von der Nutzung der eGK als Identifizierungskarte und zur Übermittlung von elektronischen Rezepten sollen sämtliche Anwendungen bzw. Funktionalitäten für den Patienten freiwillig sein. D.h. der Patient soll – durch Bereitstellung der Karte und Eingabe der PIN – selbst entscheiden, wer seine Daten auf die Karte schreiben und wer sie lesen darf."[22]

---

21 Gematik: „Übergreifendes Sicherheitskonzept der Telematikinfrastruktur V. 2.2.0", S. 39, gematik.de.

22 Weichert, Thilo: „Stellungnahme zur elektronischen Gesundheitskarte anlässlich der öffentlichen Anhörung des Gesundheitsausschusses am 25. Mai 2009, Anträge der Fraktionen FDP und BÜNDNIS 90/DIE GRÜNEN", http://www.bundestag.de/bundestag/ausschuesse/a14/anhoerungen/2009/122/stllg/Weichert.pdf.

Der Patient entscheidet, wer lesen und schreiben darf. Weichert bezeichnet dies als „Ansatz, der eine fast ideale Realisierung der medizinischen und der informationellen *Selbstbestimmung des Patienten* zum Ziel hat."[23] Wesentliches Moment dieser Selbstbestimmung ist auch das Prinzip, dass einem Patienten *eine* Akte entspricht, die alle ihn betreffenden Daten aufnimmt. In dieser Zustellung der Schreib- und Lesekontrolle an die Patienten liegt der fundamentale Unterschied zur vorherigen papierbasierten Medizinverwaltung und überhaupt allen staatlichen Schreibens bis dato. Mit dem durch die elektronische Gesundheitskarte forcierten medialen Wandel soll sich nach dem Willen des Gesetzgebers die Kontrolle über medizinische Daten von der Hoheit bei der Ärzteschaft und den Versicherern hin zu den Patienten verschieben. Bei aller inzwischen erfolgten Kritik, allen Veränderungen und Anpassungen der elektronischen Gesundheitskarte und Gesundheitstelematik ist diese bereits im Gesundheitsmodernisierungsgesetz 2003 festgelegte Konfiguration unangetastet geblieben. Die in der Gesundheitstelematik erhobenen, verarbeiteten und gespeicherten medizinischen Daten werden versicherten-individuell kryptographisch verschlüsselt. Die Schlüsselgewalt liegt nicht bei den Ärzten; deren Aktenschränke für Patientenakten werden gleichsam unnötig. Stattdessen liegen die Akten der Patienten bei Vollausbau der elektronischen Gesundheitskarte auf den Servern der Telematikinfrastruktur und sind dem Arzt nur durch den Versicherten, der diese für ihn entschlüsselt, zugänglich. Bildlich gesprochen, tritt der Patient dem Arzt als eine Akte gegenüber, deren Nutzung er dem Arzt zeitlich und räumlich begrenzt einräumen kann. Ärzte verlieren also einen Teil ihrer Schreib- und Leseprivilegien, auf denen sich ihr Wissen und ihre Macht stützte. Bevor der Arzt einen Menschen in Kategorien von gesund und krank und den damit verbundenen Statuswechsel lesen und anschreiben kann, muss der Patient ihm diese Rechte in seiner elektronischen Gesundheitsakte erst einmal zubilligen. „Datenhoheit beim Bürger" hat die ehemalige Bundesjustizministerien Brigitte Zypries dieses Prinzip genannt.

---

23 Ibid. Hervorhebung im Original C.E.

Die paradoxe Figur, die sich hier auftut, ist die, dass Staatlichkeit, hier vertreten durch ihr approbiertes Personal, zugleich Lesbarkeit erzeugt und sich selbst außerstande setzt, zu lesen. Lesbarkeit wird erzeugt, indem die Bevölkerungsmitglieder auf dem medientechnischen Niveau der Gegenwart als Schreib-Leseinstanzen installiert werden, die über die Dokumentation ihrer Körperlichkeit in bislang unbekannten Ausmaßen mitbestimmen. Das Datenaufkommen, das dabei anfallen kann und wahrscheinlich auch wird, ist ungleich höher, als was mit papierbasierten Systemen über Status und Praxen der Körperlichkeit von Menschen aufschreibbar war und ist. Zugleich gibt aber die Staatlichkeit zumindest in Deutschland den als Schreib-Lese-Instanzen gesetzten Bürgern kryptographische Mittel an die Hand, die es ihnen erlauben, sich gegenüber dem Staat und seinem medizinischem Personal unlesbar zu machen.

Patienten oder Fälle – Wer kontrolliert die Akten?

Seit 2006, und damit seit der ersten Welle von Standardisierungen der Gesundheitstelematik durch die Gematik, haben sich eine Reihe von Akteuren aus dem klinischen Bereich versammelt, um mit erheblichem Engagement und unter Bezugnahme auf die einschlägigen Paragraphen des Sozialgesetzbuch V zu argumentieren, dass allein arztgeführte elektronische Fallakten den medizinischen und epidemiologischen Anforderungen in Deutschland gerecht werden können. Verwiesen wird in diesem Zusammenhang auf den demographischen Wandel und den damit verbundenen Anstieg chronischer Erkrankungen und das höhere Aufkommen von Pflegefällen, was entsprechend mit einer Zunahme an Betreuungs- und Orientierungsleistungen einhergeht, für die die reibungslose Dokumentation und

Datenauswertung unter ärztlicher Kontrolle unerlässlich sei. Da elektronische Patientenakten nach §291a freiwillig sind und somit bei vielen Patienten nicht erwartet werden können, seien Alternativlösungen zur elektronischen Dokumentation- und Kommunikation notwendig.

Der Widerstand der Ärzteschaft gegen die Aufgabe der Datenhoheit über die medizinische Dokumentation findet Ausdruck in einer geringfügigen, aber essentiellen sematischen Verschiebung bei den Implementierungsbemühungen der elektronischen Akten führung. Im Gesundheitsmodernisierungsgesetz ist wörtlich von der „elektronischen Patientenakte"[24] die Rede. In der anlässlich der Ausgabe der elektronischen Gesundheitskarte von der Deutschen Krankenhausgesellschaft im März 2011 herausgegebenen „Übersicht Gesundheitskarte" findet sich dieser Begriff jedoch nicht. Vielmehr ist in dieser offiziellen Broschüre derjenigen ständischen Organisation, die seit der von Philipp Rößler moderierten Einigung zur Gesundheitskarte vom Frühjahr 2010 für die Implementierung der elektronischen Patientenakte zuständig ist, ausschließlich von der „elektronischen Fallakte"[25] die Rede. Die Bedeutung dieser semantischen Operation wird in der Formulierung der Definition der *elektronischen Patientenakte* durch den Arbeitskreis elektronische Patientenakte/elektronische Fallakte deutlich. Es handle sich um eine:

„Fallübergreifende Akte unter der Datenhoheit der Patientin bzw. des Patienten. Die Entscheidung über die konkrete Nutzung (Zweckbestimmung) erfolgt im Einzelfall durch die Patientin bzw. den Patienten, indem diese die Informationen bei Bedarf einer behandelnden Ärztin oder einem behandelnden Arzt zur Verfügung stellen (...) Sinn der pEPA[26] ist, als Quelle für die Speisung der zweckbestimmten Patientenakten in der Verantwortung der Ärztinnen und Ärzte zu dienen"[27].

---

24 Vgl. GMG & SGB V §291a Absatz 3, Abschnitt 4.

25 Deutsche Krankenhaus Gesellschaft: „Übersicht Gesundheitskarte, Version 2011-März".

26 Gemeint ist die elektronische Patientenakte C.E

27 Arbeitskreis EPA/EFA: „Elektronische Akten im Gesundheitswesen. Nutzen, Ausprägungen. Datenschutz", S. 16, www.ztg-nrw.de. Die Deutsche Krankenhausgesellschaft ist Mitglied des Arbeitskreises EPA/EFA.

Mit der „zweckbestimmten Patientenakte" ist die elektronische Fallakte gemeint. Diese arztgeführte Akte wird im Informationsmaterial der DKG als *die eigentliche* Akte präsentiert, während die vom Arbeitskreis in der zitierten Schrift als „§291a-Akte" bezeichnete von Gesetzgeber und der Gematik geforderte elektronische Patientenakte lediglich als Quelle für Informationen dienen soll, deren Relevanz der Arzt beurteilt. Im Gegensatz zur elektronischen Patientenakte erlaube die Fallakte die notwendige fallspezifische Datenreduktion, denn diese enthalte nur die für die aktuelle Behandlung relevanten Daten. Fallakten seien somit „benutzungsfreundlicher"[28] als patientengeführte Akten, welche eine unübersichtliche Vielzahl von Diagnosen enthalten könnten. In diesem Zusammenhang wird von den Befürwortern von Fallakten auf die Vertrauensbeziehung zwischen Arzt und Patient verwiesen. Insbesondere die Möglichkeit der ärztlichen Anleitung und Hilfe beim Umgang mit der viele Patienten überfordernden Technik sei unerlässlich und könne auf Basis von Fallakten besser gewährleistet werden. Der an der Herausgabe der zitierten Broschüre zur Fallakte beteiligte Verein elektronische Fallakte e.V.,[29] dem neben der Charité und dem Klinikum der RWTH maßgebliche deutsche Klinikbetreiber wie die Helios-Gruppe, Asklepios Kliniken, Röhn-AG und Sana angehören, verlinkt auf seiner Website ein Dokument des Fraunhofer-Instituts für Software- und Systemtechnik von 2007, in dem die Interessenlage klar zum Ausdruck kommt:

> „Nicht zuletzt ist die elektronische Fallakte aber auch eine *Initiative des stationären Sektors*, die zum Ziel hat (...) sich mit den eigenen Anforderungen in Bezug auf Patientenakten und Sicherheitsmechanismen gegenüber der Industrie und der Gematik zu positionieren, und schlussendlich Innovationen voranzubringen, die im Interesse aller Krankenhäuser liegen."[30]

---

28 Vereinsvorstand Verein elektronische FallAkte e.V.: „Die elektronische FallAkte Ein Standard für die sektorübergreifende Arzt-Arzt-Kommunikation", S. 6, fallakte.de.

29 www.fallakte.de

30 Neuhaus, Jan: „Die elektronische Fallakte Eine Definition und Abgrenzung aus fachlicher Sicht". Hervorhebung im Original C.E.

Im selben Dokument wird die Abgrenzung zur elektronischen Patientenakte deutlich über den Konflikt um die Archivhoheit medizinischer Daten zwischen Ärzten und Patienten formuliert, denn im Gegensatz zur elektronischen Patientenakte haben hier Mediziner die Datenhoheit:

> „Die elektronische Fallakte ist keine Patientenakte (ePA), die beliebige Gesundheitsinformationen eines Patienten zusammenfasst. Sie ist immer an eine Behandlung gebunden, erlaubt aber dadurch die *Kontrolle der Inhalte* durch die beteiligten Ärzte."[31]

Zugleich muss der Autor zugestehen:

> „Auf der technischen Ebene unterscheiden sich aber die für die elektronische Fallakte verwendeten Mechanismen kaum von denen für eine elektronische Patientenakte."[32]

Während in der elektronischen Patientenakte nach §291a die Schreib- und Leserechte der Ärzte durch den Versicherten autorisiert werden müssen, bedeutet „die Kontrolle der Inhalte durch die Ärzte" bei der Fallakte mindestens die zeitweise Restitution dieses Privilegs. Dem via §291a als potenziell als Aktenakteur ermächtigten Patienten kann der Arzt mit Fallakten als Autoritätsinstrument entgegentreten und unter Verweis auf medizinische Notwendigkeiten der strukturierten Dokumentation sich die Autorisierung der Verwaltung der Daten delegieren lassen. Während die elektronische Fallakte nach §219a den Patienten als Träger seiner Akten setzt, wird mit den Fallakten der Patient ein Fall, dessen Akten der Arzt trägt. Entsprechende Passagen finden sich in allen Informationsmaterialien zur Fallakte. So heißt es in der Kurzdarstellung „elektronische Fallakte – eine Initiative des stationären Sektors":

> „Die eFA ist innerhalb des *Falls* arztgeführt – die behandelnden Ärzte sind für die Inhalte und ihre Vollständigkeit verantwortlich."[33]

---

31 Ebd., S. 7. Hervorhebung von mir C.E

32 Neuhaus: „Die elektronische Fallakte. Eine Definition und Abgrenzung aus fachlicher Sicht".

33 Caumanns, Jörg: „Elektronische Fallakte. Eine Initiative des stationären Sektors", S. 1, fallakte.de.

Ebenso die 2011 erschienene Informationsbroschüre „Elektronische Akten im Gesundheitswesen", welche die unterschiedlichen Typen elektronischer Dokumentationsysteme in der Medizin auflistet und Fallakten definiert als:

> „Die zur Kommunikation bei einer gemeinsamen Behandlung von den Behandelnden als relevant eingestuften Daten und Dokumente über alle Gesundheitsversorgungseinrichtungen hinweg, ärztlich geführt und moderiert."[34]

Ein Patient kann im Gegensatz zur elektronischen Gesundheitsakte mehrere Fallakten haben; ist eine elektronische Patientenakte vorhanden, so wird aus dieser ein Auszug zur Fallakte erstellt. Mit dem Übertrag geht eine Asymmetrisierung zugunsten der Mediziner einher, denn anders als einen Patienten „führt und moderiert" einen Fall der Arzt. Die mit Akten moderierten Sag- und Sichtbarkeiten medizinischen und behandlungstechnischen Wissens sollen also mittels einer an den epistemologischen Rahmenbedingungen und den Allokationstrukturen des Gesundheitswesens in Deutschland orientierten Form der Aktenführung unter Kontrolle der Ärzteschaft verbleiben. Dazu gehört auch der Verbleib der medizinischen Daten in den Speichersystemen der Kliniken und Ärzten. Bislang ist noch nicht festgelegt, von wem und wo die medizinischen Daten elektronischer Gesundheitsakten in der gesundheitstelematischen Infrastruktur gespeichert werden. Von Seiten der Krankenversicherungen, von Teilen der Softwareanbieter, vor allem aber von der Gematik wurde bis zur ihrer Umstrukturierung 2010 eine semi-zentrale Speicherung favorisiert. Ärzte und Klinikbetreiber dagegen plädierten für einen Verbleib medizinischer Daten in ihren Systemen:

---

34 Arbeitskreis EPA/EFA: „Elektronische Akten im Gesundheitswesen. Nutzen, Ausprägungen. Datenschutz", S. 16. Hier fällt besonders ins Auge, dass für alle aufgelisteten Formate elektronischer Akten im medizinischen Bereich in der Spalte „Internationale Bezeichung" ein entsprechender Eintrag zu finden ist, bei der EFA allerdings „Keine Entsprechung" eingetragen ist. Vgl. ebd.

„Über die Verteilung der Daten auf die einzelnen Dienste, bzw. das Belassen der Daten in den Primärsystemen, wird eine dezentrale Akte aufgebaut. Falls sich dieser, den Interessen der Krankenhäuser entsprechende, Ansatz auch in der Gematik durchsetzt, können die gleichen technischen Komponenten genutzt werden, um auch eine dezentrale Patientenakte zu realisieren. (...) In diesem Sinne ist die elektronische Fallakte in ihrer Funktion eine notwendige Ergänzung zu den unterschiedlichen Patientenakten. In ihrer technischen Realisierung ist sie geeignet, sowohl den Anbietern von elektronischen Patientenakten einen neuen Markt zu öffnen, als auch den Krankenhäusern die Chance zu bieten, sich auf eine kommende elektronische Patientenakte nach §291a vorzubereiten."[35]

Die Fallakte ist somit auch ein Instrument, dem möglichen Verlust der Speicherhoheit medizinischer Daten an die Versicherungen oder an Software- und Internetanbieter entgegenzutreten. Auch wenn das Auslesen der Daten unter der Kontrolle der Versicherten liegt, bedeutet die Kontrolle der Speichersysteme und Speicherorte die Möglichkeit der Monetarisierung anfallender Transaktionen bzw. des Aufbaus eigener Dienstleistungen und Produkte, die ohne Speicherhoheit weniger oder nicht rentabel wären. Schließlich bedeutet solche Kontrolle der Speicherorte und -zugriffe auch den Erhalt dessen, was Max Weber als einen wesentlichen Bestandteil von Bürokratie und deren Herrschaft durch Wissen begriff und als Dienstwissen bezeichnete: „die durch den Dienstverkehr erworbenen oder aktenkundigen Tatsachenkenntnisse"[36].

---

35 Ibid.

36 Weber, Max: Wirtschaft und Gesellschaft Grundriß der verstehenden Soziologie, 5. rev. Aufl., Tübingen: Mohr 2002, S. 129.

Ausblick: Medizin jenseits des Papiers

Inzwischen hat sich die lobbyistische Anstrengung der Ärzteschaft und der Kliniken ausgezahlt und der „stationäre Sektor" hat nicht nur seine Position gegenüber der Gematik gestärkt, sondern er ist durch die Deutsche Krankenhausgesellschaft, wie oben beschrieben, offiziell für die Konzeption der elektronischen Patientenakte eingesetzt worden. Jedoch ist ungeachtet der Rechtslage und der möglicherweise anfallenden Kosten durch Mehrfachimplementierungen in den bislang seitens der DKG veröffentlichten Dokumenten konsequent von der elektronischen Fallakte die Rede. Ebenso konsequent wird die Notwendigkeit der arztgeführten Akte versus einer patientengeführten Akte betont. Die elektronische Fallakte wird dabei als „Mehrwertanwendung"[37] der Gesundheitstelematik bezeichnet. Da sie nicht vom §291a gefordert ist, zugleich aber die dort vom Gesetzgeber als elektronische Patientenakte erwarteten Funktionalitäten nach geltender Rechtslage implementiert werden müssen, ist zu erwarten, dass Fallakten technisch und organisatorisch auf elektronischen Patientenakten aufsetzen. Die damit verbundenen Kosten sollen monetarisiert und an die Versicherer oder die Patienten weitergegeben werden. Mindestens für letztere soll der Mehrwert dann in schnellerer und qualitativ besserer medizinischer Versorgung liegen.

Die konkrete Ausgestaltung und Anwendungsszenarien der durch §291a geforderten elektronischen Patientenakte bleiben vorerst unklar, und es wird sich zeigen müssen, ob sich in Deutschland eine Patienten- oder Ärztezentrierung bei den digitalen Dokumentationssystemen durchsetzt. Während hierzulande derzeit die ständischen Vertretungen der Ärzteschaft sowie die Klinikbetreiber durch die DKG versuchen, ihr Fallaktenkonzept und damit eine Ärztezentrierung zu etablieren, sehen bislang medizinfremde Anbieter im Gesundheitsmarkt neue Wachstumschancen. Allein in Deutsch-

---

37 Ibid., vgl. auch FallAkte e.V.: „Elektronische Fallakte Newsletter", fallakte.de.

land entfallen etwa 300 Milliarden Euro jährlich auf das Gesundheitswesen, der Großteil dieses Geldes wird von Kliniken, Ärzten, Apotheker und Pharmaunternehmen umgesetzt. Sowohl Softwareanbieter
wie Microsoft, zeitweise auch Google als auch Hardwarefirmen wie
Intel,[38] Philips[39] und EDV-Riesen wie IBM möchten an diesen Um-
sätzen teilhaben und bieten Schnittstellen und komplette Dienste
zur Führung elektronischer Patientenakten an. Die Produkte von Microsoft und Google, respektive Microsoft Healthvault[40] und Google-
Health[41] positionieren sich dabei klar patientenorientiert und setzen
das Individuum in die Kontrolle über dessen medizinischen Daten. In
den USA konnte zumindest Microsoft inzwischen die Mayo Kliniken
und mit Kaiser Permanente einen der größten Krankenversicherungen als Kooperationspartner für Healthvault gewinnen. In Deutschland bleiben Microsoft und Google bislang im Hintergrund, dennoch
wird sich zeigen müssen, welche Veränderungen und marktverschie-
benden Wirkungen von konsumentenorientierten elektronischen Akten im medizinischen Bereich ausgehen werden. Besonders die US-
amerikanischen Anbieter orientieren ihre Produktpolitik am dortigen
Gesundheitswesen, das von einer vergleichsweise geringeren staatlichen Regulation und höheren Fragmentierung von Prozeduren und
Standards gekennzeichnet ist, eine andere Datenschutzkultur auf-
weist und weitgehend marktwirtschaftlich organisiert ist und da es
vor dem Hintergrund des medizinischen Haftungsrechts stärker den
Konsumenten in den Mittelpunkt stellt. In diesen Märkten erfolgreiche Fitness-[42] als auch Medizingadgets könnten ebenso wie konsu-

---

38 „GE, Intel to Form New Healthcare Joint Venture", http://www.intel.com/pressroom/archi-
ve/releases/2010/20100802corp_sm.htm#story (zugegriffen am 23.1.2012).

39 Abboud, Leia: „Phillip's Medical Malady", *Wall Street Journal* (2007), S. A7.

40 http://www.microsoft.com/de-de/healthvault/default.aspx

41 www.google.com/health 2011 nach etwa zweijähriger Laufzeit vorerst wieder eingestellt.

42 Zu nennen sind hier u.a. Fitbit: www:fitbit.com, Addidas miCoach: www.miCoach.com, Nike
und Apple mit dem Produkt Nike+: nikeplus.com, siehe auch die auf den Websites partici-
patorymedicine.com und quantifiedself.com aufgeführten Produkte und Dienstleistungen.

mentenorientierte elektronische Patientenakten bei Einbindung in die Authentifikationsinfrastruktur der Gesundheitstelematik mit den elektronischen Patientenakten des deutschen Systems integriert werden. Herstellerunabhängigkeit und Vielfalt des elektronischen Aktensystems ist erklärtes Ziel sowohl der Bundesregierung als auch der Gematik. Die Integration wird somit zu einer Frage der Schnittstellen zur Gesundheitstelematik, welche große Anbieter auf Grundlage von deren offen liegenden Spezifikationen für ihre jeweiligen Produkte problemlos bereit stellen könnten. In der Musik und Filmindustrie haben sich durch Hersteller wie Apple fundamentale Marktverschiebungen ereignet. Die Klinik und die Praxis als Orte, an denen Mediziner Ereignisse registrieren[43] und zu pathologischen Fakten machen, verliert durch solche neuen Aufschreibesysteme an Bedeutung. Es ist nicht unwahrscheinlich, dass die traditionellen Akteure medizinischer Serviceleistungen und Medienarbeit, Ärzte, Krankenhäuser, Psychotherapeuten und Apotheker aber auch Versicherungen, deren Handlungspraxen und Machtpositionen am Papier sich entwickelt und etabliert haben, von Computer- oder Softwarefirmen ernsthafte Konkurrenz bekommen. Zumal letztere in der Entwicklung der Interfaces und Schnittstellen mehr Erfahrungen, Marktmacht und Integrationspotenzial mit anderen Produkten mitbringen. Vor diesem Hintergrund ist es fraglich, ob die Ärzteschaft und die DKG mit ihrem Versuch, über elektronische Fallakten die ihnen vom Gesetzgeber entzogenen Schreibprivilegien und Archivmacht zu rekonstituieren und gegenüber Patienten und Versicherungen zu sichern, nicht angesichts der Dynamik des Medienwandels und der Markt- und Innovationsmacht der neuen Akteure schnell von den Entwicklungen eingeholt werden. Schließlich stellt sich dieser Versuch weder den Möglichkeiten der Neuaushandlung der Arzt-Patienten-Beziehung über die Neuvertei-

---

43 Foucault, Michel: Die Geburt der Klinik Eine Archäologie des ärztlichen Blicks, München: Hanser 1973, S. 111ff.

lung medizinischer Schreibakte, wie in den USA beobachtbar,[44] noch den epistemischen Herausforderungen einer sich über neue Medien wandelnden und individualisierenden Medizin.[45]

Literatur

Abboud, Leia: „Phillip's Medical Malady", *Wall Street Journal* (2007), S. A7.

Arbeitskreis EPA/EFA: „Elektronische Akten im Gesundheitswesen. Nutzen, Ausprägungen. Datenschutz", www.ztg-nrw.de.

Borchers, Detlef: „Diskussion über elektronische Gesundheitskarte", http://www.heise.de/newsticker/meldung/Diskussion-ueber-elektronische-Gesundheitskarte-1466343.html (zugegriffen am 9.3.2012).

---: „Gesunder Datenschutz bei der Gesundheitskarte fraglich [Update]", http://www.heise.de/newsticker/meldung/Gesunder-Datenschutz-bei-der-Gesundheitskarte-fraglich-Update-101596. html (zugegriffen am 23.3.2012).

Bundesregierung: „Gesetz zur Modernisierung der gesetzlichen Krankenversicherung", http://www.bmgs.bund.de/downloads/GKV_Modernisierungsgesetz.pdf.

Caumanns, Jörg: „Elektronische Fallakte Eine Initiative des stationären Sektors", fallakte.de.

---

44 Swan, Melanie: „Emerging Patient-Driven Health Care Models: An Examination of Health Social Networks, Consumer Personalized Medicine and Quantified Self-Tracking", International Journal of Environmental Research and Public Health 6 (2009), S. 492–525.

45 Topol, Eric: The Creative Destruction of Medicine. How the digital Revolution will create better healthcare 2011.

Derrida, Jacques: Paper Maschine, Stanford: Stanford University Press 2005.

---: „Signatur, Ereignis, Kontext", Randgänge der Philosophie, Wien: Passagen Verlag 1988, S. 291–314.

Deutsche Krankenhaus Gesellschaft: „Übersicht Gesundheitskarte, Version 2011-März".

Engemann, Christoph: „Im Namen des Staates: Der elektronische Personalausweis und die Medien der Regierungskunst", Zeitschrift für Medien- und Kulturforschung 2 (2011), S. 211–228.

---: „Write Me Down Make Me Real. Zur Gouvernemedialität der digitalen Identität", in: Passoth, Jan-Hendrik und Wehner, Josef (Hrsg.): Quoten, Kurven und Profile – Zur Vermessung der Gesellschaft, Wiesbaden: VS Verlag für Sozialwissenschaften 2012.

FallAkte e.V.: „Elektronische Fallakte Newsletter", fallakte.de.

Foucault, Michel: Die Geburt der Klinik Eine Archäologie des ärztlichen Blicks, München: Hanser 1973.

Gematik: „Gesamtarchitektur Version 1.3.0", http://www.gematik. de/(S(3ozkwo45visgue45lgt4z545))/Detailseite___Architektur___ Gesamtarchitektur.Gematik (zugegriffen am 8.2.2009).

---: „Übergreifendes Sicherheitskonzept der Telematikinfrastruktur V. 2.2.0", gematik.de.

Hornung, Gerrit: Die digitale Identität, Nomos 2005.

Kittler, Friedrich A.: Aufschreibesysteme 1800/1900, Vierte vollständig überarbeitete Aufl., München: Wilhelm Fink Verlag 2003.

Müller, Lothar: Weisse Magie. Die Epoche des Papiers, München: Carl Hanser Verlag 2012.

Neuhaus, Jan: „Die elektronische Fallakte Eine Definition und Abgrenzung aus fachlicher Sicht".

Swan, Melanie: „Emerging Patient-Driven Health Care Models: An Examination of Health Social Networks, Consumer Personalized Medicine and Quantified Self-Tracking", International Journal of Environmental Research and Public Health 6 (2009), S. 492–525.

Topol, Eric: The Creative Destruction of Medicine. How the digital Revolution will create better healthcare 2011.

Vereinsvorstand Verein elektronische FallAkte e.V.: „Die elektronische FallAkte Ein Standard für die sektorübergreifende Arzt-Arzt-Kommunikation", fallakte.de.

Vismann, Cornelia: Akten - Medientechnik und Recht, Frankfurt am Main: Fischer Verlag 2000.

Weber, Max: Wirtschaft und Gesellschaft Grundriß der verstehenden Soziologie, 5. rev. Aufl., Tübingen: Mohr 2002.

Weichert, Thilo: „Stellungnahme zur elektronischen Gesundheitskarte anlässlich der öffentlichen Anhörung des Gesundheitsausschusses am 25. Mai 2009, Anträge der Fraktionen FDP und BÜNDNIS 90/DIE GRÜNEN", http://www.bundestag.de/bundestag/ausschuesse/a14/anhoerungen/2009/122/stllg/Weichert.pdf.

„GE, Intel to Form New Healthcare Joint Venture", http://www.intel.com/pressroom/archive/releases/2010/20100802corp_sm.htm#story (zugegriffen am 23.1.2012).

Teil III
Die Dynamik der Qualität und ihre Treiber

Die Qualität der Dynamik und ihre Treiber

Christoph Koch

Die abschließenden Schreibarbeiten zu diesem Band fielen in den September 2012 – in eine kurze Atempause vor dem Fortgang der Verhandlungen über die Anpassung der Honorare und Leistungsvolumina der niedergelassenen Ärzte. Das Verhandlungsklima war angespannt, Funktionäre der Arztseite waren mit einer Forderung nach 11 Prozent mehr Geld angetreten, Drohungen mit Praxisschließungen und weiteren öffentlichkeitswirksamen Druckmitteln erschienen als womöglich nur vorübergehend ausgesetzt. Die Diskussion über die Verwendung des für die breite Öffentlichkeit unverhofft aufgetretenen Milliarden-Überschusses der Gesetzlichen Krankenversicherung war rege und breit.

Der „Spiegel" hatte in seiner Ausgabe Nr. 37 vom 10. September[1] einen Report veröffentlicht: „Was Ärzte wirklich verdienen". Nun, zwei Wochen später, am 24. September, druckte das Nachrichtenmagazin einen Leserbrief[2] dazu ab. Knappe Absenderangabe: „N.P., Hamburg". In der Zeitschrift ist der Name der Ärztin (der Beruf ist indes nicht angegeben) freilich ausgeschrieben, doch es geht uns hier nicht darum, persönlich zu werden. Das globale Datennetz, das wir gleich in diesem Kontext betreten werden, sorgt nämlich bereits automatisch für universelle Indiskretion. Der knappe Text des Leserbriefes, vier Sätze, lautet so:

---

1   DER SPIEGEL, 37/2012, S. 88
2   DER SPIEGEL, 39/2012, S. 13.

„Ein niedergelassener Arzt arbeitet im Durchschnitt 56 Wochenstunden. Hat er Urlaub, ist er krank, bildet er sich fort oder erledigt er administrative Aufgaben, verdient er in diesen Zeiten nichts. Die monatlichen Kosten einer Arztpraxis – Miete, Gerätewartungen, Verbrauchsmaterial, Mitarbeiter – liegen bei vielen Ärzten deutlich über 10 000 Euro. Das will erst mal erwirtschaftet sein."

Die empirischen Feststellungen des Briefes mögen ausnahmslos zutreffen. Selbst eine einseitige Parteinahme, falls man es so betrachten möchte, muss nicht inhärent falsch sein. Der zeitgemäß ausgerüstete und Suchmaschinen-kompetente Leser allerdings sieht heute längst nicht mehr allein das, was ein Redakteur für ihn ausgewählt und spaltensatzgerecht eingekürzt hat. Er hört daher, wenn N. P. medial vermittelt zu ihm spricht, nicht mehr allein die Stimme N.P's: Schon die nackten Tatsachen der omnipräsenten Ärzteverzeichnisse für Web und Mobilgeräte nämlich genügen bereits, um die gesamte Tonalität vollkommen zu verstimmen, wenn man den Leserbrief nach dem „Googeln" noch einmal liest. Der User entdeckt dort in Sekundenfrist, dass N. P. Anästhesiologin ist und in Praxisgemeinschaft mit ihrem Mann A. P. arbeitet. Dessen Ordination firmiert als „Praxis für Ganzheitsmedizin". Nachdem Adressen und Telefonnummern bekannt gemacht sind, informiert die Homepage ihre Besucher:

„Über die Leistungen der gesetzlichen Krankenkassen hinaus bieten wir Ihnen auch bewährte Methoden der Naturheilverfahren/ Komplementärmedizin, die privat vergütet werden."

Bei der Leserbriefschreiberin selbst erhalten die Angehörigen einschlägiger Zielgruppen auf Wunsch unter anderem Osteopathie und Umweltmedizin. Nichts davon ist anrüchig, womöglich sind die offerierten Verfahren jenseits des GKV-Leistungskataloges validiert, der Markt fragt sie nach und sie erbringen, je nach Beurteilung der Datenlage, Nutzen. Das kann der Leser für den Einzelfall aus der Ferne nicht diagnostizieren. Und doch: Es ist der Kontext, der sich beim Lesen der allgemein auffindbaren Zusatz-Quellen verändert, neu ordnet und nun Nachfragen aufruft wie etwa: Bedeutet dieses „privat vergütet" nun „innerhalb der 56 Wochenstunden" oder „außerhalb der 56 Wochenstunden"?Und selbst die Postanschrift enthält bereits hilfreiche Informationen, die in der Absenderzeile des „Spiegel" fehlen, dem Google-Sucher aber nach einer Hundertstelsekunde zur Verfügung stehen: Die Praxisgemeinschaft von N.P. und A. P. hat ihren Sitz am Erik-Blumenfeld-Platz 21 in 22587 Hamburg.

Der Erik-Blumenfeld-Platz ist der Bahnhofsplatz von Hamburg-Blankenese. In Blankenese liegen einige der besten Wohnlagen der Stadt mit dem höchsten Durchschnittseinkommen Deutschlands. Der Privatpatienten- und Selbstzahler-Anteil ist hoch. Praxismieten und Betriebskosten sind es auch. Wer möchte, weiß ebenfalls – aus publizierten Daten der Kassenärztlichen Vereinigung Hamburg (KVH) – wie der medizinische Versorgungsstand in der Hansestadt aussieht. Er betrug bei den Anästhesisten wie Frau P. zuletzt 114,2 Prozent. Bei den „Rekordhaltern", den Hamburger fachärztlichen Internisten waren es 161,3 Prozent. Die P. sind keine Internisten, doch das Indiz möglicherweise sehr ausgeprägter Überversorgung steht in der Tabelle der KVH[3] drei Zeilen tiefer, es springt dem Suchenden ins Auge, egal ob er will oder nicht.

Und wir haben noch immer kein Wort darüber gesagt, ob N. P. Recht hat. Es waren dies alles doch nichts als Fakten! Der surfende Patient kann sich mithilfe des omnipräsenten Datennetzes ein umfassenderes Bild verschaffen als jemals zuvor. Das ist ein Gemeinplatz. Es mag dieses Bild oft genug ein Zerrbild sein. Auch das ist ein Gemeinplatz. Er mag trösten, doch er hilft nicht weiter, wenn die Kommunikationsfalle die Leserbriefschreiberin schnappt.

Willkommen im 21. Jahrhundert. Willkommen in der globalen Kommunikationsrevolution: Die Arztpraxen scheinen noch überwiegend dort zu stehen, wo sie vor der Geburt des World Wide Web für jedermann auch schon standen. Doch dieser Eindruck täuscht. Sie stehen längst gespiegelt im Cyberspace, versponnen in Links und Konnotationen. Wer das nicht begreift, verstrickt sich leicht in diesem Netz – und bemerkt es oftmals erst, wenn es zu spät ist. Die an der Netzgemeinde furios gescheiterte PR-Offensive der Ex-Präsiden-

---

3 http://www.kvhh.net/media/public/db/media/1/2010/02/190/pressemappe_27.01.2009.pdf

ten-Gattin Bettina Wulff ist der jüngste und sicher einer der prägnantesten Belege dafür, dass sich die Kommunikationsverhältnisse und ihre Machtverteilung revolutionär verändern. Wulff konnte das Podium der zentralisierten TV-Medien mit seinem schweigenden Millionenpublikum nicht mehr besteigen, weil bis dato ganze 800 Amazon-Rezensenten einen „Shitstorm" entfesselt hatten. Es wurden ständig mehr, auch wenn es objektiv wenige waren in einem Publikum von mehr als 80 Millionen. Das machte Wulffs geplanten Auftritten bei „Maischberger" und „3nach9" im Vorhinein den Garaus. Dies beschreibt den Zustand von Öffentlichkeit im Jahre 2012. Und Medizin steht mitten im Licht dieser veränderten Welt. Nicht nur im kleinen Kosmos der Alltagsprobleme von ökonomischen Bedrückungen gebeutelter Mediziner in reichen Städten – sondern überall.

Informationsrevolution und Globalisierung: diese Schlagworte bilden die gängigen Kategorien, in die sich unsere Zeit einordnen lassen soll; beide Phänomene allerdings zeichnen sich gerade dadurch aus, dass sie nicht wohlgeordnet sind, dass sie herausfordern und verwirren, die Dinge unwägbarer und die Verhältnisse unschärfer erscheinen lassen. Unser kleines Beispiel zeigt: Auf die klassische kommunikative Hegemonie gehobener Stände wird künftig ebenso wenig Verlass sein wie auf die Dominanz klassischer Kommunikationskanäle. Die Netz-Recherche zum Beispiel dauerte nicht einmal zehn Minuten, und sie war weit davon entfernt, in das weitaus elaboriertere Gebiet des Datenjournalismus vorzustoßen, der eine ungleich größere Recherchetiefe erlaubt. Wer es nicht glaubt, wird noch viele Wunder erleben.

Eine Lehre aus dem globalen und medialen Wandel, der von einer immensen technologischen Dynamik befeuert werden, erläutert zum Auftakt des dritten Blockes unseres Bandes der Wiener Universitäts-Professor Heinrich Klech, Arzt, CEO und Gründer der Vienna School of Clinical Research. Er argumentiert für die Notwendigkeit lebenslangen und kontinuierlichen Lernens und umreißt dabei die Qualitätsanforderungen an medizinische Fortbildung generell und an die speziellen Aspekte des E-Learnings speziell. Unter der Prämisse, dass Qualität stringent gesichert wird und eventuelle Zweifel an der Unabhängigkeit der Fern- und Nah-Fortbildung (etwa und gerade durch Pharma-Sponsoring) durch stringente policies ausgeräumt werden können, legt Klech ein Konzept vor, das geeignet erscheint, den „Qualitätsfresser Wissenslücke" in der digitalen Zukunft wirksam zu bändigen.

Noch „technischer", jedoch nicht, ohne die „Mensch-Maschine-Schnittstelle" ebenfalls als den entscheidenden Knack- und Synergiepunkt schlechthin im Blick zu behalten, stellen uns Jasper zu Putlitz, Karen Gilberg, Ralf von Baer und Aldona Maria Pigozzo von Robert Bosch Healthcare anschließend den aktuellen Stand der telemedizinischen Technologie am Beispiel ihres Unternehmens und ihren Ausblick für die Zukunft vor. Entsprechend einem Kerngedanken des Bandes, der kontinuierlichen Dynamik von qualitativen Wandelprozessen, die bereits lange bestehende Bedarfe und Bedürfnisse auf neuen Technologiestufen wieder aufnimmt und variiert, beobachten die Autoren auch in diesem auf Vernetzung und drahtlose digitale Kommunikation aufsetzenden Lösungs-Feld eine Fundierung durch Bewährtes:

Telemedizin ist keine Erfindung des Web-2.0-Zeitalters. Medizinische Versorgung über Distanz unter Nutzung von Telekommunikations-Mitteln gab es bereits Anfang des 20. Jahrhunderts. Sie begann in dem Moment, als Ärzte sich telefonisch an Kollegen wandten, um ihren Therapieansatz zu besprechen und sich zu beraten. Eindrucksvolles Beispiel sind die Royal Flying Doctors in Australien, die tägliche Radiosprechstunden abhielten, um die Menschen in den Outbacks medizinisch zu versorgen. Der Nutzen dieser frühen Form von Telemedizin war leicht nachvollziehbar.

Wird es auch der Nutzen neuer Formen der Technologie sein? Die Forschung zum Thema und die Erprobung in Feldversuchen ist intensiv, und die Ausblicke stimmen optimistisch, da Telemedizin unter anderem in der Lage ist, effizienzhemmende Nebenprozesse der Medizin zu rationalisieren: Ein Landarzt, der gerade 20 Kilometer im Auto zubringt, um Routinewerte eines chronischen Patienten zu messen, ist ein Produktivitätsausfall. Ein chronisch Kranker, der regelmäßig lange Wege zurücklegen muss, um ebensolche Therapiekontrollen zu absolvieren, hat entsprechend hohe Opportunitätskosten und Einschränkungen der Lebensqualität zu tragen. Und schließlich, hier wird der Faden von Klech wieder aufgenommen, bildet der Synergieeffekt, den digitale Konsilien und fachärztliche Arbeitsteilung auf digitalen Kanälen erlauben, auch einen wesentlichen Ausgleich der Ungleichverteilung medizinischen Wissens, wie sie sich wegen der hohen Spezialisierungs-Differenzierung einer komplexen Heilkunde zwingend ergibt.

Wer den Aufbau des Bandes betrachtet, erkennt nun, dass wir im zweiten wie auch in diesem dritten Block jeweils eine prononcierte Business-Perspektive zu Wort kommen lassen. Im zweiten Hauptteil nämlich eröffneten uns Oliver Rong und Irena Schwarzer Werkstatt-Einblicke in das Management optimierter Verweildauern im Krankenhaus, hier leisten zu Putlitz et al. dies am Beispiel der Telemedizin. Dieser Symmetrie entsprechend, gibt es im dritten Block ebenfalls eine Wiederaufnahme des US-Blickwinkels, den zuvor Toby Gordon mit Diskussion zur Versorgungsqualität in den USA eingenommen hat. Im Folgenden wird die Ärztin und Gesundheitssystemforscherin Heidrun Sturm, vormals Geschäftsführerin des Comprehensive Cancer Centers in Tübingen und nun bei Rebmann Research tätig, den Kultur- und Systemvergleich zwischen den USA und Deutschland in Angriff nehmen. Sturm diagnostiziert und erläutert dabei wesentliche Unterschiede, etwa im Bereich und in der Wirkung der Evidenzbasierten Medizin, der Versorgungsforschung oder auch in der Implementierung von Leitlinien und Behandlungspfaden. Ebenso lapidar wie treffend führt Sturm zur Schlussfolgerung:

In den Ländern, in denen dies ein Teil der Alltagskultur geworden ist, kann man sich inzwischen neuen Inhalten zuwenden und muss nicht die Energie damit vergeuden, eine vermeintliche Kochbuchmedizin abzuwehren.

Damit ist die Effizienz des deutschen Fortschritts-Diskurses in Frage gestellt, und man muss fürchten: Zu Recht. Wie zu Beginn ausgeführt, verschleißt sich die Debatte derzeit von neuem in den hergebrachten fruchtlosen Verteilungskämpfen und den alten Stereotypen, mit „Wutbürgern in Weiß" auf der einen und vermeintlich „seelenlosen Technokraten" auf der anderen Seite. Es ist diese Selbstblockade in rhetorischem Moralismus und sinnentleerten Empörungsfiguren, die es schwer macht, über Dynamik auch dynamisch zu sprechen. Und es scheint, als sei der Tellerrand, den zu überblicken in Zeiten der Globalisierung und Digitalisierung so entscheidend ist, für viele intrasystemische Akteure in Deutschland noch immer wesentlich zu hoch.

Aus diesem Grund schließen wir unseren Beitragsteil, bevor Ralph Kray zum Nachwort anhebt, indem wir ausführlich einen Mann zu Wort kommen lassen, für den der Blick über Tellerränder in Forschung und Praxis und eine weltgewandte Perspektive niemals fremd waren: Detlev Ganten, heute Präsident des World Health Summit, spricht sozusagen das voreilende Schlusswort. Er orientiert uns darauf, dass es für Medizin in der einen Welt, in der wir heute leben, mehr zu tun gibt, als Abrechnungsziffern und Punktwerte festzulegen:

Wir können über Wissenschaft, über Kultur und auch über gesellschaftliche Auseinandersetzung vorankommen und tatsächlich ein besseres Leben schaffen! Aus dieser „Pflicht zum Optimismus", wie Karl Popper es am Ende seines Lebens nannte, kann man sich herausreden.

Und Ganten sagt: Man darf es nicht.

Wer professionalisiert die ‚Professionals'?

Life Long Learning: Qualitätsaspekte der postgraduelllen Aus- und Fortbildung in der Medizin

Heinrich Klech

"If you think that education is expensive, you should consider ignorance."

[Socrates (469 BC – 399 BC)]

Kaum eine andere Wissenschaft als die Medizin verzeichnet derzeit einen derart großen Wissenzuwachs sowohl in der Diagnostik als auch in der Therapie von Krankheiten. Einerseits sind es die Erkenntnisse moderner molekular-biologischer Untersuchungsmethoden und damit das gesamte neue Universum des menschlichen Genoms, welches neue Möglichkeiten eröffnet hat, die komplexen pathophysiologischen Zusammenhänge von Krankheiten besser zu erfassen. Andererseits führt die mehrheitlich erfolgte Akzeptanz des Konzeptes der evidenzbasierten Medizin (EBM) zwangsläufig zu periodischen und gezielten Überprüfungen der objetiven Faktenlage und ist damit ein zusätzlicher Akzelerationsfaktor des Wissenszuwaches und beschleunigt damit auch die Transformation bereits etablierter Konzepte.

Das stellt große Herausforderungen an alle im Gesundheitsbereich agierenden *Stakeholder*. Neben den institutionellen Gesundheitseinrichtungen wie Krankenhäuser und deren Management, Krankenversicherungen, Industrie und viele andere, sind es vor allem die Ärzte, welche an vorderster Front den Wissenszuwachs zu bewältigen und umzusetzen haben.

Universitäre Grundausbildung

Die universitäre Grundausbildung der Mediziner oder anderer Biowissenschaftler in Europa liegt meist in autonomer Verantwortung der Universitäten, orientiert sich aber im Wesentlichen entweder an national vereinbarten Curricula und zunehmend im Abgleich mit anderen europäischen Universitäten. Der sogenannte europäische „Bologna"-Prozess (1) zielt hier auf eine enge Vergleichbarkeit der Curricula innerhalb der europäischen Universitäten ab und ermöglicht dadurch eine bessere Flexibilität und Mobilität der Studenten, welche nun – weil gegenseitige Anerkennung – einzelne Semester an verschiedenen Universitäten absolvieren können. Hierzu wurden europäische Bewertungsparameter neu eingeführt, welche die Lern- und Lehrleistung quantifizieren sollen, nämlich das European Credit Transfer System (ECTS) (2). Darüber hinaus wird das Konzept und die Notwendigkeit des *Life Long Learning* propagiert. (3)

Qualitätskonzepte und Qualitätsmanagement der medizinischen Grundausbildung sind in der Verantwortung der jeweiligen Universität. Internationale Regelwerke wie ENQA setzen Standards in Europa, sind aber nicht bindend. (4) Tatsächlich ist der Standard der auszubildenden Universität sehr stark abhängig von nationalen Zugangsbestimmungen sowie der jeweiligen meist öffentlichen Finanzierung. Hier gibt es europaweit große Unterschiede. Die oftmals zitierten internationalen Universitätsrankings orientieren sich in erster Linie am wissenschaftlichen Output (Anzahl und *Impact Factor* von

Publikationen) sowie an späteren wissenschaftlichen Auszeichnungen (z. B. Nobelpreis oder ähnliches) und weniger an einer objektiven Qualitätsbeurteilung der Lehre. (5)

Welche sind die postgradualen Aus- und Fortbildungseinrichtungen?

Die postgraduelle ärztliche Fort- und Weiterbildung wird von vielen universitären und noch mehr von außer-universitären oder assoziierten Einrichtungen betrieben. Tatsächlich ist der postgraduale Teil der ärtzlichen Aus- und Fortbildung der für den Patienten entscheidende Teil im Wissensgewinn seines behandelnden Arztes. Nach der Ausbildung zum praktischen oder zum Facharzt ist es der enorme und kontinuierliche Wissenszuwachs in der Medizin und in anderen Biowissenschaften, welche die Maxime eines *Life Long Learning* unumgänglich macht.

Obwohl von Land zu Land vereinzelt unterschiedlich sind es zumeist die nationalen Ärztekammern, welche oft unter ministerialer Obhut für die Ausbildung der praktischen und der Fachärzte verantwortlich sind. Nach erteiltem jus practicandi oder der Facharztanerkennung bieten vielfache Organisationen die weitere Fortbildung an. Neben den wissenschaftlichen Fachgesellschaften sind es erneut die Ärztekammern oder assoziierte Fortbildungsakademien, Krankenhauseinrichtungen, oder andere Fortbildungseinrichtungen verschiedenster Natur. Wissenschaftliche Tagungen und Kongresse sowie E-Learning Programme runden diese Fortbildungsmöglichkeiten ab.

Von europäischer Seite (EU-Kommission) wird die Fortbildungsverpflichtung der Ärzte ausdrücklich erwähnt, ohne aber verpflichtende Standards vorzugeben. In einigen nationalen Gesetzgebungen werden jedoch jetzt schon die praktizierenden Ärzte zur kontinuierlichen Fortbildung verpflichtet.

Insgesamt gilt, dass kontinuierliche Fortbildung eine moralische und ethische Verplichtung der Ärzte darstellt

Die UEMS (*European Union of Medical Specialists*) hat sich als ihr wichtigstes Anliegen die europäische Harmonisierung und Verbesserung der Qualität der ärztlichen Versorgung im Interesse der Patienten zum Ziel gesetzt und ist zunehmend aktiv, das Konzept des lebenslangen professionellen Lernens (*Life Long Learning/Continuous Professional Development* – CPD) zu promovieren.(6)

Qualität der postpromotionalen Aus- und Weiterbildung

Die universitäre Grundausbildung der Ärzte hat klare Ziele und Methoden, das Grundwissen der Medizin zu vermitteln und den Studenten für sein Wirken am Patienten zu schulen. Hierbei gibt es Unterschiede in Europa. Manche Länder verbinden damit bereits bis zum Studienabschluss auch eine praktische, meist klinische Ausbildung, und die Studenten erhalten zum Zeitpunkt der Promotion bereits das jus practicandi. Die meisten Länder erteilen das jus practicandi erst nach zumindest zwei- bis dreijähriger postpromotioneller klinischer Ausbildung mit einer Abschlussprüfung (Anerkennung zum praktischen Arzt). Hierbei sind für die wichtigsten Disziplinen wie Chirurgie, Interne, Gynäkologie, Kinderheilkunde, HNO, Urologie etc. turnusmäßig zu absolvieren. Meist sind es die nationalen Ärzte-kammern, welche diese Ausbildung unterstützen, sowie das Curriculum und die Ausbildung überprüfen.

Die Facharztausbildung erfordert eine eingehende fachspezifische Ausbildung an einer Fachabteilung mit einem genau festgelegtem Curriculum. Das beinhaltet vor allem die fachliche Kompetenz (zum Beispiel Nachweis von Mindestanzahl in der Absolvierung verschiedenster Operationen in den chirurgischen Fächern, oder Anzahl der spezifischen Eingriffe wie zum Beispiel Gastroskopien oder Broncho-skopien, bildgesteuerten Eingriffen in der Radiologie, Geburtshilfe in der Gynäkologie, Sektionen in der Pathologie etc. etc.), aber auch den Umgang mit und Management von Patienten, interdisziplinären Diskurs etc. All das ist mit Rasterzeugnissen durch die Ausbilder zu belegen. Diese postpromotionelle Facharztausbildung geschieht in der Regel in den Spitälern und anderen privaten oder öffentlichen Krankeneinrichtungen, welche als sog. Ausbildungsstätten gekenn-zeichnet sind. Das Privileg der Ausbildung von Fachärzten ist abhän-gig von der Art und Größe der Ausbildungsstätte, der Einrichtung und Ausstattung sowie der Anzahl der Patienten (Patientenschlüs-sel pro Auszubildenden). Neben den Ärztekammern und assoziier-ten Ausbildungsakademien sind es vor allem die wissenschaftlichen Fachgesellschaften, welche meist gemeinsam das Curriculum sowie den Ausbildungsstandard zu beurteilen und zeitnah auch immer wei-ter zu entwickeln haben.

Die Qualität der postpromotionalen Ausbildung ist naturgemäß im großen Maße auch vom Engagement und Ausbildungsmangement der ausbildenden Fachärzte sowie des gesamten Krankenhausman-gements abhängig. Renommierte Fachabteilungen mit hohem Quali-tätsanspruch werden auf die Ausbildung ihrer anvertrauten Facharz-taspiranten auch immer einen besonderen Fokus legen. Dabei hilft ein konsequentes Qualitätsmanagement mit lückenloser Dokumen-tation, Transparenz der Qualität nach innen und außen (zum Beispiel ISO-Zertifizierung oder ähnliches), aber auch die Beschäftigung mit wissenschaftlichen Fragestellungen.

Bedroht wird die Ausbildungsqualität fast immer durch die folgenden Ursachen:

▶ unzureichende Ressourcen für die Ausbildung (Fach-Kaderpersonal übermäßig belastet)
▶ mangelnde Motivation der Ausbilder und deren Management
▶ mangelnde Dokumentation und fehlendes Qualitätsmanagement
▶ Ausbildungstätte unterdimensioniert oder zu sehr auf nur wenige Krankheitsbilder fokusiert
▶ unzureichender interdisziplinärer Austausch

Berufspezifisches Punktesystem (*credit system*) für professionelle Fortbildung (**CPD** – *Continuous Professional Development*)

Es gibt seit langem vielfache Bestrebungen, die universitäre Grundausbildung der Ärzte und anderer Wissenschaftler mit den postgraduellen Angeboten hinsichtlich Qualität und Volumen der Lehr- und Lerninhalte zu akkordieren. Eine europaweite und verbindliche Harmonisierung ist aber noch nicht erreicht.

Nationale Berufsvereinigungen (wie Ärzte- oder Apothekerkammern), aber auch andere berufsspezifische Interessenverbände (*professional bodies*) im erweiterten medizinischen Bereich haben vielfach ein Punktesystem (*professional credits*) entwickelt, mit Hilfe dessen die Fortbildungsbereitschaft und -intensität dokumentiert werden kann. Manche europäische Länder schreiben eine bestimmte Punkteanzahl pro Jahr oder ähnliches für Ärzte oder Toxikologen vor (zum Beispiel Großbritannien oder auch die USA), andere vertrauen auf die Freiwilligkeit zur Fortbildung der Ärzte. In der Regel ist eine Akkreditierung der Fortbildungsveranstaltung durch eine professionelle Kommission die Voraussetzung zur Vergabe von Fortbildungspunkten (*Credit Points*) und sie werden nach meist nationalen Gesichtspunkten, zum Beispiel von den Berufsvereinigungen, gewährt. Es gibt aber auch eine europäische Akkreditierungsinstitution für Ärztliche Fortbildung (*European Accreditation Council for Continuing Medical Education*, EACCME). Sie wurde 1999 geründet mit dem Ziel der Harmonisierung und der Qualitätsverbesserung der Ärztlichen Fortbildung bei gleichzeitig erhöhter Mobilität. Dieses Council ist jedoch nicht immer akkordiert mit anderen national-europäischen Akkreditierungsrichtlinien. Europaweit und auch international gibt es nur eine teilweise Harmonisierung oder Standardisierung der Fort- und Weiterbildung für Berufsgruppen im medizinischen oder bio-wissenschaftlichen Bereich. Ebenso gibt es bis jetzt noch keine vernünftige und kompatible Vergleichbarkeit des Punktesystems für Lehr- und Lerninhalte angeboten vom universitären Bereich (ECTS – *European Credit Transfer System*) im Gegensatz zu nichtuniversitären Einrichtungen (*Professional Credit Points*). Ein europäisches Projekt befasst sich derzeit jedoch erfolgreich damit, solche Transformationssysteme an Hand von Modellen aufzustellen.(9)

Qualitätskriterien der postpromotionalen Fort- und Weiterbildung

Viele Berufsgruppen im Gesundheitsbereich und hier vor allem die Ärzte werden mehr und mehr zu kontinuierlicher Fort- und Weiterbildung angehalten. Verschiedene Faktoren forcieren diese Tendenz:

- Der schnell steigende Wissenszuwachs
- Die Erwartungen der Gesellschaft, der Medien und des Gesetzgebers
- Die Erwartungen der Arbeitsgeber im ärztlichen Bereich
- Die Erwartungen der individuellen Patienten durch zusätzliche Informationsmöglichkeiten (Internet)

Kontinuierliche Fortbildung und Weiterbildung – *Life Long Learning* – ist daher für jeden Arzt neben seinem eigenen professionellen Selbstverständnis zwingend notwendig, um seine Kompetenz und auch Autorität vor den Patienten zu bewahren.

Für eine effiziente Fort- und Weiterbildung sind daher verbindliche Standards für Inhalt und Qualität solcher Programme notwendig. Ähnliche Überlegungen werden auch von anderen verwandten Berufsgruppen angestellt, und tatsächlich haben sie vieles gemeinsam.

Eine europäische Arbeitsgruppe, welche sich mit der postgraduellen Fort- und Weiterbildung im Bereich der Medikamentenentwicklung beschäftigt (IMI-*Innovative Medicine Initiative* – gesponsert von der EU-Kommission und der EFPIA), hat kürzlich einen Qualitätskatalog vorgestellt, welcher im Prinzip für alle biowissenschaftlichen Berufsfortbildungen Relevanz hat.

Die Arbeitsgruppe (*Cross Project Task Force on Quality*) hat neun Qualitätskriterien sowie prinzipielle Empfehlungen zusammengestellt, deren Beachtung den privaten oder institutionellen Fortbildungsveranstaltern empfohlen werden (10):

- Prinzipielle Voraussetzungen für erfolgreiche Fortbildung
  - Der Aufbau und Struktur der Fortbildung lädt die Teilnehmer zum Diskurs und zu Multidisziplinarität ein
  - Genderspezifische Neutralität
  - Die Methodik der Fortbildung ist ausgerichtet auf das Ziel (*learning outcomes*)
  - Transparenz hinsichtlich potenzieller Interessenskonflikte

▶ Die neun Kriterien für Fortbildungsqualität:

1. Universitätsakkreditierung oder ein gleichwertiges Verfahren zur Bewilligung, Monitoring und Beurteilung von Fortbildungsveranstaltungen oder Fortbildungsmodulen.
2. Ein Qualitätssicherungssystem für die Ausbilder und Tutoren.
3. Regelmäßige Überprüfung des QA/QC-Prozesses und Nachweis, dass die Fortbildung aufgrund dieser Ergebnisse weiterentwickelt wird.
4. Transparente und definierte Zulassungskriterien.
5. Definierte Lehrziele, welche zu definierten Lernergebnissen *(Learning Outcomes)* führen.
6. Adäquate Infrastruktur, Management und Kompetenz der Fortbildungseinrichtung.
7. Bewertung des Wissens- oder Kompetenzzuwachses im Einklang mit den vereinbarten Lernergebnissen.
8. Ein System zum Sammeln und Bewerten von Feedback von Tutoren, Studenten sowie technisch-administrativem Personal und Management der Fortbildungsinstitution.
9. Aktualisiertes Studienmaterial wie Skripten, Internetlinks oder Bücher steht zur Verfügung.

E-Learning: Was sind die Qualitätskrieterien?

Die unzähligen Möglichkeiten elektronischer Medien haben in den letzten Jahren auch weitreichenden Eingang in die Fort- und Weiterbildung von Gesundheitsberufen gefunden. E-Learning wird heute schon vielfach von Fortbildungsinstitutionen angeboten. Diese können eigenständig sein oder sie können die „face to face" (F2F) Kurse komplettieren. Das Angebot reicht von einzelnen Fortbildungs-modulen bis hin zu kompletten online-Masterprogrammen. Einer der grössten online-Anbieter ist das Hibernia College in Dublin, welches mehr als 20 Masterprogramme online anbietet. Meist sind darin aber auch einige F2F module enthalten (*Blended Learning*). Auch werden neuerdings Apps für Smartphones für die Fortbildung angeboten.

Qualitätsmanagementsysteme für E-Learning-Programme sind vereinzelt in Europa entwickelt worden (zum Beispiel NOKUT in Nor-wegen, NAHE in Schweden, QQA in Großbritannien). Solche Pro-gramme sind jedoch noch nicht integriert in Anleitungen für euro-paweite universitäre Qualitätsprozesse. Diese Akkordierung mit den *European Standards and Guidelines for Quality Assurance in the European Higher Education Area* (ESG) ist daher noch ausständig.

Beeinflussungsfaktoren durch Pharmasponsoring?

So wertvoll die Unterstützung der Pharmaindustrie oder anderer kommerzieller Anbieter im Gesundheitsbereich auch ist, so muss bei Sponsoring bei Fortbildungsveranstaltungen für Ärzte ein spezieller Kodex vorliegen, um zu vermeiden, dass ein unrechtmäßiger Ein-fluss der Fortbildung durch kommerzielle Interessen ausgeübt wer-den kann. Hierfür gibt es heute verbindliche Codices der Pharmain-dustrie sowie der Ärztevereinigungen und Fortbildungsakademien. Sie verhindern einen programmatischen Einfluss auf die Themen und Inhalte durch die Industrie. Ebenso müssen potenzielle Interessens-konflikte der Programmverantwortlichen und der Tutoren transparent gemacht werden. Diesbezügliche Regelungen sind in vielen europäischen Ländern bereits Standard und in den Statuten für Fortbildungsveranstaltungen angeführt (11).

Ausblick

Fortbildung und Weiterbildung (*Life Long Learning*) sind unumgängliche Notwendigkeiten im Gesundheitsbereich. Die treibenden Faktoren sind die Erwartung der Gesellschaft und der Patienten, der enorme Wissenszuwachs in den Bio-Wissenschaften und letztlich die ethische Verantwortung der Ärzte und deren verwandte Berufsgruppen. Es gibt erfreuliche Anstrengungen innerhalb der europäischen Union, die postpromotionale Aus- und Weiterbildung besser zu koordinieren, verbindliche Qualitätsstandards zu setzen, die ärztlichen und nichtätzlichen Berufe besser bei der Fortbildung zu vernetzen und auch Anreize zu setzen, postgraduelle Fortbildung als Selbstverständlichkeit einer professionellen Berufsauffassung zu verstehen.

Literatur

(1) http://ec.europa.eu/education/higher-education/doc1290_en.htm
(2) http://ec.europa.eu/education/lifelong-learning-policy/ects_en.htm
(3) http://ec.europa.eu/education/lifelong-learning-programme/doc78_en.htm

(4) ENQA report on Standards and Guidelines for Quality Assurance in the European Higher Education Area; European Association for Quality Assurance in Higher Education (ENQA), 2005, Helsinki

(5) http://www.shanghairanking.com/ARWU2012.html

(6) http://www.uems.net/fileadmin/user_upload/uems_documents/old_website_documents_admin/906.pdf

(7) http://www.uems.net/fileadmin/user_upload/uems_documents/old_website_documents/35.pdf

(8) http://www.uems.net/fileadmin/user_upload/uems_documents/old_website_documents_admin/875.pdf

(9) http://www.betwin-project.eu/

(10) Klech, H. et al. (2012); European Journal of Pharmaceutical Sciences, 45 (5), pp. 515-520 European initiative towards quality standards in education and training for discovery, development and use of medicines

(11) http://www.arztakademie.at/diplom-fortbildungs-programm/verordnung-ueber-aerztliche-fortbildung/nt

Telemedizin steigert die Qualität ...

... in der medizinischen Versorgung chronisch kranker Patienten

Jasper zu Putlitz, Karen Gilberg, Ralf von Baer &
Aldona-Maria Pigozzo

Die Prävalenz chronischer Erkrankungen wie Diabetes mellitus, Herzinsuffizienz oder der chronischen obstruktiven Lungenerkrankung (COPD) wird in den nächsten Jahren weiter ansteigen. Im Jahr 2000 hatten sie in Deutschland einen Anteil von 46 Prozent an allen Erkrankungen. Erwartet wird, dass ihr Anteil bis 2020 auf 60 Prozent ansteigt (Gensichen et al. 2006, 366). Verantwortlich hierfür ist insbesondere die demographische Entwicklung. Einer Bevölkerungsprojektion von Eurostat zufolge, wird sich in der EU der Anteil der 65-jährigen Menschen in den nächsten 50 Jahren von heute 17 Prozent auf 30 Prozent fast verdoppeln.

Chronisch kranke Patienten sind kostenintensiv: Sie sind häufiger in der Notaufnahme und werden öfter stationär aufgenommen (Suter 2011, 87). Die Gesamtausgaben im deutschen Gesundheitswesen beliefen sich 2010 auf über 287 Milliarden Euro (Statistisches Bundesamt 2012). Dabei werden 75 Prozent dieser Ausgaben für die medizinische Versorgung von chronisch kranken Patienten aufgebracht (Sachverständigenrat zur Begutachtung der Entwicklung im Gesundheitswesen 2009).

Hinzu kommt, dass sowohl die Diagnostik als auch die Therapie von chronischen Erkrankungen „nur ungenügend der Evidenzlage" entsprechen, die Patienten im Rahmen ihrer Behandlung zu passiv sind und „wenig effektive Hilfen" erhalten, Behandlungen „oft unkoordiniert und fragmentiert" erfolgen und ein systematisches Beobachten der Behandlungsabläufe häufig nicht stattfindet (Gensichen et al. 2006, 365).

Zu einer nachhaltigen Gestaltung unseres Gesundheitssystems ist eine bessere, auf Qualitätsparameter ausgerichtete Versorgung chronisch kranker Patienten erforderlich. Dies erfordert neue Ansätze zur Steuerung und Koordination der Versorgungsprozesse. Hierzu kann Telemedizin genutzt werden.

Innovative Versorgung mit Telemedizin

Telemedizin ist keine Erfindung des Web-2.0-Zeitalters. Medizinische Versorgung über Distanz unter Nutzung von Telekommunikation-Mitteln gab es bereits Anfang des 20. Jahrhunderts. Sie begann in dem Moment, als Ärzte sich telefonisch an Kollegen wandten, um ihren Therapieansatz zu besprechen und sich zu beraten. Eindrucksvolles Beispiel sind die Royal Flying Doctors in Australien, die tägliche Radiosprechstunden abhielten, um die Menschen in den Outbacks medizinisch zu versorgen. Der Nutzen dieser frühen Form von Telemedizin war leicht nachvollziehbar.

Die fortschreitende Digitalisierung der Gesellschaft in den letzten Jahrzehnten hat auch die Möglichkeiten in der Medizin verändert. Hierfür verantwortlich sind im Wesentlichen die Entwicklungen im Bereich der Datenübertragung (UMTS, LTE, Breitband) bzw. digitalen Datenspeicherung und -archivierung. Heute gehören PCs zur Standardausstattung von Arztpraxen sowie Krankenhäusern und werden in der Regel für die elektronische Verwaltung der Versichertendaten sowie zur Speicherung von Diagnose- und Behandlungsdaten genutzt. 82 Prozent der niedergelassenen Ärzte nutzen ein Praxisverwaltungssystem und 80 Prozent haben heute einen Internetanschluss. Wobei die jüngeren Ärzte gegenüber dem Einsatz von modernen Informations- und Kommunikationstechnologien (IKT) in ihrer Praxis offener sind (Institut für Demoskopie Allensbach 2010).

Es ändern sich auch die Patientenpräferenzen, entsprechend muss sich die Telemedizin technisch weiterentwickeln. Fernseher und Computer wachsen zusammen, Tablet-PC's verbreiten sich rasant – dies eröffnet neue Möglichkeiten für Patienteninformationen und -schulungen. Ferner bieten sich durch die Integration von Web-2.0-Anwendungen in Telemedizinprojekten neue Möglichkeiten, den Austausch zwischen Patienten zu fördern und damit das Patientenselbstmanagement zu unterstützen. Neue Sensoren können nicht nur Vitalparameter, sondern auch körperliche Aktivität oder Gangmuster aufzeichnen.

Telemedizin erstreckt sich über verschiedene Teilbereiche von der Telekonsultation über das Telemonitoring bis hin zu Telecare mit eher pflegerischen und sozialen Elementen (zum Beispiel Hausnotruf). Die Telekonsultation hat sich zum Beispiel im Bereich der Teleradiologie bereits sehr gut bewährt und wird im großen Umfang eingesetzt. So zur Übertragung von bildgebender Diagnostik für Zweitmeinungen oder Telekonsil; beispielsweise können Röntgenbefunde für niedergelassene Ärzte bereits heute in spezialisierten Kliniken erstellt werden. Seit der Einführung in die Erstattungssysteme der gesetzlichen Krankenkassen verbreiten sich in Schlaganfallnetzen auch Telestroke-Anwendungen. Anders sieht es noch im Bereich des Telemonitorings aus. Auch wenn es bereits eine Vielzahl von Projekten gibt, hat es sich noch nicht in der Breite durchgesetzt.

Von Telemonitoring zu Telehealth

Als Versorgungsmodell im deutschen Gesundheitswesen ist Telemedizin ein innovativer Ansatz. Beim reinen Telemonitoring werden Vitalparameter der Patienten wie zum Beispiel Blutdruck oder Gewicht gemonitort, und es erfolgt eine ergänzende telefonische Betreuung über ein telemedizinisches Zentrum.

Telehealth geht darüber hinaus. Neben dem Monitoring der Vitalparameter erhalten Patienten ein Verhaltenstraining und regelmäßige Informationen zu ihrer Erkrankung. Zudem findet eine ergänzende medizinische Betreuung statt. Im Wesentlichen geht es dabei um die Ermöglichung einer leitliniengerechten, engen therapeutischen Führung und einer telemedizinischen Edukation von chronisch kranken Patienten zum besseren Umgang mit ihrer Erkrankung.

Moderne IKT werden dabei als Mittel eingesetzt, um eine integrierte Versorgung aller an der Behandlung Beteiligten zu unterstützen und die Patienten in der gewohnten Umgebung telemedizinisch zu betreuen. Telehealth-Programme nutzen in der Regel eine elektronische Patientenakte (EPA) und Telemedizin-Geräte, die bei den Patienten im häuslichen Umfeld zum Einsatz kommen. Für die erfolgreiche Umsetzung der Programme sind sowohl die Benutzerfreundlichkeit als auch die Sicherheit dieser Technologien entscheidend, um im Alltag von Patienten und von Ärzten akzeptiert zu werden. Klinische Studien und Daten aus der Versorgungsforschung zeigen, dass Telehealth-Anwendungen medizinische und ökonomische Nutzenpotenziale im Sinne einer besseren Versorgung ausschöpfen.

Bessere Medizin durch Telemedizin – Sicherstellung einer hohen medizinischen Versorgungsqualität

Das Ziel der telemedizinischen Betreuung von chronisch kranken Hochrisikopatienten ist es, ihren Krankheitsverlauf zu stabilisieren, indem mögliche Verschlechterungen frühzeitig erkannt und behandelt werden. Kostenträger, Politik, aber auch Leistungserbringer und Patienten sehen in der Telemedizin „die Chance, eine hohe medizinische Versorgungsqualität auf einem wirtschaftlichen Weg dauerhaft sicherstellen zu können und positive Impulse für die Strukturen und Prozesse im Gesundheitswesen zu setzen" (Dittmar 2009, 18). Das zum Januar 2012 in Kraft getretene neue Versorgungsstrukturgesetz greift das auf und formuliert ausdrücklich das Ziel, den „Weg für eine langfristige hochwertige medizinische Versorgung" zu sichern. Ambulante Telemedizin wird hier eine wichtige Aufgabe bei der vertragsärztlichen Versorgung im ländlichen Raum zugesprochen, wo Ärztemangel bereits heute ein Thema ist.

Das ist möglich, weil Telemedizin Informations- und Kommunikationsprozesse sowie die klinische Diagnostik und Therapie unterstützt, wenn sie als Kommunikationsmedium für Querschnittaufgaben eingesetzt wird. Das wiederum eröffnet neue technische und ökonomische Potenziale und für Patienten die Möglichkeit, sich anders zu informieren und zu kommunizieren (Schmidt/Koch, 2005, 780).

So halten Ärzte, die im Rahmen von Telemedizin-Programmen mit einer elektronischen Patientenakte arbeiten, die Standards medizinischer Versorgung signifikant besser ein. Das spiegelt sich in erfolgreicheren Behandlungsergebnissen wider, wie Daten einer retrospektiven Studie mit mehr als 27 000 Patienten zeigen, die im vergangenen September (2011) im „New England Journal of Medicine" veröffentlicht wurde (Randall 2011). Patienten, deren Ärzte eine EPA führten, erreichten zu rund 47 Prozent einen HbA1c < 8, einen Blutdruck < 140/80 mmHg, LDL-Cholesterin < 100 mg/dl und einen BMI < 30. Nur rund 16 Prozent der Patienten, deren Ärzten, mit Papierakte arbeiten, kamen auf diese Werte. Der signifikante klinische Nutzen zeigte sich für Patienten aller Versicherungsgruppen.

Patienten-Empowerment zur Erreichung von Behandlungszielen

Um Behandlungsziele bei chronisch Kranken zu erreichen, benötigen diese Patienten qualifizierte Informationen. „Die Patienteninformation hat große Bedeutung für die Resultate im Gesundheitswesen. Sie hat den Rang einer unverzichtbaren effektvollen Gesundheitstechnologie [...]." (Müller 2010, 165). Allerdings: „Der Stand der systematischen Patienteninformation und -beteiligung gleicht dem Dampfmaschinenzeitalter, während das Niveau der Arzneimittel, Hilfsmittel oder medizinischen Interventionen dem Computerzeitalter entspricht" (Müller 2010, 180). Patienten, die wissen, dass sie mit ihrer Erkrankung gut umgehen können, haben seltener mit Komplikationen zu tun (Suter 2011, 91). Dieses Vertrauen erlangen sie, indem sie mehr über ihre Erkrankung lernen, um ihre Symptome und ihr Befinden besser einschätzen zu können. Lernen wiederum wird über Aktivität und über die strukturierte Aufarbeitung von Informationen gefördert (Suter 2011, 90).

Eine telemedizinische Betreuung, die im Sinne des Telehealth-Ansatzes über das reine Monitoring von Vitalparametern hinaus geht, aktiviert Patienten, schult sie und leitet sie regelmäßig zum richtigen Umgang mit ihrer Erkrankung an. Damit hat Telemedizin das Potenzial, einen wichtigen Beitrag für das Patienten-Empowerment zu leisten, um die medizinische Versorgung zu verbessern.

Dass Patienten im Rahmen telemedizinischer Betreuungsprogramme ihr krankheitsbezogenes Wissen verbessern, zeigen Daten von 101 Herzinsuffizienz-Patienten, die im Rahmen einer randomisierten kontrollierten Studie über drei Monate an drei Kliniken in den Niederlanden unter Einsatz des Bosch Telehealth-Systems untersucht wurden (Ramaekers et al., 2008). Im Ergebnis verbesserte sich das krankheitsbezogene Wissen signifikant bei Patienten aus zwei der drei Kliniken. Darüber hinaus verbesserte sich die Therapie-Adhärenz im Bezug auf die Einhaltung der allgemeinen Flüssigkeitsbeschränkung und des Alkoholkonsums, die tägliche Gewichtsmessung sowie des körperlichen Trainings. In weiteren Studien zeigte sich, dass die Medikamenten-Compliance mit Telemedizin signifikant verbessert werden kann (Linderman et al. 2011 und McCall et al. 2011).

Unterstützung bei der standardisierten Messung von Qualitätsparametern

Die Gesundheitspolitik versteht in Deutschland „unter der Sicherung einer guten Qualität die Steigerung von Gesundheit bzw. Senkung von Krankheit in der Bevölkerung..." Dabei wird die Verpflichtung zur Einhaltung von Qualität (intern und extern) im SGB V beschrieben (§ 135a Abs. 2 Nr. 1 SGB V und § 135a Abs. 2 Nr. 2 SGB V). Es gilt: „Der Weg von der Auswahl relevanter Versorgungsaspekte zu deren Messung und Bewertung führt über die Bestimmung von Kriterien hin zur Formulierung von Qualitätsindikatoren und Referenzbereichen. Diesem Ansatz liegt die Annahme zugrunde, dass Qualität in der medizinischen Versorgung messbar ist. [...] Als Gütekriterien gelten Evidenzbasierung, Diskriminationsfähigkeit, Reliabilität, Adjustierbarkeit, Spezifität, Sensitivität, Kosteneffektivität und Machbarkeit." (Gemeinsamer Bundesausschuss 2008). In Deutschland legen die Behandlungsstandards der medizinischen Fachgesellschaften (zum Beispiel in Leitlinien) dar, wann medizinische Versorgung die Qualitätsanforderungen erfüllt.

In Großbritannien ist heute die komplette Ressourcen-Allokation im National Health Service (NHS) auf die Erreichung festgelegter Qualitätsziele hin ausgerichtet. Diese sind im sog. „Quality & Outcomes Framework" festgelegt, einem Papier, das im Rahmen der Gesundheitsreform unter Federführung der Regierung Cameron im Dezember 2010 veröffentlicht wurde. Qualitätsziele sind den unterschiedlichen Begebenheiten und Anforderungen einzelner Versorgungsbereiche angepasst und werden anhand verschiedener messbarer Parameter operationalisiert. In der Versorgung chronisch kranker Patienten gilt zum Beispiel die gesundheitsbezogene Lebensqualität als übergeordneter Parameter, der anhand des Fragebogens EQ-5D gemessen wird. Mit dieser fokussierten Ausrichtung auf messbare Qualität und Ergebnisse wollen die Briten einen besseren Überblick bekommen, wie gut das NHS tatsächlich arbeitet und wie es im internationalen Vergleich zu bewerten ist.

Doch wie lässt sich objektiv und standardisiert messen, ob im Alltag der medizinischen Versorgung, die gewünschten Ergebnisse erzielt werden?

Telemedizin schafft die Möglichkeit, die für die Qualitätsmessung im Gesundheitswesen benötigten Daten standardisiert und umfänglich zu erheben. So sind heute zahlreiche, standardisierte Messinstrumente für Patient Reported Outcomes auch für die elektronische Erhebung validiert und zugelassen (ePRO). Werden diese als fester Bestandteil in telemedizinische Betreuungsprogramme eingebettet, ist einerseits die regelmäßige Nutzung durch den Patienten gewährleistet und andererseits die automatische Datenübertragung zur weiteren Verwendung gesichert.

Akzeptanz ist Erfolgsvoraussetzung für Telemedizin

Telemedizinische Versorgungsmodelle greifen „tief in juristische, organisatorische und finanzielle Zusammenhänge der Behandlungsprozesse" ein (Bartmann et al. 2010, 13). Zudem geht die Initiative für ihre Implementierung häufig von Technik-Anbietern aus und sollten von Partnern aus dem Bereich der Selbstverwaltung (Schmidt und Koch, 2005, 779). Daher ist sicherzustellen, dass die Programme nicht „blind gegenüber der Kompetenz, den Interessen und der Tradition von Patienten, Ärzten und Pflegepersonal" (Hilpert, 2012) sind, sondern sich an der Versorgungspraxis orientieren (Schmidt und Koch, 2005, 779).

Akzeptanz aller Beteiligten ist entscheidend, um die dargestellten Potenziale von Telemedizin überhaupt nutzen zu können. Telemedizin wird zum Beispiel dann Akzeptanz erlangen, wenn sie „den Patienten aktiv in den Versorgungsprozess mit einbeziehen, das Sicherheitsgefühl des Patienten erhöhen, Geräte benutzen kann, die leicht bedienbar und übersichtlich sind, einen schnell zu erfassenden Nutzen aufweisen, die Sprache des Nutzers sprechen" (Trill 2010, 16).

Telemedizin-Programme, die Ärzte und Kliniken in den Entwicklungsprozess involvieren, erzielen gute Akzeptanz-Werte auf Seiten der Patienten und Ärzte (Karg et al., 2012). So lässt sich Telemedizin vertrauensfördernd in die Arzt-Patienten-Beziehung einbauen (Schmidt/Koch, 2005, 785).

Ein richtungsweisendes Beispiel ist die „ATICO"-Studie in Deutschland. Im Rahmen einer klinischen Prüfung über drei Monate, wurde die Akzeptanz der telemedizinischen Betreuung bei COPD-Patienten (Patienten mit chronisch-obstruktiver Lungenerkrankung) unter Einsatz des Bosch Telemedizin Systems untersucht. Diese konnte für Patienten mit fortgeschrittenem Krankheitsverlauf (GOLD-Standard III und IV) signifikant bestätigt werden. So fühlte sich die Mehrheit der Patienten besser medizinisch versorgt. 92 Prozent bestätigten, dass sie mehr über ihre Erkrankung wissen, mehr als zwei Drittel waren mit der Kommunikation mit dem Telemedizinischen Zentrum zufrieden und 75 Prozent bewerteten das Programm insgesamt positiv. Negative Bewertungen gab es keine. Darüber hinaus ist relevant, dass sieben von zehn Ärzten angaben, dass sich die Arzt-Patienten-Kommunikation durch Telemedizin verbesserte (Karg et al. 2012).

Telemedizin in der Praxis – ganzheitliche Unterstützung chronisch kranker Patienten

„Haben Sie letzte Nacht aufgrund von Atemnot schlecht geschlafen? Leiden Sie heute an Husten?" Das sind Fragen, die ein Patient mit COPD täglich beantwortet, wenn er das Bosch Telemedizin System zu Hause nutzt. Das System basiert auf dem Telehealth-Ansatz und beinhaltet neben dem Monitoring von Vitalparametern auch ein effizientes Krankheitsmanagement und Schulungsprogramm. Die medizinischen Inhalte wurden evidenzbasiert entwickelt. Die einfach zu bedienende telemedizinische Basisstation (vgl. **Abbildung 1**) wird mit dem Telefonanschluss verbunden. Die „Wenn-dann"-Fragen werden dem Patienten gut lesbar in einem Display angezeigt. Sie sind in die Bereiche Vitalparameter, Verhalten sowie Wissen unterteilt und werden über vier Tasten beantwortet. Die Daten werden vom Gerät verschlüsselt an einen Datenserver übermittelt. Dort werden sie für die weitere Nutzung durch die behandelnden Ärzte und das telemedizinische Betreuerteam aufbereitet (vgl. Abbildung 2). Außerdem werden Schwellenwerte von medizinischen Betreuern festgelegt, auf deren Basis eine automatisierte Priorisierung in Form einer Ampelfarbkodierung erfolgt. Liegen die vom Patienten selbst gemessenen Vitalparameter außerhalb seiner individuellen Grenzwerte, erhält er umgehend diese Information und wird gebeten, mit seinem Arzt in Kontakt zu treten. Außerdem erhält auch das telemedizinische Betreuerteam diese Information und kann bei Bedarf den Patienten kontaktieren und weitere Schritte besprechen.

Abbildung 1:   Einfache Messung mit dem Bosch Telemedizin System

---

Im Telemedizinischen Zentrum (TMZ) werden die eintreffenden Daten über farbliche Markierungen in drei Prioritätsstufen unterschieden. Rot ist die höchste Stufe und bedeutet, dass sich das TMZ zuerst um diese Patienten kümmern muss. Gelb bedeutet, dass der Verlauf zu beobachten ist, und Grün zeigt, dass der Verlauf den Behandlungs- und Therapiezielen des behandelnden Arztes entspricht. Zugriff auf diese Informationen, die in einer elektronischen Patientenakte gespeichert werden, haben sowohl die Betreuer im TMZ, als auch die an der Behandlung beteiligten Leistungserbringer.

„Die Evidenzlage [für Telemedizin] hat sich verbessert, so dass wir jetzt Patienten genauer beschreiben können, die von der Fernüberwachung profitieren", kommentiert Dr. med. Franz-Joseph Bartmann, Telematik-Vorstand der Bundesärztekammer, im letzten November (2011) die aktuelle Studienlage. Im Rahmen der "Partnership for the Heart"-Studie zeigten Köhler et al. 2011, dass in der telemedizinischen Betreuung bei Herzinsuffizienz insbesondere Hochrisiko-Patienten profitieren.

Die Studie des US-amerikanischen Center for Medicare and Medicaid Services (CMS) mit 1767 Patienten hat gezeigt, dass über einen Zeitraum von zwei Jahren quartalsweise Einsparungen bis zu 13 Prozent erreicht werden können. Die Studie zeigte zudem, dass mittels Telehealth-Ansatz die Mortalitätsrate um knapp 3 Prozent reduziert werden konnte (Baker et al. 2011).

Telemedizin-Programme sind dann erfolgreich, wenn sie in integrierte Versorgungsansätze eingebettet sind. Entsprechend zeigten Studien mit Einsatz des Bosch Telemedizin Systems, dass sie dann auch die Lebensqualität der chronisch Kranken verbessern (Koff et al 2009 und Lindermann et al 2011).

Qualitätsanforderungen an die Telemedizin

Die Qualitätsanforderungen an Telemedizin-Programme beziehen sich auf medizinische Inhalte, das telemedizinische Zentrum (TMZ), die integrierte Versorgung und die eingesetzten Technikkomponenten – wesentliche Elemente einer vernetzten Struktur. Diese erfordert die Zusammenarbeit von Haus- und Fachärzten, Kliniken, Krankenkassen und TMZ. wobei der Patient und sein individuelles Therapiemanagement im Mittelpunkt stehen. Entscheidend für die Qualität dieser Struktur ist es, die Partner bereits in die Entwicklung der Programme einzubeziehen und eine tragfähige vertragliche Basis, die eine erfolgreiche Zusammenarbeit zwischen den Beteiligten ermöglicht. Hier ist auch eine qualitätsorientierte und am Patientennutzen ausgerichtete Vergütung der Leistungserbringer entscheidend.

Entsprechend der Anforderungen an evidenzbasierte Medizin sind die Inhalte von Telemedizin-Programmen anhand der neuesten medizinischen Standards zu formulieren und weiterzuentwickeln. In den USA lässt sich die Qualität der medizinischen Inhalte im Rahmen einer Zertifizierung durch das National Commitee for Quality Assurance (NCQA) nachweisen, wie es für das Bosch Telemedizin System Standard ist. In Großbritannien unterstützt das National Institute for Health and Clinical Excellence mit konkreten Handlungsempfehlungen. In Deutschland hat sich der VDE dem Thema der Qualitätssicherung gewidmet und bietet seit 2009 eine unabhängige Zertifizierung an.

Als „neuer Akteur der medizinischen Leistungserbringung" (Viktor et al. 2010, 223) ist das Telemedizinische Zentrum (TMZ) die Schaltstelle der Telemedizin-Programme. Es übernimmt wesentliche Aufgaben des Therapiemanagements und des Notfallmanagements. TMZs können sowohl an Kliniken und Medizinischen-Versorgungszentren (MVZs) angegliedert sein oder als eigenständige Einrichtung eines Telemedizin-Anbieters arbeiten. Für die Anbindung an eine Klinik spricht, „die hohe Verfügbarkeit von fachärztlicher und interdisziplinärer Expertise", insbesondere, wenn es um die Versorgung von Hochrisiko-Patienten geht (Viktor et al. 2010, 227).

Am Robert-Bosch-Krankenhaus besteht seit 2008 ein telemedizinisches Zentrum, das chronisch Kranke betreut und das Therapiemanagement der Patienten in Kooperation mit den niedergelassenen Ärzten unterstützt. Aktuell wurde am Robert-Bosch-Krankenhaus zusammen mit der Techniker Krankenkasse das Programm „Alltag mit Telemedizin erfolgreich meistern" (A.T.e.m.) zur besseren Betreuung schwerkranker COPD Patienten in Deutschland gestartet.

Eine weitere Anforderung an qualitätvolle Telemedizin ist eine zuverlässige und sichere IT-Infrastruktur, zu der die Telemedizin-Geräte, die elektronischen Patientenakten, die Datenspeicherung sowie die Datenübermittlung gehören. Datenschutz und eine hohe Stabilität der eingesetzten Technik müssen hierbei oberste Priorität haben.

Ausblick – Voraussetzungen für einen Roll-out der Telemedizin in Deutschland

Die Menschen werden älter und leiden zunehmend unter chronischen Erkrankungen. Dabei sind die Ressourcen im Gesundheitswesen begrenzt. Vor diesem Hintergrund ist es unabdingbar, innovative Versorgungskonzepte zu nutzen, um die hohe Qualität der medizinischen Versorgung auch in Zukunft aufrechterhalten zu können.

Die Gesundheitspolitik hat den Handlungsbedarf erkannt und öffnet sich innovativen Versorgungsformen wie Telemedizin. Die Erwartungen sind hoch. Im Sinne von integrierter medizinischer Betreuung soll Telemedizin die Kommunikation der Leistungserbringer untereinander verbessern und bei einer engen Therapieführung der betreuungs- und kostenintensiven chronischen Patienten unterstützen. Die Patienten sollen über gezielte Edukation und Empowerment ein besseres Krankheitsverständnis und eine höhere Therapiecompliance erlangen.

Daten der Versorgungsforschung und klinische Studien zum Einsatz von Telemedizin zeigen, dass Telemedizin dieses Potenzial hat und somit einen wichtigen Beitrag zur Sicherstellung einer qualitativ hochwertigen medizinischen Versorgung leisten kann. Zugleich trägt die Telemedizin zu einer Vernetzung der Leistungserbringer bei. Zusätzlich liefert sie standardisierte Daten, die eine objektive und einheitliche Messung von Qualität in der Medizin ermöglichen.

Die Akzeptanz telemedizinischer Programme sowie ihr klinischer und ökonomischer Nutzen wurden erfolgreich nachgewiesen. Voraussetzung ist, dass hohe Qualitätsstandards erfüllt werden. In diesem Zusammenhang müssen entsprechende Richtlinien entwickelt und etabliert werden. Dazu gehören Standards zur Qualifizierung und Weiterbildung von Mitarbeitern in Telemedizinischen Zentren ebenso wie die Einführung eines Qualitätsmanagements.

Deutschland hat in der Telemedizin keine Führungsrolle, die USA und auch England sind bereits wesentlich weiter. Hierzulande wird in vielerlei Projekten und Piloten versucht, Telemedizin voranzutreiben. Da ein wichtiges Element für die telemedizinische Versorgung die Orientierung an den Bedürfnissen des Patienten unabhängig von den Sektoren im Gesundheitswesen ist, basieren viele der aktuellen Projekte auf Verträgen zur Integrierten Versorgung ("IV-Verträge") nach § 140 SGBV, die speziell auf eine sektorenübergreifende Versorgung ausgelegt sind. Zusätzlich bieten sie eine gute Möglichkeit freiwillig neue Formen der Betreuung u.a. mit Elementen der Qualitätssicherung zu vereinbaren. IV-Verträge sind Selektivverträge, die den Kostenträgern die Möglichkeit geben mit einzelnen Leistungserbringern eine medizinische Versorgung zu vereinbaren. Dabei können u.a. zur vertragsärztlichen Versorgung zugelassene Ärzte, Träger zugelassener Krankenhäuser, Träger von stationären Vorsorge- und Rehabilitationseinrichtungen und deren Gemeinschaften sowie externe Gesundheitsdienstleister oder Hersteller Vertragspartner werden. Basierend auf den besonderen Anforderungen spezifischer Versorgungsformen können flexible Vergütungskonzepte vereinbart werden.

Neben den Vorteilen von IV-Verträgen ergeben sich auch einige Herausforderungen, die ursächlich für den noch fehlenden breiten Einsatz von Telemedizin sind. Denn paradoxerweise entstehen durch IV-Verträge auch „Insel-Lösungen". Eine bestimmte Krankenkasse schließt einen Vertrag mit definierten Leistungserbringern. Vor dem Hintergrund dass es weit über 100 gesetzliche Krankenkassen gibt, wird schnell klar, dass eine breite und einheitliche Versorgung mit Telemedizin-Lösungen über IV-Verträge schwerlich realisierbar sein wird.

Insgesamt bieten die IV-Verträge aber derzeit noch die beste Vertragsform für die hochwertige und effektive ambulante Versorgung chronisch Kranker mit Telemedizin, besonders wenn sich mehrere Krankenkassen auf einen IV-Vertrag einigen können.

Neben den IV-Verträgen werden in telemedizinischen Projekten vereinzelt auch Modellprojekte (§ 63 SGB V) vereinbart, die allerdings klar zeitlich befristet sind. Weitere Möglichkeiten bieten die Verträge zur besonderen ambulanten oder fachärztlichen Versorgung nach § 73 b/c SGB V oder für ausgewählte Indikationen die ambulante spezialärztliche Versorgung nach § 116b SGB V. Die eHealth Initiative versucht Telemedizin in den Disease-Management-Programmen (DMP) nach § 137 f/g zu verankern, da die DMPs speziell auf die Versorgung chronisch Kranker ausgelegt sind. Allerdings konnte sich Telemedizin mit Hilfe dieser Vertragsformen noch nicht flächendeckend durchsetzen, da die Möglichkeiten zur Erstattung jeweils beschränkt sind.

Es geht kein Weg daran vorbei: Um Telemedizin in Deutschland flächendeckend zu realisieren, muss ein Weg zu einer Erstattung von Telemedizin in der Regelversorgung gefunden werden. Dabei gilt es zu beachten, dass am Anfang zunächst Investitionen stehen, bevor durch die Umsetzung Einsparungen erzielt werden können. Für die zügige und flächendeckende Einführung von Innovationen sind neue Ansätze notwendig, die von Politik und Kostenträgern geschaffen werden müssen.

Die Politik hat die Telemedizin bereits in das Versorgungsstrukturgesetz, welches Anfang 2012 in Kraft getreten ist, aufgenommen. Der Bewertungsausschuss wurde darin beauftragt zu prüfen, in welchem Umfang ambulante Telemedizin in den Einheitlichen Bewertungsmaßstab für ärztliche Leistungen (EBM) integriert werden kann. Die Prüfung soll 2012 abgeschlossen werden, eine Definition der Leistungsziffern soll 2013 erfolgen.

Zusätzlich bietet das Versorgungsstrukturgesetz mit einer Erprobungsregelung für neue Untersuchungs- und Behandlungsmethoden mit Potenzial (§ 137e SGB V) weitere Möglichkeiten, den Nutzen telemedizinischer Lösungen in der Versorgung zu erproben und bereits während der Erprobung eine befristete Erstattung zu erhalten In Kombination mit der Möglichkeit für die Industrie, einen Antrag zur Erprobung zu stellen, ist dies ein wichtiger Schritt, um Innovationen leichter in den EBM einzuführen, auch wenn die konkrete Ausgestaltung derzeit noch aussteht.

Allerdings gibt es weitere Herausforderungen. Neben formalen Hürden für die Zuteilung einer Abrechnungsziffer für Telemedizin existieren nur bedingt systemische Anreize zur Umsetzung einer sektorenübergreifenden, leitliniengerechten und qualitativ hochwertigen medizinischen Betreuung. In Zukunft muss sich das Gesundheitssystem noch stärker auf eine integrierte, sektorenübergreifende und interdisziplinäre Versorgung ausrichten, die sich an den ganzheitlichen Bedürfnissen des Patienten – nicht an den Strukturen im Gesundheitswesen – orientiert. Dabei müssen die Anreize für eine hoch qualitative, leitliniengerechte Betreuung deutlich verbessert werden, um die medizinische Versorgung auf ein neues Niveau zu heben und die Einführung innovativer Versorgungsformen mit nachgewiesenem Nutzen zu erleichtern.

Chronisch kranke Patienten profitieren deutlich von innovativer telemedizinischer Versorgung. Jetzt geht es darum, qualitativ hochwertige Telemedizin flächendeckend denjenigen Patienten zugänglich zu machen, denen sie nachweislich nutzt.

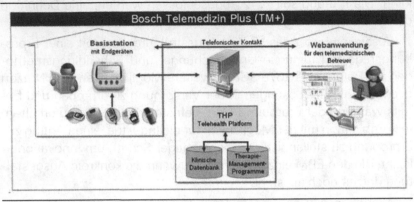

Literatur

Baker, C. B. et al. 2011: Integrated Telehealth And Care Management Program for Medicare Beneficiaries With Chronic Disease Linked To Savings. Health Affairs, 30(9):1689-1697.

Bartmann, F. J. et al. 2010: Voraussetzungen für gute Telemedizin in Deutschland. In: Duesberg F, Hrsg. e-Health 2011. Informationstechnologien und Telematik im Gesundheitswesen. Solingen: medical future Verlag, 13-15.

Budych, K. et al. 2010: Schaffung neuer Berufsbilder – Mit Telemedizin in die Zukunft. In: Böckmann B, et al. (Hrsg.). Telemedizin – Erfolgsmodell für moderne Patientenversorgung. Tagungsband Telemed:184-192.

Chumbler, N. R. et al. 2009: Mortality risk for diabetes patients in a care coordination, home-telehealth programme. Journal of Telemedicine and Telecare, 15:98-101.

Deutsches Netzwerk für evidenzbasierte Medizin e. V. http://www. ebm-netzwerk.de/was-ist-ebm/grundbegriffe/definitionen, , abgerufen am 02.07.2009.

Dittmar, R. et al. 2009: Potenziale und Barrieren der Telemedizin in der Regelversorgung. GGW, 9(4):16-26.

Eurostat, Bevölkerungsprojektion 2008-2060: Pressemitteilung vom 26.8.2008. URL: http://europa.eu/rapid/pressReleasesAction.do?r eference=STAT/08/119&format=HTML&aged=0&language=DE& guiLanguage=en, abgerufen am 02.07.2009.

Fuchs, C. 2011: Pressemitteilung der Bundesärztekammer vom 16.2.2011. URL: http://www.bundesaerztekammer.de/page. asp?his=3.71.8899.8975.9028, abgerufen am 02.07.2009.

GBE kompakt: Ausgabe 03/2011 – Diabetes mellitus in Deutschland [Gesundheitsberichterstattung – GBE kompakt, Mai 2011

www.gbe-bund.de/gbe10/ergebnisse.prc_tab?fid=13971&suchs tring=diabetes_melitus&query_id=&sprache=D&fund_typ=T XT&methode=2&vt=1&verwandte=1&page_ret=0&seite=&p_ lfd_nr=13&p_news=&p_sprachkz=D&p_uid=gast&p_ aid=40342821&hlp_nr=3&p_janein=J, abgerufen am 02.07.2009.

Gemeinsamer Bundesausschuss 2008: Verfahren zur Auswahl von qualitätssicherungsrelevanten Versorgungsaspekten und Methoden der Qualitätssicherung im Unterausschuss Qualitätsbeurteilung und –sicherung des Gemeinsamen Bundesausschusses. URL: http://www.g-ba.de/downloads/17-98-2593/Methodenpapier_UA_QB-QS_mit_Erl%C3%A4uterung.pdf, abgerufen am 02.07.2009.

Gensichen, J. et al. 2006:. Die Zukunft ist chronisch: das Chronic Care-Modell in der deutschen Primärversorgung für chronisch Kranke. Z. ärztl.Fortbild.Qual.Gesundh.wes. 100:365-374.

Hilpert, J: zitiert in Artikel vom 20.3.2012 in der Ärztezeitung: Schlummerndes Potenzial bei Telemedizin. http://www.aerztezeitung.de/praxis_wirtschaft/telemedizin/article/808353/schlummerndes-potenzial-telemedizin.html

Institut für Demoskopie Allensbach. 2010. Der Einsatz von Telematik und Telemedizin im Gesundheitswesen. Ergebnisse einer Repräsentativbefragung von niedergelassenen und Krankenhausärzten im April/Mai 2010. http://www.baek.de/downloads/eHealth_Bericht_lang_final.pdf

Karg, O. et al. 2012: Akzeptanz einer telemedizinischen Intervention bei Patienten mit chronisch obstruktiver Lungenerkrankung. Dtsch Med Wochenschr, 137:574-579.

Koehler F, et al. 2010: Telemedical Interventional Monitoring in Heart Failure (TIM-HF), a randomized, controlled intervention trial investigating the impact of telemedicine on mortality in ambulatory patients with heart failure: study design. Eur J Heart Fail. 2010 Dec;12(12):1354-62.

Koff, P. B. et al. 2009: Proactive integrated care improves quality of life in patients with COPD. Eur Respir J, 33:1031-1038.

Lindermann, D. J. et al. 2011: Effect of Integrated Care on Advanced Chronic Obstructive Pulmonary Disease in High-Mortality Rural Areas. Arch Intern Med, 171(22):2059-2061.

McCall, N. et al. 2011: Evaluation of Medicare Care Management for High Cost Beneficiaries (CMHCB) Demonstration: The Health Buddy® Consortium (HBC). RTI International Revised Final Report. 2011, Apr.

Müller, H. 2010: Stellenwert von Patienteninformationen und -kommunikation im Versorgungsmanagement der gesetzlichen Krankenversicherung. In: Koch, C. (Hrsg.), Achtung: Patient online!: Wie Internet, soziale Netzwerke und kommunikativer Strukturwandel den Gesundheitssektor transformieren. Wiesbaden: Gabler Verlag, 163-215.

Ramaekers, B. et al. 2009: Adherence Among Telemonitored Patients with Heart Failure to Pharmacological and Nonpharmacological Recommendations. Telemedicine and eHealth, 15(6):517-524.

Randall, D. C. et al. 2011: Electronic Health Records and Quality of Diabetes Care. N Engl J Med, 365:825-33.

Sachverständigenrat zur Begutachtung der Entwicklung im Gesundheitswesen 2009: Gutachten 2009, Koordination und Integration – Gesundheitsversorgung in einer Gesellschaft des längeren Lebens. Deutscher Bundestag, Drucksache 16/13770. URL: http://dip21.bundestag.de/dip21/btd/16/137/1613770.pdf, abgerufen am 02.07.2009.

Schmidt, S./Koch, U. 2005: Akzeptanz der Gesundheitstelematik bei ihren Anwendern. Bundesgesundheitsbl – Gesundheitsforsch – Gesundheitsschutz, 48:778-788.

Steventon, A./Bardsley, M./Billings, J./Dixon, J./Doll, H./Hirani, S. et al. (2012): Effect of telehealth on use of secondary care and mortality: findings from the Whole System Demonstrator cluster randomised trial. BMJ 2012;344:e3874.

Suter, P. et al. 2011: Theory Based Telehealth and Patient Empowerment. Population Health Management 14(2):87-92.

Statistisches Bundesamt 2012, URL: https://www.destatis.de/DE/ZahlenFakten/GesellschaftStaat/Gesundheit/Gesundheitsausgaben/Tabellen/Ausgabentraeger.html?nn=50792, abgerufen am 27.07.2012

Trill, R.: Erfolgsfaktoren von eHealth-Projekten. In: Duesberg F, Hrsg. e-Health 2011. Informationstechnologien und Telematik im Gesundheitswesen. Solingen: medical future Verlag, 16-19.

Viktor, V. et al. 2010: Positionierung eines Telemedizinischen Zentrums. In: Duesberg F, Hrsg. e-Health 2011. Informationstechnologien und Telematik im Gesundheitswesen. Solingen: medical future Verlag, 223-227.

Weintraub, A. et al. 2010:. A Multicenter Randomized Controlled Evaluation of Automated Home Monitoring and Telephonic Disease Management in Patients Recently Hospitalized for Congestive Heart Failure: The SPAN-CHF II Trial. Journal of Cardiac Failure, 16(4):285-292.

Komparatistische Perspektiven für Qualität in der Medizin

Die Märkte USA/Europa

Heidrun Sturm

In diesem Beitrag sollen nationale Besonderheiten in Akzeptanz und Entwicklung des Evidence based Medicine (EbM)-Konzeptes, von Leitlinien und Qualitätskultur allgemein dargestellt werden und dadurch ein humorvoll-sensibilisierter Blick gegenüber der eigenen soziokulturellen Umgebung gestärkt werden. Mit denselben Konzepten wird nämlich in anderer Umgebung (geographisch ebenso wie fachlich) unterschiedlich umgegangen; die daraus jeweils entstehenden Konflikte ähneln sich oft, und unterscheiden sich doch. Zum Verständnis der unterschiedlichen Akzeptanz hier ein kurzer historischer Blick auf die Entwicklung von EbM:

EbM – What it is and what it isn't: ärztliche Kunst versus Wissenschaft

Dan Mayer, ein amerikanischer Notfallmediziner und Lehrer von EbM, leitet die Diskussion um Kunst oder Wissenschaft historisch ab: einerseits konnte man im 19. Jahrhundert erstmals durch epidemiologische und statistische Methoden nachweisen, dass zum Beispiel

Aderlass bei Typhus wirkungslos war[1], andererseits gab es schon damals Stimmen, die die Statistik in der Medizin rundherum ablehnten, da sie der Auffassung waren, sie würden das Individuum aus dem Fokus der Behandlung verdrängen. Die ärztliche Kunst speist sich demnach aus der Ableitung aus Erfahrung einerseits und der Herleitung aus physiologischen Mechanismen andererseits und basiert nicht auf Wahrscheinlichkeitsberechnungen (Mayer 2004). Dieser Streit wurde somit bereits seit Ende des 19. Jahrhunderts in Frankreich, Deutschland, England und in den USA gleichermaßen geführt.

Der Einzug von EbM, der dann das Gleichgewicht zugunsten der Medizin als Wissenschaft zu verschieben drohte, wurde nach Mayer von Engländern initiiert. Auch in Deutschland lässt sich die Vorgeschichte einer selbst- und methodenkritischen klinischen Medizin, also EbM, wenigstens bis 1932 zurückverfolgen. In diesem Jahr erschien in erster Auflage die „Methodenlehre der therapeutischen Untersuchung" des Bonner Internisten Paul Martini (1879– 964). Nach britischer Auffassung war es der Statistiker A. B. Hill, der 1947 im Lancet für die Nutzung von Statistik in der Medizin plädierte, die erste randomisierte Studie durchführte und in dessen Folge durch Archibald Cochrane, einem praktischen Arzt, das Konzept der systematischen Reviews entwickelt wurde. Andere sehen die Wiege der modernen EbM eher in der McMaster Universität in Kanada (Guyatt 1991). In der Folge wurden Arbeiten am Aufbau eines Registers von Randomized Controlled Trials (RCTs) als dem Goldstandard für evidenzbasierte Studien zunächst durch das britische Department of Health, die WHO und den US Public Health Service finanziert. 1992 wurde das Cochrane Centre in Oxford gegründet. Zusätzliche finanzielle Unterstützung kam kurz darauf aus Schweden, 1993 wurde bereits das kanadische Cochrane-Centre etabliert, dann folgten USA (Baltimore), das Nordic- und das Australasian Cochrane Centre. Italien, Holland, Brasilien und Südafrika wurden etabliert, bevor 1997

---

1 Der Ursprung von evidenz-basierter Medizin liegt noch viel früher, in Belgien: das erste Studienprotokoll mit dem Vorschlag einer randomisierten kontrollierten klinischen Studie stammt von dem Arzt und Apotheker Jan Baptist van Helmont aus dem 17. Jahrhundert.

das deutsche und spanische Cochrane Centre entstanden (Swedish Council on Technology Assessment in Health Care 1996). Diese Entwicklung spieglet sicherlich teilweise auch die nationalen Unterschiede in der Durchdringung der EbM-Philosophie in Gesundheitspolitik und im Versorgungsalltag. Während die Akzeptanz in den angelsächsischen Ländern und auch in Skandinavien recht schnell zu wachsen schien, blieben die Skeptiker in anderen Ländern stärker. In England ist EbM eine „heilige Kuh", wie ein deutscher, dort arbeitender Kollege konstatiert. Getrieben durch die NHS-Institutionen wie dem National Institute for Health and Clinical Excellence (NICE) ist die Akzeptanz des Konzeptes an sich sehr hoch. Auch wenn die IT mit elektronischen Akten und "clinical decision aids" im NHS noch eher schwach ausgebildet scheint, ist die Idee des EbM-Konzeptes selbst auch bei Hausärzten weit verbreitet und akzeptiert.

Äußerungen wie „Kochbuchmedizin: Wo bleibt die Individualität?" sind im Zusammenhang mit EbM dennoch überall nach wie vor häufig, mehr von Seiten ärztlicher Praktiker als von Entscheidern oder Wissenschaftlern.

Dabei scheint vielerorts der EbM-Ansatz nur partiell wahrgenommen zu werden. Negiert wird nämlich oft folgendes: „externe klinische Evidenz [i.S. von EbM, Anm. d. Autorin] kann individuelle klinische Erfahrung zwar ergänzen, aber niemals ersetzen" (Sackett 1996). Eine einleuchtende und neutrale Darstellung des Zusammenspiels von Erfahrung und aktuellem Wissen ist die Unterteilung in Hintergrundwissen, das sich Ärzte während des Studiums primär aneignen und das sich über die Jahre durch Erfahrung ständig steigert, und dem Vordergrundwissen, das das Hintergrundwissen durch aktuelle Studienergebnisse situationsgebunden ergänzt (Mayer 2004). Diese Darstellung wird durch eine andere Unterscheidung des EbM-Konzepts nach Bottom-up (EbM als Unterstützung ärztlicher Kunst) oder Top-down (dirigierend durch die Verknüpfung mit der Administration) durch eine deutsche Autorin ergänzt (Kienle 2008). Allerdings formuliert sie dann sarkrastisch: „…An diesen Fragen entscheidet es sich, ob eine ärztliche Beurteilungs- und Entscheidungsautonomie überflüssig oder sinnvoll und notwendig ist…"

Während in Deutschland dieser konfrontative, beinah verletzende Ton vorherrscht, begegnen Ärzte aus anderen Ländern ihren Zweifeln mit Ironie und Humor und zeigen dabei gleichzeitig, dass auch andere Konzepte medizinischer Rationalität (auch die derzeit vorherrschenden) ihre Unzulänglichkeiten haben. Zwei Australier beschrieben 1999 die Alternativen zu evidenzbasierten Entscheidungen wie folgt: neben Evidenz-basierten Entscheidungen gibt es unter anderem die eminenz-, vehemenz-, eloquenz-, konfidenzbasierte Entscheidungen (Isaac/Fitzgerald 1999).

Im Folgenden sollen verschiedene Indizien für die „kulturellen" Unterschiede im Kontext von Qualität in der Medizin näher beleuchtet werden.

Während es bei der translationalen Forschung (bench to bedside) um die Anwendbarkeit neuer Methoden geht, geht es bei EbM sozusagen im nächsten Schritt darum, die effektivste und effizienteste Methode aus der Forschung in den klinischen Alltag zu überführen. Hierzu liefern evidenz-basierte Daten eine Basis, die dann mittels Leitlinien und klinischen Pfaden mit Erfahrungswissen verknüpft und anschließend in den klinischen Alltag überführt werden.

In der Folge von evidenzbasierter Medizin entwickelte sich auch ein Bewusstsein in Richtung „evidence-based policies". Nach Muir Gray[2] ist EbP "…about taking decisions based on evidence and the needs and values of the population" (Gray 2004). Er bindet damit die individuelle klinische "evidenz-basierte" Entscheidung in einen gesamtgesellschaftlichen Kontext, und stellt klar, dass auch die Ressourcenallokation und damit die Gesundheitspolitik nicht willkürlich sondern ebenso evidenz-basiert sein sollte. Die Versorgungsfor-

---

2 Muir Gray war u. a. Programmes Director of the UK National Screening Committee, Director of the National Library for Health, Chief Knowledge Officer of the NHS.

schung (health services research) zielt in einem übergreifenden Blick auf die Evaluation der angewandten Methoden und aufgewandten Ressourcen im Hinblick auf Qualität und Effizienz.[3]

Dokumentation und Qualitätsmessung: ein notwendiges Übel?

„Alle im Gesundheitswesen tätigen Akteure und Einrichtungen benötigen Daten für die Planung, Durchführung und Weiterentwicklung ihrer Aufgaben. Notwendig sind beispielsweise Analysen der Versorgungsprozesse, Behandlungsqualität und Effizienz von Versorgungsprogrammen" (Mansky/Robra/Schubert 2012).

Erst die Erhebung von Performance-Daten in Form von Registern oder ähnlichen Datensammlungen kann deutlich machen, dass bei gleicher Evidenzlage und überwiegend gleichen Leitlinienempfehlungen „unerklärbare" Variationen in der Behandlung zwischen individuellen Ärzten, zwischen Fachgruppen oder zwischen Ländern und Regionen zu finden sind (zum Beispiel Sturm/van Gilst/Swedberg/Hobbs/Haaijer-Ruskamp 2005). Vergleiche bieten die Chance, Problembereiche aufzudecken und dann gezielt nach den Gründen dieser Variation zu suchen, die potenziell auch Qualitätsprobleme darstellen können. Nur durch solche Erkenntnisse, die dann ergänzt werden müssen durch Erfahrung, Evidenz und Strukturanalyse, können auch Verbesserungen im Alltag angestoßen werden.

---

3 Definition der Versorgungsforschung siehe zum Beispiel: Bundesärztekammer (http://www.bundesaerztekammer.de/page.asp?his=6.3289.3293.3294)

Nicht nur für die rein medizinische Qualität, auch für die Planung des Gesundheitswesens im Ganzen sind verlässliche Daten zu Morbidität, Behandlung und deren Ergebnissen unerlässlich. Auch hier zeigen sich nationale und kulturelle Unterschiede:

▶ Es gibt große Unterschiede bezüglich der vorhandenen Daten in verschiedenen Ländern. Ein Grund liegt in der Organisation des Gesundheitswesens selbst. In national organisierten Gesundheitssystemen wie England, Schweden etc. ist es leichter, vollständige Register einzurichten und zu pflegen. In Systemen mit korporatistischer und zusätzlich regionaler Organisation wie in Deutschland liegen Daten in unterschiedlichen Formaten und Qualitäten bei unterschiedlichen Institutionen vor.

▶ Die kulturelle Haltung gegenüber Privatsphäre (privacy) und Datenspeicherung spielt hier außerdem ganz offensichtlich ebenfalls eine zentrale Rolle.

Einige Beispiele: In den skandinavischen Ländern wie Norwegen und Schweden werden schon seit Jahren alle gesundheitsrelevanten Daten in nationalen Registern gespeichert. Dadurch gibt es aus diesen Ländern viele Informationen bezüglich Krankheitsentwicklungen und Verschreibungstrends. In Norwegen zum Beispiel stellt die Norwegische Verschreibungs-Datanbank seit 2004 verschiedene Indikatoren zu Verschreibungsdaten im Internet frei zugänglich zur Verfügung (www.nordpd.no). Zahlreiche weitere indikationsspezifische nationale Register sind gesetzlich vorgeschrieben und werden durch das Institut of Public Health geleitet. In Fall des Schwangerschaftsabbruch-Registers müssen beispielsweise Krankenhäuser die festgeschriebenen Informationen wie Geburtsdatum, Familienstand, Gemeinde, Bildungsstand, frühere Schwangerschaften etc. zu durchgeführten Schwangerschaftsabbrüchen melden. Es gelten definierte Vertraulichkeitsbedingungen.[4]

---

4 Norwegian Institute of Public Health ("Knowledge for better Public Health") Register of Pregnancy Termination (http://www.fhi.no/eway/default.aspx?pid=238&trg=MainArea_5 811&MainArea_5811=5903:0:15,5352:1:0:0:::0:0)

In Deutschland gelang es in über zehn Jahren Vorbereitungszeit immerhin, die Speicherung von persönlichen Daten wie Name, Adresse und Geburtsdatum auf der Gesundheitskarte national zu implementieren. Der Deutsche Ärztetag 2012 forderte erneut das Ende des Projekts „Elektronische Gesundheitskarte". Die Vertraulichkeit der Patientenbeziehung sei dadurch genauso bedroht wie die ärztliche Therapiefreiheit. Etabliert sind in Deutschland zum Beispiel Register für meldepflichtige Krankheiten; es gibt jedoch keinen direkten Zugang zu den Daten.[5] In der Onkologie kämpfen die Selbstverwaltungsorgane seit Jahren mit- und gegeneinander um eine flächendeckende Dokumentation, sodass nun doch die Politik im Rahmen des nationalen Krebsplans initiativ wurde.

Versorgungsforschung hat hierzulande noch eine kurze Tradition.

Es gibt einen weiteren augenscheinlichen Unterschied: Im Vergleich zu anderen europäischen, auch nicht englischsprachigen Ländern, wird von Deutschland aus im Bereich Anwendungsforschung (wie post-marketing surveillance), Public Health und Versorgungsforschung allgemein noch wenig international veröffentlicht. Auf internationalen Konferenzen wie zum Beispiel der International Society of Quality in Healthcare (ISQUA) fand man noch Anfang des Jahrtausends kaum deutsche Teilnehmer.

Die Gründe dafür sind sicherlich vielfältig. So wurden (weiterführende) Studiengänge zu Public Health, Versorgungsforschung, Epidemiologie, Krankenhausmanagement in Deutschland erst in den

---

5   Robert Koch Institut: http://www.rki.de/DE/Content/Infekt/infekt_node.html

neunziger Jahren richtig etabliert. Gesundheitsökonomie folgte noch etwas später. 1999 fordert Jöckel zum Beispiel, die Ausbildung von Epidemiologen in Deutschland auszubauen, um „den dringenden Bedarf an Klinikern und Wissenschaftlern mit Methodenkenntnissen zu decken". Gleichzeitig mahnt er an, die bestehenden Egoismen zu überwinden um dieses interdisziplinäre Fach voran zu treiben (Jöckel/Stang 1999).

Darin liegt sicher auch die Ursache der noch schwach ausgebildeten Tradition, Studien zur nationalen Versorgung außerhalb Deutschlands zu veröffentlichen. Während in den Niederlanden bereits Studenten im Rahmen von Seminaren angehalten sind, die Ergebnisse von kleineren Projekten, wie etwa die Akzeptanz von Leitlinien, international zu publizieren, werden in Deutschland selbst Promotionsarbeiten häufig lediglich auf Deutsch und nicht in Form von Peer-Reviewed Artikeln erstellt.[6]

Die in Deutschland noch junge Disziplin wird deshalb in Klinikerkreisen erst langsam als Wissenschaft wahrgenommen, sehen sie doch die wahre Wissenschaft eher in der Grundlagenforschung, wo Deutschland traditionell international hoch präsent ist.

Das erklärt auch die Art und Weise, wie man sich Versorgungsproblemen in Deutschland häufig nähert. In Ermangelung von vorliegenden Evaluationen konnte (und kann) man sich oft nur der reinen Zahlen bedienen, wenn es darum geht, Entwicklungen aufzuzeigen. Allerdings lassen diese dann auch eine recht beliebige Interpretation zu. Als 1996 das Zentralinstitut der KBV und das Wissenschaftliche Institut der AOK ihre Fallzahl-Analyse vorlegten, zeigte diese, dass die Zahl der Überweisungsfälle ebenso „drastisch" rückläufig war, wie die Primärinanspruchnahme von Spezialisten anstieg. Die Interpretation in der Ärztezeitung: „Zurückgeführt wird dies auf die Abschaffung der Krankenscheine nach der Einführung der Krankenversichertenkarte. Erst die Praxisgebühr, die 2004 kommt, wird diese Entwicklung korrigieren" (o. V. 2012a). Die Diskussion um die Wirkung von Praxisgebühren wurde bis zu ihrer Abschaffung in weiten

---

6 Zum Beispiel: http://www.aezq.de/aezq/service/nachricht/news2012-05-25

Kreisen weitgehend ohne Berücksichtigung der inzwischen auch aus Deutschland vorliegenden Studien geführt. Gleichzeitig wird deutlich, dass ohne methodisch sinnvolle Evaluationen der situationsbedingten Interpretation durch die jeweiligen Stakeholder Tür und Tor geöffnet wird.

Ein weiterer Aspekt der langsamen Akzeptanz der Versorgungsforschung in Deutschland ist dabei sicher, dass Studien hierzulande meist von der Selbstverwaltung in Auftrag gegeben und folgerichtig deren Ansatz und Ergebnisse kritisch aufgenommen werden (Schlingensiepen 2012). Ein vom Spitzenverband der Kassen mit einer Studie zu Fallzahlsteigerung im Kontest von DRGs beauftragter Wissenschaftler des RWI verweist in Reaktion auf den Vorwurf der Befangenheit darauf, dass bei der wissenschaftlichen Begleitung der DRG-Einführung durch seine Gruppe in der Schweiz die Zusammenarbeit mit den Krankenhäusern reibungslos verliefe. Unklar bleibt bei der Darstellung, wie es im Fall der Schweiz mit der Beauftragung steht.

Die Ergebnisse eben dieser RWI-Studie werden dann entsprechend genutzt. So konstatieren die Kassen: „Vieles deutet darauf hin, dass in den Kliniken aufgrund ökonomischer Anreize medizinisch nicht notwendige Leistungen erbracht werden." Wogegen sich die Krankenhausgesellschaft ebenso wenig faktenbasiert verwahrt: Baum betonte, der medizinische Behandlungsbedarf könne nur von den behandelnden Ärzten beurteilt werden. Patienten, die in Kliniken operiert werden könnten, würden in der Regel über den niedergelassenen Arzt eingewiesen. „Hier greift ein Mehraugenprinzip" (o. V. 2012b). Dies demonstriert gleichzeitig, dass „Ärztliche Kunst", verstanden als rein individuelles Erfahrungswissen (interne Evidenz), noch immer die Evidenz-basierte, rationale Entscheidungsfindung (die Kombination von interner mit externer Evidenz) zu dominieren scheint.

Während in Deutschland somit in essayistischem Stil Ursachen und Lösungsvorschläge zu ökonomischen Anreizen diskutiert werden (Strehl 2012), bedient man sich beispielsweise in den USA hierzu

Studien, die die Argumente untermauern: „Researchers found that smaller hospitals, as well as facilities that serve fewer commercial HMO patients, appeared to perform better and rank higher[....]" Die Untersuchung zeigte Probleme des Pay-for-Performance-Systems auf, bei dem Kliniken auf der Basis von Qualitätsparametern wie Mortalitätsraten belohnt werden. Sie forderte ein nationales Programm, um faire Qualitäts-Assessments zu erreichen.[7] Auch in England werden die finanziellen Anreize auf ihre Effekte hin systematisch evaluiert (s.u.).

Aktivitäten zur Implementierung von Evidenz

Leitlinien

Als Folge der zunehmenden Akzeptanz der EbM Konzepte und der daraus erwachsenden Forderung nach nachweisbarer Qualität in der Medizin wurden Leitlinien immer wichtiger. In ihnen wird die vorhandene Evidenz in Form von Empfehlungen zusammengefasst und so in den Versorgungsalltag integriert. „Leitlinien sind systematisch entwickelte *statements*, die Ärzte und Patienten bei medizinischen Entscheidungen unterstützen sollen" („clinical practice guidelines are systematically developed statements to assist practitioner and patient decisions about appropriate health care for specific clinical circumstances.") (Field/Lohr 1992).

---

7 Use of in-hospital mortality to assess ICU performance may bias quality measurement. Abstract Amercian Thoracic Society (N. Dunford) 21-May-2012. http://www.eurekalert.org/pub_releases/2012-05/ats-uoi051412.php

Obwohl in Deutschland die Diskussion und Beschäftigung mit Leitlinien relativ früh begann, scheint es nach wie vor ein deutliches Gefälle zwischen den wissenschaftlich-politischen Aktivitäten zur Erstellung von Leitlinien und deren Implementation zu geben. In Deutschland regte der Sachverständigenrat für die Konzertierte Aktion im Gesundheitswesen in seinem Sondergutachten 1995 an, Leitlinien zu entwickeln. Seither gibt es hierzulande zahlreiche Institutionen, die sich mit Leitlinienerstellung befassen: Zentral sind dabei die AWMF als Vertretung der Fachdisziplinen und das Ärztliche Zentrum für Qualitätssicherung (ÄZQ) als Einrichtung der BÄK und KBV. Die AWMF und das ÄZQ waren von Beginn an in den internationalen Aktivitäten zur Qualität von Leitlinien wie AGREE seit den 1990er Jahren und G-I-N[8] seit 2002 aktiv vertreten. So zeigt dann auch die Anzahl der Publikationen im Kontext mit „practice guidelines", dass die Entwicklung deutschsprachiger Veröffentlichungen ziemlich parallel mit den englischsprachigen verlief (**Abbildung 1**). Dabei handelt es sich vorrangig um Empfehlungen für spezielle medizinische Fachgebiete (sogenannte „Klinische Leitlinien oder Praxisleitlinien"). Zusätzlich existiert seit 2002 das Programm für Nationale VersorgungsLeitlinien (NVL-Programm) in Trägerschaft von BÄK, KBV und AWMF.[9]

---

8 The Guidelines International network, G-I-N, is a global network, founded in 2002. It has grown to comprise 93 organisations and 89 individual members representing 46 countries from all continents (April 2012). The network supports evidence-based health care and improved health outcomes by reducing inappropriate variation throughout the world. http://www.g-i-n.net/about-g-i-n (accessed 27.5.2012).

9 Der Begriff „Versorgungsleitlinie" bezieht sich auf eine Definition von Raspe und Lühmann von 2002. ((Quelle Raspe/Lühmann fehlt))

Abbildung 1: Vergleich der Publikationsanzahl zu „Guidelines" in verschiedenen Sprachen

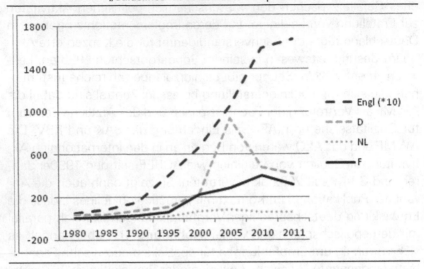

Legende: Anzahl Publikation in Englisch, Deutsch, Holländisch oder Französisch im jeweiligen Jahr mit dem MESH-Suchwort „Guidelines" oder „practice guidelines". Die Anzahl der englischsprachigen Publikationen entspricht 10-Mal dem dargestellten Wert.

Eine Studie des G-I-N aus dem Jahr 2002 (Burger 2002) verglich die damaligen internationalen Aktivitäten, die im Kontext mit Leitlinien standen: In Deutschland wie auch in mehreren anderen Ländern war damals bereits ein Guideline Clearinghouse und ein Patienten Clearinghouse eingerichtet; es zeichnete sich international ein Konsens bezüglich Qualitätsstandards in der Leitlinienerstellung und Aktualisierung ab. In Neuseeland wurden damals systematisch Patientenerfahrungen in die Leitlinienentwicklung einbezogen. In anderen Ländern war damals bereits die Dissemination im Fokus: Im relativ bevölkerungsarmen Finnland standen bereits damals >1000 Evidenz-basierte Leitlinien im Internet zur Verfügung; in Frankreich wurde der Leitliniennutzen und ihr Effekt evaluiert. In den neunziger

Jahren gab es in Frankreich die direkte Überprüfung der Leitlinienadhärenz und deren Kopplung an die Vergütung in Form von „Référénces Médicales Opposables" (RMO). Diese Verknüpfung wurde dann allerdings gerichtlich verboten.

Nutzung und Nutzen von Leitlinien

Aber was wird in den Ländern getan, um das Wissen um Leitlinien zu verbreiten? Wie ist die Anwendung der vorhandenen Evidenz im klinischen Alltag tatsächlich? Und zu guter Letzt: Gibt es Anhaltspunkte dafür, dass sich Leitlinien in der Qualität der Versorgung auch tatsächlich widerspiegeln?

Bereits in den neunziger Jahren gab es Studien, die sich mit der Akzeptanz von Leitlinien im Alltag beschäftigten. Es wurde offensichtlich, dass Leitlinien nur von einem Teil der Ärzte zur Kenntnis genommen werden und von einem noch kleineren Teil konsequent beachtet wurden (zum Beispiel Timmermann/Mauck 2002). Der Niederländer R. Grol veröffentlichte 1998 u. a. im British Medical Journal eine vielbeachtete Arbeit zu Leitlinienattributen, die die Akzeptanz in der Praxis beeinflussen (Grol 1998). Doch diese Diskussion, will man sich auf die international veröffentlichte Literatur als Indikator verlassen, wurde damals wohl überwiegend im angloamerikanischen, australischen und niederländischen Raum geführt.

Auch wenn es in Deutschland mindestens seit dem Jahr 2000 ebenfalls Arbeiten zur Akzeptanz von Leitlinien gibt,[10] scheint der Fokus in Deutschland noch heute mehr auf der formalen Leitlinienqualität als auf Implementation zu liegen: „Nachdem in den USA die Produktion nach der 18. Clinical Practice Guideline durch die AHCPR wegen der (am Aufwand gemessen) geringen Akzeptanz durch die Nutzer eingestellt worden ist, sammelt und publiziert das „National Guideline Clearinghouse" Leitlinien unterschiedlicher Orga-

---

10 Im hausärztlichen Bereich v.a. durch die Arbeitsgruppe um I. Schubert (PMV, Köln).

nisationen, sofern sie einigen wenigen Kriterien genügen."[11] Auch Selbmann fokussiert in seinem Vortrag „Erwartungen der Partner im Gesundheitswesen an Leitlinien – sind wir am Limit? – Versuch einer Zwischenbilanz" im Dezember 2011[12] weiterhin hauptsächlich auf die Leitlinienerstellung.

Natürlich ist die Qualität der zugrunde gelegten Evidenz von zentraler Bedeutung sowohl für die Akzeptanz als auch auf den angestrebten Effekt auf die Qualität der Versorgung. Gerade die regionale und zum Teil unkoordinierte Leitlinienerstellung birgt hier allerdings Fallen: Während internationale oder nationale Leitlinien überwiegend ähnliche Empfehlungen enthalten, sind regionale oder fachbezogene Leitlinien weniger homogen und führen so teilweise zu widersprüchlichen oder nicht mehr aktuellen Empfehlungen. Dies liegt ebenso an den unterschiedlichen Kontexten, in denen Leitlinien erstellt werden wie auch an der aufwändigen Erarbeitung und somit langen Dauer der Erstellung von Leitlinien (Timmermann/Mauck 2005, Mantel-Teeuwisse et al. 2006).

Auf dem Weg zur Umsetzung von Evidenz in den Alltag ließen diese international ähnlichen Erfahrungen und Studien die Erkenntnis reifen, dass die alleinige Bereitstellung von Leitlinien nicht weiter hilft und ein breiter gefächerter Ansatz für die Implementierung von Evidenz notwendig ist (s.u.).

Dennoch ist der Zugang zu vorhandenen Leitlinien in einer übersichtlichen und nutzerfreundlichen Art und Weise eine notwendige (wenn auch nicht hinreichende) Voraussetzung für die Implementierung in der Praxis. Sicherlich ist die Veröffentlichung von nationalen Leitlinien in relevanten Zeitschriften und im Internet inzwischen

---

11 http://www.awmf.org/leitlinien/ll-partner-links.html

12 Im Rahmen der 22. AWMF Leitlinienkonferenz (http://www.awmf.org/fileadmin/user_upload/Leitlinien/Veranstaltungen/LL-Konferenz_22/Selbmann_22-LL-Konferenz_2011-12-09.pdf).

überall gut etabliert.[13] Allerdings stehen in Deutschland, will man den Aussagen von Klinikern Glauben schenken, nach wie vor gedruckte Leitlinienversionen weitgehend ungenutzt in Ordnern in Praxen und Kliniken. Selbst wenn es elektronische Leitlinien- und Wissensdatenbanken in Kliniksystemen gibt, sagt das nichts über deren Bekanntheitsgrad und Nutzung aus. Auch sinnvolle Kitteltaschenversionen helfen mit alleiniger theoretischer Verfügbarkeit im Internet nicht weiter.[14] Deshalb werden vor allem elektronische Entscheidungshilfen als ein zentrales Element gesehen um die Routineanwendung von Leitlinienwissen nachhaltig zu fördern.

In **England** etwa bietet NICE auf den Seiten von „Nice-Guidance: Pathways" ein sehr übersichtliches Tool, das die verfügbaren Informationen zu bestimmten Themen in Form von verlinkten Algorithmen zusammenführt und damit einen schnellen Zugriff ermöglicht. Es dient explizit der Entscheidungshilfe für alle im Gesundheitswesen Tätigen und Patienten.[15] Auch in den **USA** bieten Fachgesellschaften wie etwa die American Heart Association Instrumente, die die Anwendung von leitliniengerechter Therapie in der Praxis unterstützen. Bereits 2004 gab es in den USA gezielte Initiativen, um die EbM-basierten Informationen am Patientenbett verfügbar zu machen, zum Beispiel über ein Laptop oder bereits damals über „Handhelds" und andere mobile Geräte (Mayer 2004). Heute sind elektronische Patientenakten mit integrierten Leitlinien dort weit verbreitet. Das „office of the national coordinator for health information technology (ONC)" bündelt unter dem Stichwort "clinical decision support" verschiedene Initiativen, die nur auf die Implementierung von Leitlinien zielen. Dort findet sich als Anreiz zusätzlich ein ausgeschriebener Preis für gute Konzepte, die Verbreitung, Akzeptanz und gemeinsame Nutzung solcher Initiativen fördern.

---

13 http://www.leitlinien.de des ÄZQ und http://www.versorgungsleitlinien.de/praxishilfen/hi_praxis/index_html

14 Siehe http://www.versorgungsleitlinien.de/praxishilfen/hi_praxis/index_html

15 http://pathways.nice.org.uk/

In **Deutschland** bieten zum Beispiel Disease Management-Programme seit nunmehr zehn Jahren optimale Möglichkeiten für die Aufbereitung und Anwendung der recht übersichtlichen Abläufe in elektronischer Form auf breiter Front. Diese Chance wurde bislang praktisch nicht genutzt. Stattdessen gibt es Dokumentationsformulare, die auszufüllen sind. Auf den Internetseiten des ÄZQ in Deutschland findet sich dementsprechend 2012 auch noch folgender Kommentar: „Obwohl seit Jahren auf die Bedeutung elektronischer Entscheidungshilfen für Wissensmanagement und Qualitätsförderung in der Medizin hingewiesen wird (vgl. etwa Hölzer et al., 2001), befindet sich diese Informationstechnologie in Deutschland immer noch im Entwicklungsstadium."[16] Ollenschläger, seit 1995 Leiter des ÄZQ, fordert eine gewährleistete Verfügbarkeit am Arbeitsplatz sowie mehr Evaluation der Nutzung. Gleichzeitig stellt er fest, dass die deutsche Leitlinienarbeit zwar international innerhalb der Leitliniennetzwerke wahrgenommen werde, aber mangels internationaler Publikationen nicht in der internationalen Wissenschaft (Ollenschläger 2011).

---

16 http://www.leitlinien.de/leitlinien-anwendung/entscheidungshilfen

Klinische Pfade und „SOPs":

Ein weiterer Schritt auf dem Weg von Evidence-based Medicine in die Praxis ist die Umsetzung von Leitlinienwissen in klinische Pfade.[17] Pfade operationalisieren sozusagen das Wissen für den täglichen Gebrauch; sie liefern sowohl evidenzbasierte Empfehlungen als auch Prozess- und Zeitrahmen für klinische Entscheidungen. Sie werden seit Jahren weltweit zunehmend angewandt, wobei auch hier wiederum deutliche Unterschiede in der Durchdringung bestehen (Rotter/Kinsman/James et al. 2010). Studien zur Effektivität von Pfaden finden wir bereits seit Ende der neunziger Jahre aus den anglosächsichen Ländern und Japan. Bereits 2003 nutzten 80 Prozent der amerikanischen Krankenhäuser klinische Pfade für zumindest einige Interventionen. Die European Pathway Association (e-p-a) wurde in Belgien gegründet, wird aber durch weitere Länder (Italien, Irland, Portugal) unterstützt (Vanhaecht/Sermeus/Peers et al. 2010). Internationale Veröffentlichungen aus Deutschland finden sich auch zu diesem Thema selten, in einem Cochrane-Review aus dem Jahr 2010 war keine einzige Studie aus Deutschland eingeschlossen (Rotter/Kinsmann/James et al. 2010).

Algorithmen oder Entscheidungsbäume, Standard Operation Procedures (SOPs) waren in den **USA** bereits in den achtziger Jahren ein verbreitetes Werkzeug, das gerade Studenten und jungen Ärzten durch die systematische und transparente Darstellung eine intellektuelle Systematik im klinischen Entscheidungsfindungsprozess

---

17 Nach M. Schrappe und I. Seyfarth-Metzger: Ein klinischer Pfad definiert sich zum Beispiel als eine *krankenhauseigene [oder organisationseigene, Anm. d. Autorin] interdisziplinäre Leitlinie*, die für ein bestimmtes Erkrankungsbild die Prozesse aus *berufsgruppen-übergreifender* Sicht beschreibt (Aufnahme, Diagnostik, Therapie, Entlassung), von denen die *Mehrzahl* der Patienten mit der Diagnose betroffen ist und die die während des Krankenhausaufenthaltes anfallenden *Leistungsprozesse* erfasst.

antrainierte und gleichzeitig fachliche Diskussionen unter Kollegen mehr auf rationale Evidenz und nicht so sehr auf institutionelle Kulturen basieren ließ.

In den **Niederlanden** sind schon lange sogenannte Protokolle (entsprechen praktisch klinischen Pfaden) im klinischen Arbeitsalltag im Einsatz. Sie werden von den Ärzten selbst auf der Basis von aktueller Evidenz und Leitlinien erstellt und als verbindliche und nützliche Entscheidungshilfen für das gemeinsam definierte Vorgehen angenommen, auch ohne dass sie verpflichtende Dienstanweisungen darstellen. Dabei einigen sich die an einem Prozess Beteiligten auf das Vorgehen in bestimmten Situationen. Besonders bei Eingriffen wie Transplantationen, die viel interdisziplinärer Abstimmung bedürfen und hochkomplexe Diagnose- und Behandlungsregimes erfordern, ist das von großem Nutzen. So wird gemeinsam festgelegt, wie in bestimmten Situationen vorgegangen wird. Dies wird dann schriftlich fixiert und ist jedem Beteiligten zugänglich. Das erspart immer wieder neue Abstimmungen von Standardsituationen und schafft Zeit, stattdessen die komplexe individuelle Situation zu erörtern. Interessant dabei ist die für Holländer typische pragmatische Vorgehensweise ohne viel technischen Aufwand hilfreiche Lösungen zu finden.

In Deutschland dagegen scheinen dabei technikorientierte Lösungen oft im Vordergrund zu stehen, die dann häufig am perfektionistischen Anspruch und den so entstehenden Kosten scheitern. Ein Beispiel ist der Versuch, Patientenpfade mit komplexen Funktionalitäten in einem Schritt komplett in ein klinisches Arbeitsplatzsystem integrieren zu wollen. Ein weiteres ist der frühe Fokus auf Telemedizin im Kontext mit Versorgungs- und Disease-Management, und die gleichzeitige Verknüpfung der DMPs mit finanziellen Aspekten (s. u.), wo einfache Telefonkontakte im ersten Schritt schneller und einfacher umzusetzen wären.

EbM versus klinische Evidenz: Wie anwendbar ist die Evidenz aus RCTs im Alltag?

Zweifel ob der „Verwissenschaftlichung" des ärztlichen Handelns (ebm) – ist ein Kompromiss zwischen Theorie und Praxis möglich?" (Rümenapf 2011) bestehen nicht nur in Deutschland. Befürchtungen bezüglich der Übermacht von EbM gab und gibt es überall. Smith stellte 2003 im BMJ sehr polemisch dar, dass Evidence based Medicine nicht alle Probleme der praktischen Medizin lösen kann: Die Recherche nach randomisierten Studien (RCTs), die den Nutzen von Fallschirmen zur Vermeidung von Tod beim Sprung aus dem Flugzeug nachweisen sollte, ergab keine Ergebnisse. Die Schlussfolgerung: "Individuals who insist that all interventions need to be validated by a randomized controlled trial need to come down to earth with a bump." Ergo: Es gibt Therapien und Vorgehensweisen, deren Effekt allein auch auf Grund von observierenden Daten evident genug ist, um eine Anwendung zu rechtfertigen.[18] Hier entflammt sich ein Streit, der auch ubiquitär geführt wird; allerdings scheint die Akzeptanz und der Tonfall verschieden.

In der Diskussion geht es vor allem um zwei Aspekte: erstens um die Methodik und somit Qualität der gewonnenen Evidenz und zweitens darum, dass die Evidenz aus RCTs nicht unbedingt eins zu eins in den klinischen Alltag und deren Patienten umgesetzt werden kann und deshalb weitere Arten der Evidenz für den Praktiker notwendig sind. Hierzu einige Anmerkungen mit Blick auf andere Länder.

---

18 Natürlich ignoriert diese polemisierte, überspitzte Darstellung den Sinn und Zweck von Evidenz-basierten Methoden, die auch hier durchaus greifen würden: Es kann immer sein, dass unter bestimmten Bedingungen eine bestimmte Kontrollgruppe aus ethischen oder wissenschaftlichen Gründen nicht sinnvoll erscheint (zum Beispiel, wenn, wie hier, die Evidenzlage bereits klar ist); dies kann aber sowohl für Placebo (kein Fallschirm) als auch für aktiv kontrollierte Interventionen gelten und ist kein Argument gegen die Methode des kontrollierten Versuchs an sich.

▶ Jede Art der Evidenz hat ihre eigenen Limitationen, und nur derjenige, welcher in der Lage ist, Studiendesigns kritisch zu hinterfragen, kann die Wertigkeiten der verschiedenen Daten abwägen und in den Kontext setzen. Nur diese Souveränität ermöglicht, interessengetriebene Informationen von unabhängigen, vorläufige Anhaltspunkte von sich bestätigenden Trends zu unterscheiden. Deshalb ist die Aus- und Weiterbildung von Ärzten im Bereich EbM, oder Epidemiologie so wichtig. In den **Niederlanden wie auch in den angelsächsischen Ländern** ist für Medizinstudenten ein ausführlicher Kurs in Methoden der EbM verpflichtend.

▶ Immer wieder müssen Ergebnisse von Registerstudien gerechtfertigt werden *gegen* die „bessere" Qualität von RCTs. Die Frage sollte nicht um Entweder-Oder gehen, sondern darum, wie verschiedene Arten von Evidenz ein Gesamtbild ergeben können, das alltagstauglich ist und wie bei widersprüchlichen Ergebnissen zu verfahren sei. Dieses Problem[19] wird schon länger in namhaften wissenschaftlichen Zeitschriften mehr oder weniger rational diskutiert (Berwick 2008 und Kienle 2008). Dasselbe gilt auch für den oft verbissen geführten Kampf um die „richtigen" Endpunkte: Muss es immer Mortalität oder Lebensqualität sein, oder sind auch intermediäre Endpunkte in manchen Fällen akzeptabel? Ebenso wie für die Messung von Performance-Indikatoren im Kontext von Vergütung (s. u.), sind für die Effektabschätzung einer Therapie die vorhandenen Messgrößen und Studiendesigns zentral. Etwa für Qualitätsaspekte in der Versorgung sind häufig Querschnittsstudien auf der Basis von Registerdaten ausreichend, um erste Hinweise für potenzielle Probleme zu erhalten.

▶ Offensichtlich können auch nicht alle klinischen Fragen mit demselben Ansatz beantwortet werden. Gerade im Kontext von Multimorbidität und Polymedikation greifen die klassischen Studi-

---

19 „...Neither disputes that progress toward health care's main goal, the relief of illness and pain, requires research of many kinds: basic, clinical, systems, epidemiologic. The disagreement centers on epistemology-ways to get at "truth" and how those ways should vary depending on the knowledge sought..." (Berwick 2008).

endesigns, die sich auf den Vergleich definierter Einzeltherapien beziehen und nur ausgewählte Patientengruppen einschließen, nicht immer. Insbesondere vor dem Hintergrund zunehmender Multimorbidität gewinnt die Diskussion um die Anwendbarkeit der Leitlinienevidenz in der Praxis an Bedeutung. Eine viel auch in Deutschland zitierte amerikanische Studie (Boyd et al. 2005) macht die Probleme deutlich und führt dazu, dass inzwischen gefordert wird, Leitlinien eher auf mehrere Indikationen auszurichten, um den Anforderungen der Zukunft gerecht werden zu können.

▶ Der Streit um die „richtige" Evidenz bestimmt auch die deutsche Diskussion um das Institut für Qualität und Wirtschaftlichkeit im Gesundheitswesen (IQWiG), das im Jahr 2004 eingerichtet wurde. In England war die vergleichbare Institution, das NICE des NHS, als einer der Vorreiter bereits sechs Jahre zuvor etabliert worden und hat seither eine zentrale Rolle in der Gestaltung des britischen NHS. Nationale Institutionen, die für Qualitätsbeurteilung und Health Technology-Assessment zuständig sind, gibt es inzwischen in den meisten Ländern. Jedoch bestehen beträchtliche Unterschiede hinsichtlich Ziele, Methoden, Dissemination und Effekte (Impact) der „Produkte" wie eine Vergleichsstudie der entsprechenden Organisationen in Deutschland, Großbritannien, Schweden und Frankreich feststellte (Schwarzer/Siebert 2009). Die Diskussion um das deutsche Institut demonstriert ein weiteres Mal, dass die Kultur um Qualität und Evidenz hierzulande noch nicht zum Alltag gehört. Viel zu dominant sind die Selbstverwaltungsstrukturen im deutschen Gesundheitswesen eingebettet und platzieren ihre Interessen häufig genug vor die Evidenz. Gleichzeitig ist die pharmazeutische und Medizintechnik Industrie hierzulande ein signifikanter Wirtschaftsfaktor, der auch politisch nicht negiert werden kann. Dieses Spannungsfeld hat auch die institutionelle Verankerung des IQWiG erschwert. Ein Kommentar des Astra-Zeneca-Sprechers nach der schwierigen Preisverhandlung auf der Basis der seit dem AMNOG geforderten Kosten-Nutzen Bewertung innovativer Arzneimittel, zeigt den Punkt erneut: „Noch werde zu sehr nach formalen Kriterien entschieden und zu wenig nach der Realität der Versorgung". Sein Vorschlag war, sich bei der Auswahl der Vergleichsgruppe eher am Markt zu orientieren: keine Generika, sondern nur patentgeschützte Mittel. Unterstützung hat er dabei auch von der europäischen Vertretung der forschenden Arzneimittelindustrie, beeinflusst doch die deutsche Preisgestaltung unmittelbar die Preise in den europäischen Nachbarländern.

▶ Bemerkenswert bleibt in diesem Kontext noch die späte Einführung von Kosten-Nutzen Studien (nicht nur für Arzneimittel) als Voraussetzung für die Vergütung in Deutschland. Sie war in Australien sowie in Managed Care-Programmen in den USA bereits Mitte der neunziger Jahre etabliert, England, Dänemark, Finnland, die Niederlande, Portugal und Kanada folgten kurz danach (Niessen et al. 2000) – rund 15 Jahre vor Deutschland.

Institutionalisierte Umsetzung von Qualität: Qualität und Ökonomisierung

Auch wenn EbM im ursprünglichen Sinn eine „Bottom-up" Unterstützung für Ärzte selbst darstellen sollte, ist durch den zunehmenden ökonomischen Druck in praktisch allen entwickelten Nationen Qualität zunehmend mit Kosteneffizienz verknüpft worden. Der zunehmend geforderte Qualitätsnachweis bringt einen Rechtfertigungsdruck mit sich, der in Deutschland wie anderswo ohne Zweifel zu einer defensiveren Praxis führt. Auch wenn etwa Leitlinien in Deutschland keine juristisch bindenden Anweisungen sind, schaffen sie dennoch insbesondere im Kontext mit Vergütung und Fehlerkultur eine quasi-gesetzliche Verbindlichkeit. In manchen Einrichtungen sind Leitlinien somit auch verbindliche Dienstanweisungen, obwohl das ÄZQ sich explizit gegen eine solche Verknüpfung ausspricht.[20]

Dann wird deutlich, dass neben der „passiven Unterstützung" durch EbM die Einhaltung von Empfehlungen auch „Top-down" (Kienle 2008) mehr oder weniger verpflichtend werden kann. Spätestens hier wird dann die „institutionalisierte" Umsetzung relevant, die ganz maßgeblich vom jeweiligen Gesundheitssystem und der dort vorhandenen Struktur abhängt. Diese spiegelt sich in integrierten Qualitätsanforderungen in Versorgungskonzepten, in Vergütungskonzepten aber auch in Fehlerkultur und Risikomanagement oder in der Bedeutung der Gesundheitsberichterstattung.

... in Form von Versorgungsverträgen

In vielen Ländern werden Leitlinien oder Pfade als Teil von Versorgungsmodellen und -verträgen, zum Beispiel im Rahmen von Chroniker-Behandlungsprogrammen (oder Disease Management Programmen, DMP) umgesetzt. Bei DMP stellt Deutschland insofern wieder einen Sonderfall dar, als dass hierzulande die Einführung von strukturierten Behandlungsprogrammen gleich initial über den Risikostrukturausgleich mit der Kassenfinanzierung verknüpft wurde, während in anderen Ländern der Fokus auf der Verbesserung der Versorgungsstruktur und der dadurch erzielbaren möglichen Einsparungen lag. Oft waren diese Programme dann dort auch durch Leistungserbringer oder Forschung initiiert und induzierten dadurch weniger systematische Ablehnung bei der Ärzteschaft. Durch die Verknüpfung mit Kassenstrukturen wurde in Deutschland die Administration und Dokumentation stark überbetont, was zu weiterem Widerstand und Imageverlust der Programme führte.

---

20 Vgl. ÄZQ Webseite.

In weiteren innovativen Versorgungsformen ist die Versorgungsqualität oft Teil der Verträge und kann dann bindend werden. In Deutschland trifft das zunehmend für Selektivverträge (nach SGB V §73c) und Integrierte Versorgungs (IV)-Verträge (§ 140 ff.) zu. Diese Vereinbarungen schließen in der Regel zumindest Qualitätsnormen ein, verknüpfen diese dann häufig zusätzlich mit der Vegütung (zum Beispiel Hoberg 2010).

Accountable Care Organisations (ACO) in den USA verbinden ebenso wie die Trusts oder Funds in England die Qualität und die finanzielle Verantwortung. Hier ist das Prinzip, dass Leistungserbringer für einen Großteil der Versorgung einer definierten Bevölkerung verantwortlich sind. Sie müssen diese aus einem definierten Budget heraus bestreiten. Die Idee dahinter ist, dass diese Verantwortung dazu führt, dass optimierte Qualität in der effizientesten Art und Weise (sektorenübergreifend) erbracht wird, denn nur so können die Verantwortlichen ihr Einkommen sichern.

... in Form von P4P:

Dieser noch weitergehende Schritt, nämlich die Verknüpfung von Qualität mit der Vergütung (im Sinne von Pay for Performance oder P4P) ist in England früh und konsequent umgesetzt worden. Dort wurden die General Practitioner (GP)-Trusts bereits in den neunziger Jahren nach leitlinienbasierten Qualitätskriterien, die sogenannten Star-Ratings, vergütet. Inwzischen haben Ärztegruppen praktisch die komplette finanzielle Verantwortung für die gesamte Versorgung ihrer Patienten in Form von GP-Konsortien zu übernehmen.

Pay for Performance-Ansätze aus den anglosächsischen Ländern setzen dabei vor allem auf positive Anreize: mehr Geld für bessere Qualität. Dagegen wird in Deutschland noch mehr mit Sanktionen operiert: Regresse bei Überschreiten der Arzneimittelbudgets. Positive Anreize werden hier erst nach und nach eingeführt: mit dem Versorgungsstrukturgesetz sind nun Extravergütungen für besonders förderungswürdige Leistungen oder Leistungserbringer vorgesehen, die allerdings nicht direkt qualitätsgebunden sind. Außerdem werden positive finanzielle Anreize in Selektivverträgen, der hausarztzentrierten Versorgung, oder in populationsbasierten IV-Modellen, wie dem „Gesunden Kinzigtal", auf lokaler Ebene umgesetzt, wo erwirtschaftete Überschüsse an die Leistungserbringer ausgeschüttet werden.

Die Art der Messgrößen, die als Grundlage der finanziellen Verknüpfung dienen, ist dabei ebenso entscheidend für den ausgelösten Effekt wie die Vergütungsform selbst. Auch wenn Ärzte gerne auf ihr Ethos als „selbstlose Heiler" pochen, sind sie dennoch gleichzeitig immer auch Menschen, die ihren Lebensunterhalt finanzieren müssen bzw. in Systemen arbeiten, die ökonomischen Zwängen unterliegen. Es ist ein großer Unterschied, ob mengenbezogene Bezugsgrößen oder qualitätsbezogene Größen in Verträgen eingesetzt werden. Zunehmend werden in Verträgen mit Krankenhausärzten, Erfolgskomponenten integriert, die allerdings rein auf Fallzahlen –sprich Volumen – abzielen. Aber auch in den Vergütungssystemen selbst, wie in den DRGs, überwiegen Mengenanreize die Qualitätsaspekte. Der Effekt wurde jüngst in einer deutschen Studie manifest, die zeigte, dass die Leistungsmengen in Krankenhäusern zwischen 2006 und 2010 um 13 Prozent angestiegen sind, davon aber nur mehr 40 Prozent durch demographische Entwicklungen erklärbar seien und gut dotierte DRGs überproportionale Zuwächse aufwiesen (Rheinisch Westfälisches Institut für Wirtschaftsforschung 2012). Die Reaktion aus der Politik kam prompt: Man müsse die Bezahlung nach Mengen staffeln.

Diese Reaktion verwundert und wirft die Frage auf, warum international und auch national verfügbare Literatur, die auch die Erfahrungen der Praktiker aufnimmt, so wenig Eingang in deutsche Diskussionen findet. Die Äußerung des Präsidenten der American Medical Association auf dem deutschen Ärztetag 2012 zeigt einen anderen Ansatz. Er sagt: Es gibt keine Evidenz für die richtigen Strukturen – und macht damit deutlich, dass es auch bei den Strukturen nicht um Meinung, sondern um Fakten geht. Um genau diese Wahrnehmung einer vorhandenen Evidenz geht es.

Inwieweit die Selbstverwaltungsakteure etwa bei EbM-Reformen und Bedarfsplanungsreformen, wie zuletzt im Versorgungsstrukturgesetz, sich an solchen Evaluationen orientieren, ist für Außenstehende schwer abzuschätzen. Dort wurde die Vergütung – wenn auch nur andeutungsweise – einmal mehr verändert mit der Tendenz: weg von Pauschalen, wieder hin zu Einzelleistungen. In den USA wird die Vergütungsstruktur von Medicare und Medicaid, die nach wie vor stark Fee-for Service orientiert ist, viel kritisiert, aber die geforderte Änderungsrichtung wird dabei immer wieder sehr klar formuliert: „It has become almost cliché to say that we need to move from volume-based payment to value-based payment" (Berenson 2010). Bei uns scheint diese Erkenntnis bei Weitem noch kein Cliché zu sein, statt dessen erscheinen die Reformen eher wie stochern im Dunkeln. Dabei gibt es seit mehr als einem Jahrzehnt auch international verquickte wissenschaftliche Aktivitäten zum Thema Qualitätsindikatoren, in den letzten Jahren auch zum Thema P4P (International Healthcare Performance Indicators and Patient Safety 2003). Auch hier waren die angelsächsichen und skandinavischen Länder Vorreiter (Mattkes/Epstein/Leatherman 2006). Hierzulande gibt es inzwischen ebenfalls zahlreiche Aktivitäten rund um Qualitätsindikatoren, man denke an das AQUA Institut, das nach der BQS und dem stationären Sektor nun für intersektorale Indikatoren verantwortlich ist. Die KBV stellt mit dem Projekt QISA Indikatoren für das Qualitätsmanagement in Arztpraxen zur Verfügung. In England (wie auch in den USA, s. o.) wurden darüber hinaus nach der Einführung des Quality and Outcomes Framework (QOF) die Qualitätsindikatoren durch Befragungen wissenschaftlich evaluiert und unbeabsichtigte Folgen für Pay for Performance veröffentlicht (Lester/Hannon/Campbell 2011). Ein sicherlich wichtiger Nebenaspekt der britischen Evaluation war die große Akzeptanz der Studie bei den befragten Praktikern, weil sie dadurch ihre Erfahrungen aus dem Alltag in die Planung einbringen konnten.

Qualität im Alltag – eine Kulturfrage?

Wichtiger als eine Schwarz-Weiß-Diskussion wäre insbesondere dort, wo EbM noch nicht so stark verankert ist, dass sich eine Kultur des kritischen, datenbasierten Diskurses etabliert, der es ermöglicht, sowohl klinische als auch gesundheitspolitische Entscheidungen auf der Basis von Transparenz und Evidenz zu fällen. Auch wenn inzwischen der Wandel von meinungs- zu evidenzbasierten klinischen Entscheidungsprozessen in Krankenhäusern überwiegend vollzogen scheint[21], empfinden Ärzte mit klinischer Erfahrungen aus anderen Ländern dennoch Unterschiede: In Deutschland herrsche auch heute noch vielerorts eine „Hegemonie der klinischen Fürstentümer", so drückte sich kürzlich ein Arzt nach seiner Rückkehr nach Jahren der Tätigkeit in den Niederlanden aus.

Auch im ambulanten Bereich ist Individualität ein zentrales Element: Ein weiterer Kommentar des Präsidenten der American Medical Association, Peter W. Carmel, anlässlich seines Besuchs beim Deutschen Ärztetag 2012, bietet vielleicht einen Erklärungsansatz für die deutsche Situation (o. V. 2012c): „Ich fand es schon im letzten Jahr in Kiel beeindruckend, wie sich die deutschen Ärzte für die Freiberuflichkeit einsetzen und für ihre Selbstständigkeit in eigener Praxis kämpfen."

Vielleicht ist es genau diese Individualität, die sowohl in deutschen Kliniken als auch in Einzelpraxen noch stark vorherrscht, die den Einzug einer EbM-Kultur hierzulande mit verzögert. Es gibt eine wachsende Anzahl an Publikationen, die zeigen, dass die *Einstellung zu EbM und die Intensität des kollegialen Austausches* in formaler oder informeller Form zusammen hängen. Ärzte, die mehr kooperieren, zeigen eine größere Akzeptanz von EbM und andersherum (Mascia/Cicchetti/Fantini et al. 2011).

---

21 Clinical pathways: effects on professional practice, patient outcomes, length of stay and hospital costs. Cochrane Library Published Online: 16 JUN 2010.

Lernen von anderen

Benchmarking und Qualitätszirkelarbeit[22], mit deren Hilfe die Versorgungsqualität verbessert werden soll (**Abbildung 2**), bauen auf dem Qualitätsvergleich und dem konstruktiven Diskurs zwischen Kollegen auf. Um solch einen Diskurs wirklich konstruktiv zu nutzen, bedarf es einer guten und offenen Qualitätskultur. Das bedeutet Vertrauen und bedarf der Überwindung formaler Konkurrenzsituationen. Gleichzeitig spielt hier natürlich auch die Diskussionskultur an sich eine Rolle: wie faktenorientiert wird diskutiert, welche Rolle spielen hierarchische Strukturen?

Qualitätszirkelarbeit als wichtiges Element für Qualitätsverbesserung im hausärztlichen Bereich nahm um 1980 seinen Ausgang in den Niederlanden und breitete sich von dort in Europa aus (Beyer/Gerlach/Flies et al. 2003). Pharmakotherapie-Zirkel sind ein Beispiel, das in Deutschland punktuell bereits vor Jahren gut etabliert war. So konnten beispielsweise in Hessen Leitlinien regional erarbeitet und auch umgesetzt werden und die Akzeptanz für Qualitätsdiskussion wuchs (Schubert/Egen-Lappe/Heymans/Ihle/Feßler 2009). Trotz wissenschaftlich evaluierter Effektivität konnten diese Zirkel aus finanziellen Gründen nicht weiter geführt werden. Inzwischen sind Qualitätsnormen und -zirkel zwar zwingender Bestandteil vieler Selektivverträge wie der hausarztzentrierten Versorgung. Die genaue Ausgestaltung dieser Arbeitsform bleibt dort zwar meist offen, allerdings werden diese Verträge wissenschaftlich evaluiert – ein Indiz für die wachsende Akzeptanz einer transparenteren Qualitätskultur. Im klinischen Bereich ist der Umgang mit Qualitätsverbesserungsansätzen weniger geregelt. In den Niederlanden gibt es teilweise wöchentliche Qualitätskonferenzen, in denen abteilungsintern offen die während der Woche aufgetretenen unerwarteten Ereignisse besprochen werden, die die Mitarbeiter sammeln.

---

22 http://www.aezq.de/aezq/kompendium_q-m-a/6-qualitaetszirkel

Abbildung 1: Der Effekt von „clinical governance" auf die durchschnittliche Qualität

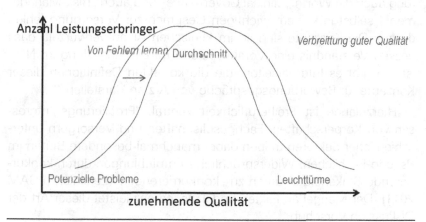

Quelle: nach Scally/Donaldson 1998.

Wahres Commitment oder Lobbyinteressen

Zum 50. Geburtstag des englischen NHS im Jahr 1998 wurde das Konzept der „Clinical Governance" eingeführt (Scally/Donaldson 1998). „For the first time, all health organisations will have a statutory duty to seek quality improvement through **clinical governance.**" Und: „A commitment to deliver high quality care should be at the heart of everyday clinical practice."

„Clinical Governance" wird als ein System definiert, das alle NHS-Organisationen für kontinuierliche Qualitätsverbesserung ihrer „Services" und die Qualitätsstandards ihrer Versorgung verantwortlich macht, indem sie eine Atmosphäre schaffen, in der Exzellenz in der klinischen Versorgung gedeihen kann. Dieses systemweite Bekenntnis und diese Politik machen offensichtlich einen Unterschied. Was inzwischen so weit führt, dass neben den zahlreichen etablierten Projekten, Institutionen wie dem NICE und Daten zur Qualitätsverbesserung auch die Worte „Clinical Governance" und auch „Risk-Management" selbst in keinem wichtigen Gespräch zur Versorgung fehlen dürfen. Die Konzepte sind so im klinischen Alltag verwurzelt, dass dessen Verständnis eine Voraussetzung für die Einstellung im NHS ist. So gibt es Internetseiten, die die korrekten Definitionen dieser Konzepte für Bewerbungsgespräche von Ärzten klarstellen.[23]

Hierzulande ist Freiberuflichkeit zentral. (Profilierungs-)Interessen von Körperschaften, Fachgesellschaften und Versorgern unterschiedlicher Sektoren treiben dabei manchmal besondere Blüten im Pseudo-Fachlichen: Widersprüchliche Empfehlungen durch konkurrierende Stakeholder führen zu „konkurrierenden" Leitlinien (EGAM 2011). Der Mangel an Fakten und Transparenz leistet dieser Art der Diskussion Vorschub.

Auch die folgende Aufzählung des Freiburger Medizinethikers Giovanni Maio, der den Wandel der Medizin „von der sozialen zur marktwirtschaftlichen Identität" im Jahr 2012 wie folgt beschreibt (Maio 2012), ist ein Beispiel dafür:

▶ von der Bedingungslosigkeit der Hilfe zur Rentabilität der Leistung

▶ vom Vertrauensverhältnis zum Vertragsverhältnis

▶ von der Selbstverständlichkeit des Gebens zur Rechenschaftspflichtigkeit allen Tuns

▶ von der fürsorglichen Praxis zur marktförmigen Dienstleistung

▶ von der Unverwechselbarkeit des Patienten zum standardisierten Verfahren

▶ von der Beziehungsqualität zur Fokussierung auf objektive Handlungen

---

23 http://www.medical-interviews.co.uk/ct-st-clinical-governance.aspx

▶ von der ganzheitlichen Betrachtung des Patienten zur Zerlegung und Fraktionierung

▶ von der Freiheit ärztlicher Entscheidungen zum Therapieren nach Gebrauchsanweisungen

▶ von der ärztlichen Profession zum Angestellten im Industriekomplex

▶ vom Grundgefühl der Dankbarkeit zur Generierung einer Anspruchsmentalität

In dieser Aufzählung wird die Evidenz zu den Effekten finanzieller Anreize auf das Therapieverhalten von Ärzten ebenso ignoriert wie die Möglichkeit, auch mit „Gebrauchsanweisungen" individuelle Entscheidungen zu treffen. Karl Lauterbach stellte einige dieser (internationalen) Megatrends bereits im Jahr 1999(!) etwas anders, aber gleichzeitig als unumkehrbar dar:

▶ von der Erfahrungsmedizin hin zu der Verwissenschaftlichung

▶ von der Rolle großer Namen einzelner Kliniken oder Ärzte hin zu Namen großer Studien oder Forschungsgruppen

▶ von der Rolle des Arztes als Anwalt des einzelnen Patienten hin zum Manager beschränkter Ressourcen zur Verbesserung aller von ihm versorgten Patienten

▶ eine Zunahme der Begründungspflicht ärztlicher Entscheidungen gegenüber Patienten aber auch gegenüber Kostenträgern

▶ eine Zunahme des Verdachts, dass Entscheidungen ökonomisch motiviert, aber medizinisch begründet werden (Lauterbach 1999).

Sachlichkeit in der Diskussion ermöglicht es, das gemeinsame Ziel der optimalen Patientenversorgung bei gleichzeitig sinnvollem Ressourceneinsatz nicht aus dem Fokus zu verlieren und in der Diskussion Aggression durch Kreativität zu ersetzen.

Qualität erwächst aus einer Kombination von (brauchbaren) Fakten und deren sachgerechter Interpretation. Diese bilden die Grundlage für Entscheidungen, die immer im jeweiligen Kontext auf der Basis von Erfahrung getroffen werden. Nur die Kombination von Fakten und Erfahrung ermöglicht die Weiterentwicklung und Optimierung der Versorgung. In den Ländern, in denen dies ein Teil der Alltagskultur geworden ist, kann man sich inzwischen neuen Inhalten zuwenden und muss nicht die Energie damit vergeuden, eine vermeintliche Kochbuchmedizin abzuwehren.

Literatur

Berenson (Vorname, Kürzel): Out of Whack: Pricing Distortions in the Medicare Physician Fee Schedule. NIHCM-Foundation 2010. http://nihcm.org/pdf/NIHCM-EV-Berenson_FINAL.pdf.

Berwick, M.: The Science of Improvement, Commentary. JAMA. 2008;299(10):1182-1184.

Beyer, M./Gerlach, F. M./Flies, U. et al.: The development of quality circles/peer review groups as a method of quality improvement in Europe....Family pracitce 2003. 20(4).

Boyd (Vorname, Kürzel!) et al., JAMA 2005. 294:720 ff.

Burger, J.:GIN conference Berlin, Vortrag Jako Burgers (http://www.aezq.de/mdb/edocs/pdf/azq-veranstaltungen/cpg/feder-burgers.pdf), 2002.

EGAM: Vortrag beim Symposium des ÄZQ zum DNEbM-Kongress 2011.

Field, M. J./Lohr, K. N. (Hrsg.): Guidelines for clinical practice: from development to use. Institute of Medicine, Washington, D.C: National Academy Press, 1992.

Gray, M.: Evidence based policy making. BMJ. 2004 October 30; 329(7473): 988–989.

Grol, R. et al.: Attributes of clinical guidelines that influence use of guidelines in general practice: observational study. BMJ. 1998 September 26; 317(7162): 858–861.

Guyatt G. Evidence-based medicine [editorial]. ACP J Club 1991;114(2):A-16. Und http://www.ebm-netzwerk.de/wer-wir-sind/chronik#2.

Hoberg, R.: Vortrag am 28.9.2010 in Stuttgart, http://www.bwcon.de/fileadmin/_bwcon/downloads/Meldungen_Mediadatein/2010/10 Oktober/1_AOKBW_Dr_Hoberg_bwcondialog_280910.pdf.

International Healthcare Performance Indicators and Patient Safety (HPI&PS): Volume 15 suppl 1 December 2003.

Isaac, D./Fitzgerald, D.: Seven alternatives to evidence based medicine. BMJ Vol 319, 18-25- Dec. 1999.

Jöckel, K-H./Stang, A.: Perspectives of Clinical Epidemiology in Germany. Journal of Clinical Epidemiology. Volume 52, Issue 4 , Pages 375-378, April 1999.

Kienle, G. S.: Evidenzbasierte Medizin und ärztliche Therapiefreiheit: Vom Durchschnitt zum Individuum. Dtsch Arztebl 2008; 105(25): A-1381 / B-1193 / C-1161.

Lauterbach, K.: Modebegriffe mit Hochkonjunktur. Deutsches Ärzteblatt 96, Heft 34-35. August 1999.

Lester, H. E./Hannon, K. L./Campbell, S. M.: Identifying unintended consequences of quality indicators: a qualitative study. BMJ Quality and Safety Dec 2011;20(12):1057-1061.

Maio, G.: Gesundheitswesen: Ärztliche Hilfe als Geschäftsmodell? Dtsch Arztebl 2012; 109(16): A 804–7.

Mansky, T./Robra B.-P./Schubert, I.: Qualitätssicherung: Vorhandene Daten besser nutzen. Dtsch Arztebl 2012; 109(21): A-1082 / B-928 / C-920.

Mantel-Teeuwisse, A. K. et al.: Prescribing behavior according to Dutch and European guidelines on the management of hypercholesterolaemia (1992-1999). Br.J.Clin.Pharmacol. 2006 May, 61(5).

Mascia, K./Cicchetti, A./Fantini, M. et al.: Physicians' propensity to collaborate and their attitude towards EBM: A cross-sectional study. BMC Health Services Research 2011, 11:172.

Mattkes, ((Vorname, Kürzel))/Epstein, A./Leatherman, S.: The OECD Health Care Quality Indicators Project: history and background. International Journal for Quality in Health Care; September 2006: pp. 1–4.

Mayer, D.: Essential Evidence-based-Medicine, 2004, Cambirdge University Press.

Niessen, L. W. et al.: The evidence-based approach in health policy and health care delivery. Social Science & Medicine 51 (2000) 859-69.

Ollenschläger, G.: „15 Jahre Leitlinien in Deutschland, Anspruch und Wirklichkeit" Vortrag beim Symposium des ÄZQ zum DNEbM-Kongress 2011 http://www.aezq.de/aezq/uber/mdb/edocs/pdf/azq-veranstaltungen/15-jahre-aezq-symposium-2011.pdf.

O. V.: 1996: Doktor-Hopping bei Fachärzten. Ärztezeitung, 1.6.2012 (2012a).

O. V.: Kassen-Verband: Viele Operationen in Kliniken unnötig. N24, 30.05.2012 15:29 Uhr (http://www.n24.de/news/newsitem_7963070.html) (2012b).

O. V: Deutsches Ärzteblatt online: 5 Fragen an Peter W. Carmel, M.D., Präsident der American Medical Association, Freitag, 25. Mai 2012 (2012c).

Rheinisch-Westfälisches Institut für Wirtschaftsforschung (RWI): Mengenentwicklung und Mengensteuerung stationärer Leistungen. Forschungsprojekt im Auftrag des GKV-Spitzenverbandes. April 2012.

Rotter, T./Kinsman, L./James, E. et al.: Clinical pathways: effects on professional practice, patient outcomes, length of stay and hospital costs. Cochrane Library Published Online: 16 JUN 2010.Editorial Group: Cochrane Effective Practice and Organisation of Care Group.

Rümenapf, G.: NVL Diabetes Verbreitung-Akzeptanz-Probleme, Berlin 2011.

Sackett, D. L.: Evidence based medicine: what it is and what it isn't, BMJ, 1996 aus http://www.ebm- Donald netzwerk.de/was-ist-ebm/leitartikel-sackett.

Scally G./Donaldson, L. J.: Clinical governance and the drive for quality improvement in the new NHS in England BMJ. 1998 July 4; 31/(/150): 61–65. http://www.ncbi.nlm.nih.gov/pmc/articles/ PMC1113460/.

Schlingensiepen, I.: Krankenhausgesellschaft ruft Kliniken zum Boykott auf. Ärzte Zeitung, 31.01.2012. (http://www.aerztezeitung. de/praxis_wirtschaft/klinikmanagement/article/803229/krankenh-ausgesellschaft-ruft- kliniken-boykott.html?sh=1&h=467661347).

Schubert, I./Egen-Lappe, V./Heymans, L./Ihle P./Feßler J.: Gelesen ist noch nicht getan: Hinweise zur Akzeptanz von hausärztlichen Leitlinien. Eine Befragung in Zirkeln der Hausarztzentrierten Versorgung (HZV). Zeitschrift für Evidenz, Fortbildung und Qualität im Gesundheitswesen 2009; 103: 5-12.

Schwarzer, R./Siebert, U.: Methods, procedures, and contextual characteristics of health technology assessment and health policy decision making: Comparison of health technology assessment agencies in Germany, United Kingdom, France, and SwedenInternational Journal of Technology Assessment in Health Care (2009), 25 : pp 305-314.

Strehl, R.: Krankenhäuser: Pauschale Verdächtigungen statt nachhaltiger Lösungen. Deutsches Ärzteblatt 2012; 109(21): A-1076 / B-924 / C-916.

Sturm, H. B./van Gilst, W. H./Swedberg, K./Hobbs, F. D./Haaijer-Ruskamp, M.: Heart failure guidelines and prescribing in primary care across Europe BMC Health Serv Res. 2005 Aug 30;5:57.

Swedish Council on Technology Assessment in Health Care. http:// www.cochrane.org/about-us/history.

Timmermann, S./Mauck, A.: The promises and pitfalls of Evidence-based medicine. Health Affairs 24(1), Jan. 2005.

Vanhaecht, K./Sermeus, W./Peers J. et.al.: The European Quality of Care Pathway (EQCP) Study: history, project management and approach. Intl J Care Pathw June 2010 vol. 14 no. 2 52-56.

Wir müssen Gesundheit neu denken

Ein Gespräch mit *Prof. Dr. Detlev Ganten* über Qualität und Gesundheit im Zeichen von Global Health

Ralph Kray & Christoph Koch

„Es ist eine ganz neue Welt, die sich auftut."

Herr Professor Ganten, die Begriffe von Gesundheit sind international nicht einheitlich. Jede Kultur besitzt ihren eigenen Hintergrund, von dem aus sie ihr Ideal und ihre Praxis von Gesundheit konstruiert. Was verstehen Sie also in qualitativer Hinsicht unter „Global Health"?

Zunächst einmal geht es um Gesundheit, nicht um Medizin. Das ist ein entscheidender Punkt und ein großer Unterschied: Wir sprechen nicht davon, dass unter Federführung der Medizin der Einzelne oder die Bevölkerung wieder *gesund gemacht* oder *gesund erhalten* werden, obwohl das in den wohlhabenden Ländern häufig erwartet wird. Es geht vielmehr darum, das von den Vereinten Nationen garantierte, umfassende Menschenrecht Gesundheit an allen Orten der Erde zu verwirklichen. Global Health ist also nur zum geringeren Anteil mit Medizin zu erreichen. Es ist eine Aufgabe des Einzelnen, aber auch eine Verantwortung der ganzen Gesellschaft, Wissenschaft, Wirtschaft, Politik und Zivilgesellschaft – sonst ist „Global Health" nicht zur verbessern. Global Health erfordert die internationale Zusammenarbeit vieler Kräfte der Gesellschaften.

Ist die berühmte Gesundheits-Definition der Weltgesundheitsorganisation von 1948 – „ein Zustand vollständigen physischen, geistigen und sozialen Wohlbefindens, der sich nicht nur durch die Abwesenheit von Krankheit oder Behinderung auszeichnet" – überhaupt realistisch?

Die WHO-Definition ist sehr weit gefasst. Ich denke nicht, dass ein so hohes Ideal der Gesundheit als Freiheit von sämtlichen Beschwernissen vollständig verwirklicht werden kann, schon gar nicht global. Es kann aus meiner Sicht etwas realistischer und vielleicht auch bescheidener nur darum gehen, dass die Menschen weltweit in die Lage versetzt werden, den täglichen Anforderungen ihres Lebens in möglichst umfassender Weise zu entsprechen und sich ihrer Leistungsfähigkeit entsprechend gesund und gut, im Idealfall fröhlich zu fühlen. Dazu müssen wir entsprechende Strukturen schaffen. Das ist im persönlichen Bereich schon eine große Herausforderung, global ein vornehmes Ziel.

Wie verhält sich das, was Medizin leistet, in Bezug auf dieses an der Lebensqualität orientierte Konzept?

Ein rein medizinischer Gesundheitsbegriff betrachtet Körperfunktionen, die beeinträchtigt sind oder die ausfallen, die von einer Norm abweichen und zu messbarer Krankheit führen. Das Spektrum reicht von furchtbaren Verletzungen, Erkrankungen und Infektionen, über chronische Leiden wie Krebs oder Herz-Kreislauf-Erkrankungen, bis hin zu den daraus folgenden körperlichen Einschränkungen und dauernder Invalidität, die Leben nur noch durch Hilfe möglich macht. Die seelischen Krankheiten sind eine weitere wichtige Kategorie. Dieser umfassende Rahmen, den der Gesundheitsbegriff erfordert, schließt im jeweiligen Kontext die medizinischen Möglichkeiten und Versorgungsmöglichkeiten ein, die je nach dem gesellschaftlichen Kontext zur Verfügung stehen.

Es erscheint mir also keinesfalls sinnvoll, die Medizin und ihren Beitrag zum Gemeinwohl isoliert und nur medizinisch zu betrachten. Gern beziehe ich mich hier auf den großen Berliner Mediziner Rudolf Virchow. Virchow ist so weit gegangen, von „...der Freiheit und von ihren Töchtern Gesundheit und Wohlstand..." zu sprechen. Wenn wir über Gesundheit reden, thematisieren wir also immer auch die politischen und gesellschaftlich-strukturellen Voraussetzungen, die gegeben sein müssen, um tatsächlich Lebensqualität zu schaffen.

Was stiftet diese Voraussetzungen?

Für mich ist entscheidend, dass wir den Weg über die Bildung gehen müssen, um Gesundheit in der Gesellschaft erreichen zu können. Das ist der entscheidende Faktor. Wir brauchen Bildung und politische Mündigkeit, sowie Freiheit der Inhalte und der Organisationen. Natürlich ist Gesundheit nicht ohne die materiellen Voraussetzungen realisierbar – ein gewisser Wohlstand, nicht Reichtum. Gesundheit alleine als Zielgröße im Blick zu haben reicht nicht aus, schon gar nicht im weltweiten Maßstab.

Sie sprechen, wenn Sie auf dem World Health Summit zusammenkommen, und wenn anschließend die Teilnehmer zurück in ihre Länder gehen, auch über die Qualität des jeweiligen politischen Systems, über das Bildungswesen, die Partizipation, die Freiheit, den Korruptionsschutz?

Genau das ist es. Ohne das wird es nicht gehen. Und wenn wir international miteinander reden, dann ist der Dialog nicht auf das Wissen und die Perspektiven der Mediziner beschränkt. Das macht die Qualität des World Health Summit aus. Wir Mediziner mögen eine treibende Kraft sein, so wie Rudolf Virchow ein Mediziner war, der alle Ebenen der sozialpolitischen Gegebenheiten seiner Tage im Gesamtzusammenhang betrachtet hat. Das können und dürfen auch wir nicht anders machen. Wir können nicht allein die Gesundheit in den Blick nehmen und sie losgelöst von Freiheit und Bildung fördern wollen. Die Verflechtung des medizinischen Handelns und der strukturellen Voraussetzungen für Gesundheit in der Gesellschaft muss in ihrer Komplexität und Interdependenz betrachtet werden. Das ist der Grund, weshalb die M8 Allianz der Akademischen Gesundheitszentren und weltweiten Nationalakademien als Träger und Initiatoren des Summit die Politik, die Zivilgesellschaft und die Gesundheitswirtschaft zum Dialog einlädt. Korruption in der Politik und schlechte Governance könnten alles zerstören – leider passiert das auch nicht eben selten.

Governance über die Wirtschaft, einschließlich der Gesundheitswirtschaft, um einmal einen wirklich einflussreichen und bedeutungsvollen zeitgeistigen Begriff zu benutzen, die leitende und ordnende Rolle politischer Steuerung, spielt also für Sie eine bedeutende Rolle in der gesamtsystemischen Qualitätssicherung sozusagen der Gesundheitsproduktion?

Politisches Handeln muss die unverzichtbaren Rahmenbedingungen setzen: Die Sicherung der Freiheit der Gesellschaft und des Einzelnem, der Zugang zu Bildung, der Zugang zu umfassenden Bildungsinhalten, die Freiheit von bornierter Ideologie, und eben auch *Good Governance.* Wie wird weltwirtschaftliches Vermögen genutzt, wie erreichen wir das notwendige Maß an Verteilungsgerechtigkeit, wie leistungsfähig ist das politische System, um dann die Gemeinschaftsaufgaben zu organisieren? All das fordert die Einbeziehung der Zivilgesellschaft in ein breites Gespräch über Werte, Strukturen und Qualität öffentlichen und wirtschaftlichen Handelns. Wir haben bislang die Stakeholder des Gesundheitssystems angesprochen, die Verantwortungsträger, die Fachleute. In der Verwirklichung des Menschenrechtes auf Gesundheit müssen alle zusammenarbeiten, sonst ist es nicht erreichbar.

Was heißt das für die Akteure der Gesundheitswirtschaft, ob nun gewinnorientiert oder gemeinnützig verfasst?

Wir können nicht erwarten, dass andere Sektoren der Wirtschaft die Kosten für ein Gesundheitssystem tragen, wenn es keine funktionierende und auch profitable Gesundheitswirtschaft gibt, die nach volks- und betriebswirtschaftlichen Kriterien arbeitet und steuerungsfähig ist. Gewinne sind in einer Marktwirtschaft für jeden Sektor notwendig, auch für die Gesundheitswirtschaft. Die aus anderen Zweigen der Ökonomie erhobene Forderung nach Kosten-bewußtem und vernünftigem Wirtschaften im Gesundheitswesen ist berechtigt und qualitätsrelevant. Geld für unnötige Behandlungen auszugeben ist nicht nur schlechte Arbeit, sondern auch unethisch. Hier setzt die Politik für die Entfaltung der Marktkräfte wichtige Rahmenbedingungen: Gemeinschaftsaufgaben, zu denen ein Teil der Gesundheitsförderung gehört, müssen so organisiert werden, dass das Geleistete denen zugutekommt, die es tatsächlich brauchen. Dies müssen Zivilgesellschaft, NGOs und engagierte Bürger kontrollieren und debattieren. Dazu braucht es die Freiheit im Sinne Virchows, und es braucht eine freie Presse. Mithin: Die wichtigste Zielgröße medizinischer Ökonomie ist ihr Produkt – die Gesundheit – und nicht medizinisches Leistungsvolumen. Im Gegensatz zu anderen Produkten der freien Wirtschaft, ist die Inanspruchnahme medizinischer Produkte und Leistungen ja nicht der freien Entscheidung des Verbrauchers überlassen: Die Krankheit schafft den Bedarf und zumeist verordnet der Arzt für seinen Patienten. Der Markt ist also weniger frei als z.B. bei Autos oder Computern.

Wer Tag um Tag das harte Brot der Bewirtschaftung zum Beispiel eines mittelgroßen Krankenhauses kaut, mag nun sagen: Nun gut, man kann Herrn Ganten nur zustimmen, doch spricht er recht utopisch, sozusagen über das Blochsche „Prinzip Hoffnung" im Gesundheitswesen.

Theorie und Praxis sind natürlich zwei Seiten – aber ein und derselben Medaille. Wir brauchen natürlich Theorien, gerne auch Hoffnung, aber wir brauchen auch deren Test in der Praxis. Wir hoffen selbstverständlich immer, dass eine Theorie den Praxistest besteht. Aber brauchen wir als politische Gemeinschaft nicht auch langfristige Vorstellungen und Visionen? Deren Bilder schaffen eine stabilere Identität, oder, modern gesprochen, eine *corporate identity*, zum Beispiel für ein Krankenhaus und deren Mitarbeiter, die für eine große Herausforderung eine gemeinsame Strategie der Bewältigung erarbeitet haben. Ich würde sogar noch weiter gehen: Warum denken wir nicht darüber nach, wie beispielsweise Deutschland sich im internationalen Kontext der Gesundheitsversorgung und Gesundheitswirtschaft eine besonders intelligente Position erarbeiten kann? Wir hätten dafür gute Voraussetzungen, und wir haben einige gut funktionierende Modelle. Deutschland hat lange Erfahrung mit einem gut funktionierenden Gesundheitssystem, und wir haben eine lange Tradition in der medizinischen Forschung.

Denken Sie zurück in die Zeit als die moderne Medizin der Neuzeit entstand. Das war die Zeit von Johannes Müller, Rudolf Virchow, Robert Koch, Emil von Behring, Paul Ehrlich, Hermann von Helmholtz, Werner von Siemens und vielen anderen um 1850 bis 1914. Die Naturwissenschaften hielten Einzug in die Industrie-Gesellschaft und in die Medizin. Diese Entwicklung wurde positiv gesehen, als einer der großen Treiber allgemeiner Prosperität, Freiheit, Wohlstand und Emanzipation. Es entwickelte sich damals ein optimistischer Fortschrittsglaube, der Jahrzehnte später in den großen Brüchen in unserer Geschichte zum Teil untergegangen ist. Untergegangen mitsamt all seinen schöpferischen und positiven Aspekten. Ich halte es für bedauerlich, diese klaren optimistischen Ziele preisgegeben zu haben. Wir sprechen häufig nicht mehr aus, was die Wissenschaft Großes für die Menschen zu leisten vermag: Wir können über Wissenschaft, über Kultur und auch über gesellschaftliche Auseinandersetzung vorankommen und tatsächlich ein besseres Leben schaffen! Aus dieser „Pflicht zum Optimismus", wie Karl Popper es am Ende seines Lebens nannte, kann man sich herausreden: „Alles ist zu komplex, alles ist global, und keiner hat wirklich noch das Gefühl, in dieser Komplexität Verantwortung übernehmen und Fortschritt und Wohlfahrt schaffen zu können. Mit Forschungsergebnissen wurde Schindluder getrieben und die Wissenschaft hat ihre Unschuld verloren."

Ich möchte nicht missverstanden werden: Optimismus im Popper'schen Sinne heißt nicht „es wird schon alles gut werden in dieser besten aller Welten..." Es heißt in Kurzform: Wir haben die Aufgabe, uns Ziele zu setzen, an die wir glauben, die wir aber zu jedem Zeitpunkt zur Diskussion stellen und im Dialog zu korrigieren bereit sind. Es fehlt aber heute oft am Entschluss, etwas Definiertes zu formulieren und zu wollen. Ich könnte mir für Deutschland beispielsweise gut vorstellen, dass wir für uns auf Grund unserer großen wissenschaftlichen Tradition und heutigen Leistungsfähigkeit festlegen: Wir wollen einer der bedeutendsten Wissenschafts- und Innovations-Standorte in der Medizin und Gesundheit werden und uns international vor allem auf diesen Gebieten und humanitär engagieren. Die *corporate identity* Deutschlands könnte meiner Meinung nach darin liegen, unser medizinisches und organisatorisches Können zur Marke „Made in Germany" zu machen und dorthin zu tragen, wo Not ist. Das Reizvolle daran ist, dass unsere mannigfaltigen Stärken, einschließlich der vielgerühmten Ingenieurskunst, in der Gesundheit mit ihren interdisziplinären Aufgaben und Anwendungen besonders gebraucht werden und einsetzbar sind. Das internationale Forum hierfür könnte dann zum Beispiel der World Health Summit in Berlin sein.

Kehren wir noch einmal zurück zum Gedanken des Gestaltens der Gesundheitsversorgung in unserem nationalen Kontext. Unsere Tradition ist auch das solidarische und flächendeckende Versorgungssystem; ebenso eine Errungenschaft aus den Tagen Virchows, die uns dessen großer Widersacher Bismarck hinterlassen hat. Es will jedermann notwendige Leistungen unabhängig von der jeweiligen Profitabilität der Transaktion zukommen lassen. Betriebswirtschaftlich erscheint das abwegig, und der Einfluss der Manager-Ökonomie ist in den vergangenen 20 Jahren gewaltig gewachsen. Der Gestaltungswille, welcher derzeit von gesundheitswirtschaftlicher Seite an die Medizin herangetragen wird, scheint uns von einer sehr anderen Qualität zu sein als der Ihre. Wie möchten Sie diese Mikroökonomisierung von Gesundheit zu Gunsten des Gesundheitsbegriffs, wie sie ihn ansetzen, zügeln? Durch wen wären die Interessen in Schach zu halten?

Der Realismus, zu dem Ökonomen uns anhalten, hat durchaus auch sein Gutes. Bei allen hochtrabenden und gewissermaßen gesellschaftsphilosophischen Erklärungen und Wunschvorstellungen darf nicht vergessen werden, dass die Gesellschaft sehr viel Geld für Wissenschaft und Forschung ausgibt. Daher hat sie in legitimer Weise ein großes Interesse an der Qualität der Ergebnisse. Dazu gehört auch die Wirtschaftlichkeit. Immer mehr, immer besser und immer kostspieliger kann und darf nicht das Ziel sein.

Und doch muss die Medizin ihre Aufgabe nach dem Stand der Wissenschaft erfüllen, selbst wenn es teuer und ineffizient erscheint.

Dies alles vorausgesetzt, sollten wir Klartext reden: Es gibt ein hohes Maß an eigener Verantwortlichkeit für die Gesundheit. Das ist keine neoliberale Ideologie, sondern ergibt sich aus der von uns erstrebten Freiheit. Die Statistik der Erkrankungen sagt etwas über die Qualität politisch-gesellschaftlichen Vorankommens aus: Etwa 80 Prozent unserer Krankheiten, z.B. Herz-Kreislauf-Erkrankungen, psychische Erkrankungen oder bestimmte Formen von Krebs, können bei richtiger und verantwortungsvoller Lebensweise (Alkohol, Rauchen, Bewegung, Ernährung) in weiten Bereichen weit hinausgeschoben, wenn nicht sogar vermieden werden. Daher mein Beharren auf der Förderung der Bildung als Gesundheitsförderung. Investitionen in Bildung zahlen sich in Gesundheit aus. Der Ausspruch „Education is the best vaccination" ist richtig – und der Zugang zu Bildung für alle ist umso wichtiger.

Kritiker der Ökonomisierung des Versorgungssystems halten den Begriff „Eigenverantwortung" lediglich für eine Chiffre für „selber bezahlen" – also für Rückzug aus der Solidarität.

Es gibt da einen breiten Konsens in unserem Land: Eigenverantwortung kann niemals als „Wer krank wird, ist selber schuld" verstanden werden. Es gibt Schicksalsschläge und soziale Lagen, die keinen Raum lassen, um alles für seine Gesundheit zu tun. Wir dürfen auch die zahlreichen altruistischen Tätigkeiten nicht vergessen: Wer Opfer für andere bringt, sich etwa bei seiner Arbeit, in der Pflege von Angehörigen oder in der Hilfe bei Notfällen aufreibt, kommt nicht umhin, seine eigene Gesundheit zurückzustellen. Das dürfen wir nicht bestrafen, sondern müssen es honorieren. Diese Dialektik der Verantwortung für die eigene Gesundheit und die Erwartungen an die Medizin müssen wir aushalten.

Dennoch wollen wir konkret nachfragen: Treten Sie prinzipiell dafür ein, den Umfang privat finanzierter Gesundheitsdienstleistungen auszuweiten, um das solidarische System zu entlasten und dessen Versorgungsqualität durch Konzentration auf das Wesentliche zu stärken?

Ja, aber auf jeden Fall sozialverträglich und nach Vermögen. Eine Basisversorgung muss für alle gewährleistet sein. Ich glaube, dass unser im Wesentlichen solidarisch getragenes Gesundheitssystem in diesem Sinne durch Selbstverantwortung geschützt werden muss. Das ist kein Gegensatz, sondern eine Maßnahme, um es solidarisch zu erhalten. Ich denke, dass eine Verantwortungsübernahme des Einzelnen für seine Gesundheit auch in finanzieller Hinsicht wichtig und richtig ist. Der Wert von Gesundheit muss greifbar sein. Wir geben privat viel Geld aus für Dinge, die absolut nicht notwendig sind. Teile dieses Konsums sind sogar schädlich, allen voran Alkohol und Zigaretten. Es ist absolut legitim, zum Nachdenken darüber aufzufordern. Sollte dieses Geld nicht vielleicht für mich selber, für meine Familie, für Gesundheit oder gar für Aufgaben der Gesellschaft eingesetzt werden? Das ist natürlich ein heikles Problem, da Gesundheit etwas ganz anderes ist als Autos, Computer, Handys. Wir können über solche Dinge nicht diskutieren, ohne über Werte, Ethik und Ver-

antwortung zu sprechen. Es geht nicht darum, Solidarität zu unter-
höhlen, sondern darum, Qualität für alle zu verbessern und das Bewusstsein dafür zu schärfen.

**Lassen Sie uns an dieser Stelle auf die Rolle der Grundlagenforschung zu spre-
chen kommen. Jüngst erschienen mehrere kritische Publikationen über den
Wissensbestand der Medizin. Es seien nunmehr 75 randomisierte Studien pro
Tag in Veröffentlichung, eine Wissensflut, die vom ärztlichen Praktiker unmög-
lich zu bewältigen ist. Zweieinhalb Millionen Publikationen bringt die Medizin
insgesamt jedes Jahr hervor. Bei aller Liebe zum Fortschritt muss man fragen:
Ist das effizient, oder ist das ebenso exzessiv wie eine große Handysammlung –
haben wir nicht ein Wissensmanagementproblem in großem Umfang, das qualitativen Fortschritt verdeckt?**

Mein Forschungsthema ist seit über 40 Jahren hoher Blutdruck.
Ein tolles Forschungsthema, immer noch, weil die Kreislaufregula-
tion – und damit erhöhter Blutdruck – unglaublich komplex ist. Es
gibt nichts, das nicht daran beteiligt wäre: Nervensystem, Gehirn,
Herz, Blutgefäße, Hormone, Niere, Leber, viele Gene und so weiter
sind beteiligt. Noch vor 40 Jahren gab es kaum nebenwirkungsver-
trägliche Medikamente, die Patienten sind früh an Hirnschlag, Nierenversagen oder Herzinfarkt gestorben. In diesen 40 Jahren ist die
Grundlagenforschung unglaublich vorangekommen: Früher musste
schwerer Bluthochdruck häufig chirurgisch behandelt werden, heute
behandeln wir den Blutdruck mit hochverträglichen Medikamenten.
Die Forschung hat also einen großen qualitativen Fortschritt erreicht.
Die Behandlung des Bluthochdrucks ist fasst nicht mehr zu optimieren, die vorhandenen Medikamente müssen nur noch richtig eingesetzt werden. Alles das ist das Ergebnis tausender Publikationen und
Studien. Moderne Formen des Wissensmanagements, beispielsweise über das Internet, haben diesbezüglich große Fortschritte ermöglicht. Beständig entstehen neue Möglichkeiten – intelligente Expertensysteme zu Beispiel. Sie haben also Recht: das Management der
neuen Erkenntnisse ist selber eine Wissenschaft geworden.

Nun aber kommt die Frage, wie werden die Medikamente eingesetzt? Was ist die klinische Wirklichkeit, wenn man definitiv weiß, wie es optimal geht? Wie ist die Qualität der klinischen Implementierung?

Um beim Bluthochdruck zu bleiben: Fünfzig Prozent der Betroffenen werden selbst in Ländern wie den USA und Deutschland, die nationale Bluthochdruckprogramme haben, noch immer nicht behandelt. Jeder kann Blutdruck messen, trotzdem werden Medikamente nicht genommen, weshalb noch immer sehr häufig ein Hirnschlag eintritt. Die Verbindung von Forschung zur Medikamentenentwicklung hat gut funktioniert. Trotzdem werden die Substanzen vielfach nicht angewandt und es gibt eine große Kluft zwischen Möglichem und Umgesetztem. Dem müssen wir uns verstärkt zuwenden, denn dieser Übergang von der Erforschung zum Standard in der Anwendung ist offensichtlich höchst kompliziert. Und Bluthochdruck ist noch eines der einfachen Beispiele.

Ich möchte auf Ihren anderen Punkt zurückkommen: Wie kommt man zu einer wirklich evidenzbasierten Medizin? Wer leistet die kritische Auswertung der vielen Studien über die Autoren hinaus und wo findet die Bewertung der Metanalysen statt? Auch dieses ist eine neue Wissenschaft, die zum Teil in unabhängigen Instituten angesiedelt ist. Das bleibt eine ständige Aufgabe, weshalb eine gute Ausbildung der Mediziner gewährleistet sein muss. Nationale und internationale Fachgesellschaften müssen Regeln und Leitlinien aufstellen, die so gut und praxisgerecht sind, dass der Arzt im Alltag damit produktiv umgehen kann. Damit dieses immer auf neuestem Stand geschieht, ist noch viel zu tun. Auch hier aber gilt: der aufgeklärte, gebildete Patient, der versteht, was mit ihm im Medizinbetrieb geschieht, und die wachsame Gesellschaft, die wichtige Entwicklungen kritisch begleitet, sind neben der Medizin wichtige Faktoren im Gesamtsystem.

Die Informationstechnologie hat auf ihrem Siegeszug stark auf die Medizin gewirkt. Viele betriebswirtschaftliche und gesundheitsökonomische Parameter wären uns gar nicht bekannt, geschweige denn auswertbar und optimierbar, wäre nicht der Computer allgegenwärtig. Was kann er aber als Expertensystem des einzelnen Mediziners, der klinischen Therapiesituation qualitativ bewirken?

Expertensysteme und Vernetzung haben das Potenzial, qualitative Fortschritte anzustoßen: Wie vernetzt man die Universitätsklinik optimal mit den Facharztpraxen, mit der ambulanten Medizin? Wie sind die Übergänge und Transfers reibungslos zu gestalten – Transfer der Patienten zwischen den Spezialisten ebenso wie der Transfer des Wissens und der Daten, bis hin zur elektronischen Krankenakte und Patientenkarte? Welchen Zugang werden Patienten künftig über Telemedizin zur optimalen Versorgung haben? Das sind große Fragen der Zukunft. Je schneller die Medizin voranschreitet, umso wichtiger wird das Wissensmanagement, und zwar sowohl in Fach-, als auch in Laienkreisen. „Elektronische Gesundheit" oder „ e-Health" gehören zu den wichtigsten Themen, über die der Weltgesundheitsgipfel im Jahre 2012 berät. Dass viele technische Rahmenbedingungen problematisch sind, in Bezug auf Datensicherheit etwa oder dem konkreten Gebrauchswert für die Praktiker, ist uns sehr bewusst. Es ist eine ganz neue Welt, die sich auftut. Eine Welt, die auch regional sehr unterschiedlich organisiert ist. Aber daran müssen wir arbeiten. Es wäre töricht, die Chancen nicht zu nutzen.

Wie beurteilen die internationalen Experten das Verhältnis zwischen Ökonomisierung von Medizin, Wirtschaftlichkeit in der Medizin und der Ergebnisqualität? Dies ist ja bei unserem nationalen, vor sieben Jahren gegründeten Institut für Qualität und Wirtschaftlichkeit in der Medizin vom politischen Willensträger bereits in der Namensgebung gleichrangig gestellt worden. Mancher Arzt hat sich in Gesprächen am Rande des Bundesärztetages nachgerade empört darüber gezeigt, dass im Krankenhaus das Management so stark Macht an sich ziehe.

Wie bewerten Sie den betriebswirtschaftlichen Druck, die kleinteilig betriebswirtschaftlichen, Controlling-optimierten Ansätze, mit denen so mancher Verwaltungsdirektor dem Vernehmen nach Druck auf Ärzte ausübt?

Man *kann* das als Gegensatz konstruieren. Trotzdem *darf* es kein Gegensatz sein oder werden. Natürlich muss man mit den Ressourcen wirtschaftlich umgehen. Dazu gehört ein effizientes Management. Gut gemacht muss effizientes Management Qualität verbessern und nicht verschlechtern. Tatsächlich ist es reine Verschwendung, Geld für Interventionen auszugeben, deren Qualität nicht geprüft ist. Deshalb ist Qualität sogar die zentrale Steuerungsgröße: Es werden nach wie vor zu viele Therapien angewendet, die den zeitgemäßen Qualitätsanforderungen nicht entsprechen. Wirtschaftlichkeit und Qualität gehören zusammen. Nicht qualitätskontrollierte Verfahrensweisen dürfen nicht gefördert werden. Daraus kann und darf aber nicht folgen, dass Verwaltung und Management das ärztliche Handeln bestimmen. Respektvolles, verständnisvolles Miteinander ist hier die Devise.

Wir haben nun zwei Aspekte des Managements von Medizin besprochen – das Wissensmanagement einerseits und das Qualitätsmanagement andererseits. Beide stellen Sie als miteinander verschränkt und sich gegenseitig bedingend dar – wir brauchen also einen beherzt vorangetriebenen Fortschritt, aber eben ständig auch dessen mitlaufende Evaluation. Mithin: Keine Medizin ohne aktives Management?

Wann immer ein Wissenschaftler forscht, Mediziner im Labor arbeiten, oder Ärzte mit ihren Helfern tätig sind, bedarf es des Managements. Materialien müssen beschafft werden, die Patienten wollen empfangen, behandelt und entlassen werden, die Ergebnisse müssen ausgewertet werden. Wenn Kooperation stattfindet, erzwingt das Koordination, Zeitmanagement, Materialmanagement, Qualitätsmanagement. Ohne Management geht nichts. Die logische Anschlussfrage richtet sich jetzt auf Regulierung. Regulierung ist nichts anderes, als dass man das individuelle Management auf ein höheres Niveau abstrahiert. Management vor Ort muss Regeln im Großen folgen, und die müssen hinein passen in die regionalen, überregionalen, nationalen und internationalen Normen und Strukturen. Wie wird Qualität implementiert und kontrolliert? Natürlich bedarf es da Regeln.

Es gibt eine wichtige Ausnahme, und von dort aus bestimmt sich das gesamte Regelwerk zuweilen ganz neu: Es kann keine Regel geben, die bestimmt, was in der Wissenschaft gedacht werden darf. Nicht alles darf gemacht werden, aber alles darf gedacht werden. Und das bedeutet, dass sich die gesamten Voraussetzungen einer Regulierung schlagartig ändern können. So ist es zum Beispiel im Falle der embryonalen Stammzellen. Natürlich muss es eine Debatte darüber geben, was wir unter ethischen Gesichtspunkten mit Embryonalen Stammzellen tun dürfen und was nicht, und dabei gibt es eine große Spannweite von Positionen. In dem Moment aber, da wir auf diese Technologie verzichten können, weil wir zum Beispiel durch die Reprogrammierung von Stammzellen auf den Verbrauch von Embryonen verzichten können, wird die ganze Debatte neu orientiert. Das ist die Wechselwirkung von wissenschaftlichem Fortschritt und Debatte.

Freiheit der Forschung ist nicht eine Freiheit von Regeln, sondern eine Freiheit des Denkens. Das macht ihre Qualität aus. Das notwendige Management der Erkenntnisse führt dann in die Praxis.

Durfte Rudolf Virchow alles denken?

Virchow hat 1848 auf der Seite der Freidenker, der Freisinnigen, auf den Barrikaden hier in der Luisenstraße in Berlin-Mitte gestanden. Und zwar auf der Seite, die gern über die Barrikaden in Richtung Stadtzentrum und Königspalast ziehen wollte. Er war ein Revolutionär und wäre möglicherweise damals verhaftet worden. Er ging von Preußen nach Bayern ins Exil. Die politische Muße hat Virchow dazu genutzt, seine Idee von neuer Medizin zu entwickeln. Er hat die Zellularpathologie entwickelt. Auch das war revolutionär. Freies Denken setzt immer auch Freiheit gegenüber der Gesellschaftsform und gegenüber dem Lehrbuchwissen voraus. Das ist nicht immer mit Anerkennung verbunden. Es kann mit Diskriminierung seitens der politischen Klasse oder der jeweils herrschenden Schulmedizin verbunden sein. Die intellektuelle Auseinandersetzung mit neuen Gedanken, das Gespräch mit Neuerern, muss immer und immer wieder möglich sein. Das ist entscheidend, überall auf der Welt. Da ist Virchow ein großes Vorbild.

Schon in der damaligen Zeit stellte sich die Frage nach der Stellung des Einzelnen zum Ganzen, zur Gemeinschaft und ihren Institutionen. Im speziellen Fall zur Stellung des Bürgers im preußischen Staat – aber im Allgemeinen eben auch zur Position und zu den Rechten des einzelnen Patienten in einem solidarisch konstruierten Gesundheitssystem. Und zu den aktuellsten Fragen, die wir unter diesem Gesichtspunkt heute diskutieren, zählt sicher die „Personalisierte Medizin". Das ist ein schillernder Begriff – wir begegnen ihm als Marketing-Parole und als ein Konzept, das in sich schlüssig erscheint: Maßgeschneiderte Intervention anstelle von Standardbehandlung. Dennoch ist das keine einfache Debatte, schon wegen der erheblichen Mengen von intimen Daten, die mit der zugrundeliegenden Diagnostik produziert werden. Was bedeutet die „Personalisierte Medizin" für Sie und wie bewerten Sie sie?

Personalisierte Medizin hat es immer gegeben. Schon zur Zeit des Hippokrates hat es eine ansatzweise von der Mythologie befreite Wissenschaft in der Medizin gegeben. Der alte Arzt fragt persönlich nach, er schaut auf das Individuelle. Laboruntersuchungen sind ebenfalls nichts wirklich Neues – und auch das sind persönliche Daten des Patienten. Diese Laboruntersuchungen werden verfeinert, wir schauen auf das Genom, das Proteom und das Metabolom. Hochdurchsatztechniken bringen unglaubliche Datenmengen, die in vielen Bereichen aussagekräftig sind für den einzelnen Patienten – wie in der individualisierten Therapie zum Beispiel bei bestimmten Formen von Krebs. Es ist ziemlich unstrittig, dass es sehr nützlich ist vorherzusagen, ob ein bestimmter Patient auf ein bestimmtes Medikament ansprechen wird, oder ob das schon wegen seiner individuellen Enzymausstattung nicht möglich ist. Man kann dank neuer Diagnostik eine überflüssige, unwirksame oder sogar riskante Therapie durch eine wirksame Alternative ersetzen.

Es gibt aber wie immer Fehlentwicklungen, und wir müssen uns mit ihnen auseinandersetzen. Es gibt Firmen die auf das große Geld hoffen, indem sie das Genom oder das Proteom komplett durchsequenzieren. Da kommen sehr viele Daten heraus, von denen nur wenige wirklich interpretiert werden können. Und noch weniger Daten sind so tauglich, dass man darauf medizinische Handlungen orientieren kann. Das heißt für mich: Die Gefahr des Wildwuchses und die des Missbrauchs dieser rein technologischen Medizin ist enorm. Es ist richtig, wenn Mediziner und Patienten dem kritisch gegenüber stehen. Die Leopoldina erstellt gerade eine Empfehlung dazu, andere Akademien ebenfalls, um absehbarem Missbrauch von vornherein zumindest akademische Schranken zu setzen. Verantwortlich genutzt, bietet uns die neue Technologie aber unbestreitbare Chancen. Sie stellt Brücken zu einer bedeutenden Denkrichtung her: der evolutionären Medizin.

Was zeichnet die evolutionäre Perspektive in der Medizin aus, was ist der Qualitätszuwachs, den sie verspricht?

Wir haben vorhin gesagt: Der Arzt befragt Patienten persönlich: „Wie geht es Dir?" Nun fragt aber der gute Arzt auch:„…Gab es diese Krankheit oder gibt es ähnliche Krankheiten in deiner Familie, bei Mutter, Großvater, Geschwistern?" Er erfragt also die Familiengeschichte. Bei den anschließenden Laboruntersuchungen, ist er auch am Verlauf interessiert: Wie waren die Befunde bei früheren Untersuchungen. Die Evolutionäre Medizin macht genau dies: Sie fragt nach der Geschichte. In diesem Fall nach der Geschichte der Menschheit, des Lebens. Die Evolution lehrt uns, weshalb wir heute so sind wie wir sind und weshalb wir krankheitsanfällig sind. Heute haben wir die Möglichkeit, Krankheitsdispositionen nicht nur persönlich und familiär und per Laborbefund, sondern evolutionär in der Biologie des Menschen nachzuvollziehen. Wir kennen die biologische Geschichte unserer Spezies bereits gut. Durch die Möglichkeit, die Genome aller unserer biologischen Vorfahren in der Evolution vom Achebakterium vor drei Milliarden Jahren bis zum Neandertaler vor 100.000 Jahren, zu sequenzieren ist eine ganze neue Wissenschaft entstanden: nämlich die Evolutionäre Medizin. Wir wissen, wir leben heute mit den alten Patenten unserer Vorfahren. Unsere Körperzellen funktionieren in Teilen noch so wie die von Bakterien, die Wirbelsäule haben wir von den Fischen und die vier Gliedmaßen von den Reptilien. Wir können daraus viele potenzielle Schwachpunkte für die Gesundheit ableiten. Ein weiterer entscheidender Punkt in unserem Verständnis der Evolution ist das Grundprinzip der Variabilität und Individualität: „Jeder ist besonders, es gibt kein Lebewesen, das identisch ist mit dem anderen." Personalisierte Medizin ist also ein Grundprinzip unserer Biologie, verstanden aus der Evolution.

Eine andere weitreichende Erkenntnis ist womöglich noch bedeutsamer: Wir sind Produkte unserer beständigen Auseinandersetzung mit der Umwelt, und wir sind Produkte der kontinuierlichen Anpassung an unsere Umwelt. In den gesamten 3,5 Milliarden Jahren der Evolution des Lebens haben die Lebewesen überlebt und sich am besten reproduziert, die am besten mit den Lebensbedingungen fertig wurden. Was heißt das aber, wenn wir Menschen diese Umwelt immer schneller selber umgestalten? 50 Prozent der Menschen leben heute in Städten. Das hat es vor 150 Jahren nicht gegeben – unsere Umwelt verändert sich rasant und komplett. Das Krankheitsspektrum ebenfalls. Menschen auf dem Lande haben andere Krankheiten als Menschen der Stadt, das Immunsystem auf dem Lande ist ein anderes als in der Stadt. Selbst Funktionen des Gehirns sind anders bei Personen, die auf dem Lande aufwachsen, verglichen mit Städtern. Wieder stehen wir vor der Einsicht, dass wir Qualität in der Medizin nicht losgelöst von den großen Zusammenhängen sehen können. Und Phänomene wie *Megacities* sind unmittelbar verknüpft mit der Gesundheit.

Lassen Sie uns hier ebenfalls noch einmal den Bogen zum Beginn unserer Gesprächs schlagen: Angesichts der Tatsache, dass von den sieben Milliarden Menschen, die heute auf unserer Erde leben, sechs Milliarden nicht so nach dem Stand der medizinischen Kunst versorgt werden, wie wir diese Kunst in den reichen Ländern pflegen: Muss da nicht die Frage erlaubt sein, ob vieles, was bei uns als selbstverständlicher Bestand des Leistungskatalogs gilt, global betrachtet, Luxus ist? Auch die Möglichkeit, auf die eigene Gesundheit sehr achten zu können, könnte man im globalen Vergleich durchaus als Privileg ansehen.

Ja, das ist ein Privileg! Die Frage muss lauten: Wollen und können wir diese Medizin exportieren? Wollen wir dafür sorgen, dass bei gleichen Ressourcen umverteilt wird und wir alle dadurch auf einen niedrigeren Standard kommen? Alternativ müsste man versuchen, die Ressourcen zu verbessern und die Weltwirtschaft so anzukurbeln, womöglich durch Stimulationsprogramme, dass schließlich allen die Qualität unserer medizinischen Infrastruktur zuteil und bezahlbar wird.

Meine Position dazu ist: Natürlich müssen wir wollen, dass die beste Medizin vom Grundsatz her nicht auf Regionen beschränkt ist, sondern für jeden zugänglich ist. Die Frage ist: Was ist die beste Medizin? Ist es die im Wesentlichen kurative Reparaturmedizin, wie sie bei uns weitgehend betrieben wird, oder gibt es bessere Alternativen? Ich meine, die Zukunft der Medizin liegt in der Verbesserung der Prävention. Es ist unbestreitbar, dass unsere heutige Art zu leben uns krank macht. Falsche Ernährung und falsche Bewegung fördern Wohlstandskrankheiten und Zivilisationskrankheiten. Das sind 80% aller Krankheiten in den reichen Ländern und in urbanen Gesellschaften. Wir können unsere evolutionär angeborenen biologischen Reaktionen und Bedürfnisse nicht mehr bewältigen, wenn wir gesellschaftlich dazu erzogen werden, bei Angst nicht mehr zu schreien und wegzulaufen, die meiste Zeit unseres Lebens sitzend vor dem Fernseher oder dem Computer zu verbringen und zu salzig, zu süß, zu fett und zu viel Industrienahrung zu essen. Wir müssen überlegen, was für eine Umwelt wir gestalten wollen, um die Menschen gesund zu erhalten. Die evolutionäre Medizin macht genau das: Sie betrachtet den Menschen in seiner Umwelt und ist so ein Erneuerer des Public Health-Gedankens, der Gesundheit der Gesamtbevölkerung bedeutet.

Sie sind eben von einem Kongress der Herrhausen-Gesellschaft in Hongkong zurückgekehrt – dem Inbegriff einer Megacity. Was haben Sie dort empfohlen?

Die Herrhausen-Gesellschaft hat ein Programm aufgelegt, das sich dem eben angesprochenen Thema der großen Metropolen widmet. Das Programm wird von der *London School of Economics* organisiert. Sie macht das in voller akademischer Freiheit. Erforscht werden genau diese Fragen: Wie werden Städte gebaut? Wie wachsen sie? Wie werden wir Slums sanieren? Hongkong war der erste Kongress, auf dem Gesundheitsaspekte in den Städten und genau die Dinge, die wir soeben besprochen haben, eine Rolle spielten. Denn diesen Fragen muss Medizin sich dringend stellen. Was ist, wenn es zu einem neuartigen Krankheitsausbruch in den Megacities kommt, wie es bei SARS ja bereits der Fall war? Sie können nicht mit einer Quarantänestation im Großraum Hongkong 40 Millionen Menschen schützen. Ohne einen großen planerischen Anspruch ist Qualität in der Medizin in Zukunft gar nicht zu denken.

Nun hat uns der Gesprächsfluss quasi natürlich in den asiatischen Raum geführt. Er ist in jeder Hinsicht relevant, wenn wir über Medizin sprechen, denken wir nur an sein immenses wirtschaftliches Wachstum in jüngerer Zeit. Klinische Studien finden wir heute in der Literatur immer häufiger mit indischem

Absender. China ist die Elektronikschmiede der Welt geworden – bisher im Konsumbereich, aber sicherlich werden wir auch Medizintechnik und Innovation auf diesem Gebiet aus dem Reich der Mitte zu sehen bekommen. Nun sind wir alle gewöhnt, dass der große Fortschritt auf einer Achse zwischen Amerika und Europa und Japan hervorgebracht wird. Welche Rolle messen sie den neuen Playern aus dem asiatischen Raum bei?

Wenn wir auf die Publikationen im Gesundheitsbereich sehen, sind die USA, England, Deutschland, Frankreich und Japan noch immer die dominierenden Fortschrittstreiber der Forschung. Auch noch verglichen mit China. Doch ist der Wandel auch hier ganz sicher enorm. Auch Brasilien gehört übrigens zu den rasch expandierenden Mitspielern, auch im biomedizinischen Bereich. In den letzten acht Jahren unter Lula da Silva ist das Budget in diesem Sektor verdoppelt worden, und das war schon vorher nicht klein. Asien, Indien und auch Südamerika werden erhebliche neue Forschungspotenziale entwickeln. Sie werden gleichziehen und möglicherweise auf bestimmten Feldern auch davonziehen und uns überflügeln, was die Quantität der Forschung anbetrifft.

Nun ist Forschung nicht nur ein quantitatives Problem, sondern auch ein qualitatives Problem. Damit sind wir wieder bei unserer Kernfrage nach Qualität. Die großen Fortschritte werden im Allgemeinen nicht durch Masse gemacht. Einzelne Forscher-Persönlichkeiten spielen eine nicht zu unterschätzende Rolle. Nicht umsonst sprechen wir von einem Louis Pasteur, Claude Bernard oder einem Robert Koch. Ganz klar: China zum Beispiel ist auf dem Gebiet der Genomforschung sehr engagiert, die Gewichte verschieben sich. Das ist für uns Wissenschaftler vollkommen natürlich. Es gibt kein Gebiet, das traditionell so grenzüberschreitend, so international kooperiert wie die Wissenschaft. Das ist schon im Mittelalter so gewesen. Wo geforscht wird, ist letztlich gleichgültig, so lange es eine ethische Forschung ist und solange sie eine Orientierung hat, die der Gesundheit dient, die sinnvolle Aspekte priorisiert und ihre Forschungsergebnisse weltweit zur Verfügung stellt. Über jeden wissenschaftlichen Fortschritt, ganz egal wo auf dieser Welt, sollten wir uns freuen. Dass damit dann auch technologischer und wirtschaftlicher Fortschritt und Wohlstand verbunden ist, ist ebenfalls wünschenswert. Wettbewerb nach akzeptablen Regeln ist ein sinnvoller Antrieb der Kreativität. Das brauchen wir besonders auf dem Gebiet der Gesundheit. Zu Transparenz, Offenheit, akzeptierten Regeln können internationale Foren wie der World Health Summit beitragen.

Nach der Forschung kommen die Produkte – und Produktion bedeutet Markt und Wettbewerb, globalen Wettbewerb in diesem Fall.

Das ist richtig. Produktentwicklung oder auch spezifische klinische Forschung mit Medikamenten hat aber auch besondere Aspekte, die eine Regionalisierung fördern. Unter dem angesprochenen Gesichtspunkt der evolutionären Medizin wissen wir schon jetzt, dass wir bei Patienten in China, Indien, Südamerika, Afrika, Europa und Amerika auf eine andere genetische Disposition und damit eine andere Pharmakologie treffen. Das hat die genannten genetischen Gründe. Auf der einen Seite erleben wir also eine Differenzierung bis hin zur Personalisierten Medizin, auf der anderen Seite trifft es zu, dass viele Produktentwicklungen, gerade bei Arzneimitteln, heute so teuer sind, dass nur globale Produkte wirklich noch im größeren Umfang sinnvoll sind. Auch das ist ein Problem strategischen Managements.

Lassen Sie uns zum Abschluss des Gespräches noch einmal den Bogen des Diskurses, den Sie uns zum Mitdenken anbieten, weit spannen: Die Verbindung, die Sie zwischen der Verantwortung des Staates und der des Individuums, zwischen der staatlichen Sorge um Bildung und der Selbstsorge um Gesundheit ziehen, erscheint uns ebenso vernünftig wie gewissermaßen auf historischem Urgestein aufruhend. In der Aristotelischen Staatslehre ist es die soziale Rahmenfunktion des Staates, für die Entwicklung von Gemeinwohl, die intellektuelle und sittliche Bildung seiner Bürger zu sorgen. Diese in der Tat

weit verstandene ‚Bildung' ist zugleich Bedingung der Möglichkeit zur Ertüchtigung von Geist, Seele, Charakter und eben Leib, also auch von individueller Gesundheit. Hatte das Altertum – seine frühen Ärzte, die Sie bereits erwähnt haben, wie seine Staatsdenker – noch einen Begriff für unmittelbare Wertezusammenhänge, in denen Medizin und Mediziner stehen, denen wir, entgegen der Zuspitzung differenzierungsorientierter moderner Gesellschaftsentwicklung und Medizinverständnisse, erneut Gehör verschaffen sollten? Ist die Idee des Weltgesundheitsgipfels eine im besten Sinn alerte Neuinterpretationen klassischer Gesundheitsideale, deren Korrelate weltgesundheitspolitisch freilich weitgehend noch dahin stehen und an deren Entstehung Sie gerade deshalb mit globalem Prospekt arbeiten?

Die Geschichte der wissenschaftlichen Medizin nimmt ihren Ausgang bei den alten Griechen. Sie waren die Ersten in der Menschheitsgeschichte, die erkannt haben, dass der Mensch sich über seine Gedanken von den Zwängen der Natur und der damals noch alles beherrschenden Mythologie freimachen kann. Das war ein immenser Schritt, und er liegt nur 3000 Jahre zurück – in einer Geschichte der Evolution des Lebens, die 3,5 Milliarden Jahre alt ist!

Aus dieser Idee erwächst die Vorstellung, dass wir Menschen über neues Wissen die Zukunft organisieren können. Wie verhält es sich in diesem Kontext mit der Medizin? Die Medizin war über die längste Zeit Handlung aus Erfahrung, also reine Empirie. Diese Erfahrungsmedizin gibt es auch schon vormenschlich, wenn man so will: Ein Hund leckt sich die Pfoten, wenn er verletzt ist und verhindert damit Infektion. Ein Tier kühlt seine Wunden im kalten Wasser, um Schmerzen zu stillen. Die ersten Hominiden haben sich ähnlich geholfen. Hippokrates war etwa 500 vor Christus der Erste, der aus Beobachtung dieser und anderer Art neue wissenschaftliche Schlüsse gezogen hat. Seine Vier-Säfte-Theorie war eine Abstraktion der Beobachtungen und eine neue Theorie von Gesundheit und Krankheit, die 2000 Jahre lang Grundlage der Medizin blieb. Eine der häufigsten Anwendungen dieser Theorie war der Aderlass bei Krankheit – das hat sicher vielen der medizinisch besonders gut versorgten, vornehmen und blassen Prinzessinnen nicht geholfen, sondern eher ihr Leben verkürzt. Ein Hinweis, wie wichtig es ist, immer wieder auch etablierte Methoden kritisch zu prüfen. Die Viersäfte-Theorie wurde abgelöst durch die schon erwähnte naturwissenschaftliche Medizin und jetzt durch die genomische-molekulare Medizin.

Das Konzept der Evolutionären Medizin ist umfassend im klassischen Sinne, aber noch kaum bekannt, geschweige denn praktiziert, obgleich Nesse und Williams die Grundzüge schon 1991 publiziert haben. Eine Theorie ist ja immer dann stark, wenn Sie in einer einfachen, abstrakten, verständlichen Formel, komplexe Sachverhalte zusammenfasst und prüfbar macht. Ich halte das Konzept der Evolutionären Medizin deshalb für stark und zukunftsträchtig, weil sie es erlaubt, den unglaublich großen Fortschritt und die Datenmenge der naturwissenschaftlichen Biologie und Medizin einzuordnen und in der nicht minder komplexen Analyse der Umwelt und der Lebensbedingungen zu verstehen. Biologie und Umwelt sind wichtige Determinanten für die Gesundheit. Gesundheit ist, so verstanden, viel mehr als Medizin.

Wir verstehen jetzt den Menschen in ganz neuer Weise als Teil der biologischen Evolution des Lebens. Die genomische Evolution ist in den letzten Jahren eine völlig neue Wissenschaft geworden. Gleichzeitig ist mit dem besseren Verständnis der Evolution aber die Notwendigkeit einer holistischen Betrachtung der Umwelt, in der wir uns bewähren müssen, verbunden. Gesundheit und Krankheit sind ein Ergebnis der Auseinandersetzung zwischen Umwelt und Biologie. Die Gestaltung der Umwelt ist heute aber zunehmend Menschenwerk. Daraus ergeben sich für die Medizin natürlich auch ganz neue Betrachtungsweisen und Aufgaben.

Sie haben die Aristotelische Staatslehre erwähnt und die Verantwortung des Staates für die Rahmenbedingungen – einschließlich Bildungsangeboten – auf der einen Seite und der Selbstverantwortung des Individuums auf der anderen Seite – das gilt natürlich auch für die Gesundheit. Eine Idee des Weltgesundheitsgipfels ist es in der Tat, diese umfassende Wiederbelebung klassischer Ideale mit dem

Ziel, Gesundheit den Stellenwert zu geben, den es verdient. Das Faszinierende daran für mich persönlich ist die Tatsache, dass die neue Wissenschaft dieses nicht nur erlaubt, sondern geradezu erfordert. Auf einen neuen Aristoteles können wir nicht warten, die Wissenschaft muss selber Verantwortung übernehmen. Darum haben wir in der Folge und mit Zustimmung der politischen G8 Gruppe die M8 Allianz der Akademischen Gesundheitszentren und National Akademien gegründet, die auf dem World Health Summit genau diese Fragen diskutieren.

Welchem Leitbild folgt, von diesem pragmatischen Optimismus abgeleitet, Ihr Verständnis von Qualität in der Medizin?

Dieses neue Verständnis des untrennbaren Zusammenwirkens von Biologie und Umwelt, das die biologische Herkunft und die Ideengeschichte des Menschen einschließt, und das aus meiner Sicht am besten mit der Theorie der Evolutionären Medizin beschrieben wird, könnte ein neues Leitbild der Medizin werden. Dieses ist auch eine Grundlage für personalisierte Medizin, aber nicht im engen naturwissenschaftlich-pharmakologischen Sinne, sondern mit Hinweis auf die Selbstverantwortung und mit Schwerpunkt auf die Gesunderhaltung und Prävention. Die Überwindung der Kluft zwischen unserer evolutionär alten Biologie auf der einen Seite und den neuen zumeist menschengemachten Lebensbedingungen auf der anderen Seite, schafft eine Basis Public Health, das heißt für die Gesunderhaltung weiter Bevölkerungskreise – auch „New Public Health" bezeichnet.

Klingt das alles zu akademisch und zu abstrakt, zu weit entfernt von der Schaffung guter Qualität im heutigen medizinischen Alltag? Ich denke, ein solches (oder ein anderes) neues überzeugendes umfassendes Leitbild ist die Voraussetzung dafür, dass wir uns orientieren können. Wir brauchen neue Antworten auf die Frage, wie 7 Milliarden Menschen auf dieser Welt gesund bleiben können und vom wissenschaftlichen Fortschritt profitieren.

Das schließt nicht aus, ja macht es sogar erforderlich, dass wir ein angemessenes Maß an intellektueller Bescheidenheit pflegen. Daher möchte ich an Karl Poppers wichtige Hinweise erinnern, denn er hat die Ideengeschichte der modernen Menschheit wie kaum ein Zweiter durchdrungen: Die Zukunft ist offen. Keiner kann sich anmaßen, den richtigen Weg zu kennen. Diese Begrenzung schafft uns zugleich die Freiheit für kreative Theorien und für Hypothesen, die aber im Dialog oder im Experiment immer wieder geprüft und korrigiert werden müssen. Was gibt es wichtigeres als Gesundheit – für den Einzelnen und für die Gesellschaft? Mit mutigen neuen Gedanken müssen wir die Zukunft der Medizin für eine bessere Gesundheit der Weltbevölkerung neu denken. Dazu brauchen wir möglichst viele zielführende Initiativen. Der Weltgesundheitsgipfel in Berlin ist unser bescheidener Beitrag.

Teil IV
Nachwort

Begriff, Greifen und Begreifen von Qualität – in der Medizin

Denkangebote.

Ralph Kray

> „Die Begriffe, in denen sich Denken formuliert,
> stehen gleichsam gegen die Wand von Dunkelheiten."
>
> [Hans-Georg Gadamer]

> „‚Wo ich hinformuliere, da wächst kein Gras mehr.'"
>
> [Dieter Claessens]

Gehen wir noch einmal einen großen Schritt zurück, hinter die bisherigen Formulierungen zur Qualität in der Medizin – zu den Ursprüngen der Möglichkeit, ‚Qualität' überhaupt begrifflich zu bestimmen. Nur für einen gedanklichen Augenblick ohne die Medizin.

„Jedes praktische Können und jede wissenschaftliche Untersuchung", sagt uns Aristoteles zu Beginn der *Nikomachischen Ethik*, „ebenso alles Handeln und Wählen strebt nach einem Gut, wie allgemein angenommen wird. Daher die richtige Bestimmung von ‚Gut' als ‚das Ziel, zu dem alles strebt'" (Aristoteles 1980, 5). Kurz darauf zergliedert der Philosoph „das oberste Gut" als „Wesenheit" – also als „Gut an sich", als Idee – in seine adjektivischen, und damit praktischen Bedeutungen und bringt jetzt auch den Begriff ‚Qualität' ins Spiel. ‚Gut' – als Idee – und ‚gut' – als Eigenschaft von etwas (etwa von einem „Mittel") – lässt sich beschreiben in der „Kategorie der Substanz", „zum Beispiel von Gott und der Vernunft", in der „Kategorie der Qualität, zum Beispiel von ethischen Vorzügen", und in der „Kategorie der Quantität", „zum Beispiel vom richtigen Maß, in der Relation, zum Beispiel vom Nützlichen, in der Zeit, zum Beispiel vom richtigen Augenblick, in der Kategorie des Ortes, zum Beispiel vom gesunden Aufenthalt usw." (Aristoteles 1980, 11f.)

Das interessiert uns. ‚Qualität' ist eine, wie die Philosophie formuliert, ontologische, eine vielleicht nicht auf ‚fixen', gleichwohl auch nicht durch Ableitung fixierbarer Ideen basierende Kategorie unseres Denkens. Ob sie überhaupt und wenn ja, was sie ‚ist', können wir letztendlich nicht begründen. Das macht es so schwer, sie hürden- und hindernisfrei oder überhaupt zu greifen und zu begreifen. Dies öffnet der einen wie der anderen Deklamation und Reklamation von ‚Qualität' – bis hin zu den Verfahren für Qualitätsstandardisierungen, wie sie in unserem Buch aufgegriffen oder kritisiert werden – Tür und Tor. Das macht sie ideologisch affin, kontingent und anzweifelbar: Jedem seine „‚Ideenlehre'" (Aristoteles 1980, 13), jedem seine ‚Qualität' – ‚anything goes', heisst es viel später nach Aristoteles bei Paul Feyerabend. Wir kommen darauf zurück.

Nein, würde uns Aristoteles freundlich, wie alle Weisen, aber pointiert, wie alle Querdenker, entgegenhalten (und uns damit einen entscheidenden Schritt weiterhelfen) – nicht so ganz. Die ‚reine' Idee der Qualität ist zwar schön zu denken, aber als solche unfruchtbar. Fruchtbar wäre es, Qualität als für die Gemeinschaft Reales, etwa als „Vorzüge des Verstandes" und „Vorzüge des Charakters" – also als „Tüchtigkeit" – zu bestimmen (Aristoteles 1980, 34) Das ist für Aristoteles ein „Wert", und „alles, was irgendwie einen Wert darstellt", ist „seiner Natur nach durch ein Zuviel oder ein Zuwenig" zerstörbar. Also gilt es, „ein richtiges Maß" zu erzeugen. Qualität ist, „wenn man der rechten Mitte folgt" (Aristoteles 1980, 36f.) – eine sensible ideenreiche Dame.

Wir sind offenbar mitten in der brandaktuellen Diskussion von ‚Werten' und nehmen für unsere Zeit und unsere Fragestellung „Was ist Qualität – in der Medizin?" mit, dass wir auf ‚Was'-Fragen, die uns gewissermaßen ‚Spanisch' vorkommen müssen und dürfen, weil sie bis dato kaum etwas anderes als miteinander konfligierende Ideenleeren und Glaubenssätze unterschiedlicher Schulen, auch in der Medizin und im Gesundheitswesen, aufrufen, nur mit ‚Wie'-Fragen antworten können: Wie ist Dein Maß für wissenschaftliche und persönliche medizinische ‚Tüchtigkeit' bestimmt, wie Deine ärztliche ‚Mitte' (nicht Mittelmäßigkeit) beschaffen. Das greift noch hinein in Qualitätsparameter für die Gesundheitspolitik, die unternehmerische Virtuosität und volkswirtschaftliche Strukturplanung, in das Versorgungsmanagement und natürlich in die gelebte Praxis des medizinischen Alltags.

Meine These ist: Die Qualität in der Medizin hat es so schwer, weil das System noch immer nicht scharf von ‚Ideenlehre' auf ‚Tüchtigkeitslehre' umgestellt wurde, das heißt von einer ontologisch missverstandenen Medizin (und dazu gehört auch die Erzählung vom ‚Halbgott in Weiß') auf eine sozial *korrelative* Medizin. Eine Medizin, die sich *unbedingt* resp. *kategorisch in einem Fall* ihre ‚Qualität' für die Gemeinschaft und für den Einzelnen beweist, in dem Fall *dieses* Arztes und *dieses* Patienten, *dieser* Klinik und in diesem *interaktiven* Verhältnis zwischen den Beteiligten; aber auch in dem Fall einer bestimmten strukturellen Versorgungs'lücke' im Verhältnis zu einem bestimmten strukturellen Versorgungs'bedarf', dem einer diagnostisch-therapeutischen Situation zu deren weitläufigen Effekten im System.

Diese Haltung *eines hypothetischen Realismus* hat viele Vorgänger in der Geschichte des Denkens, nur einer sei – nach Aristoteles – erwähnt: „wo in der Realität und für die Realität gelebt und doch alles gewagt wird", das nennt der zeitlebens mit schwerer Bronchiektasie (eine angeborene Bronchialerweiterung) kämpfende Philosoph Karl Jaspers „wirkliche(n) Enthusiasmus" (Jaspers 1985, 122f.). Der sei „nur in durchdringendem Erfassen und Erleben der Realitäten selbst möglich".

Ich lese etwas eigenwillig die Beiträge von D. Ganten und F. U. Montgomery in diesem Band genau so. Als wohltuende De-Ontologisierung der Medizin, als Wiederbehauptung und Neuschärfung des Realitätssinns der Medizin durch ihren Möglichkeitssinn im 21. Jahrhundert. Das Zeitalter der Qualität in der Medizin als Ideenlehre, die uns das 19. Jahrhundert prononciert bescherte, geht zur Neige; das Zeitalter der Medizin als – natürlich nach wie vor legitim – enthusiastische Einstellung der Mediziner zur je sozial kontext- und ökonomisch relationsabhängigen, performativen Restrukturierung gesundheitlicher Handlungsräume und Handlungszeiten – bis ins hohe und höchste Alter – nimmt seinen Lauf (Gebauer/Wulf 1994, 328). So scheint es, zumindest diesem Band und den Herausgebern nach.

Gleichwohl, ein weiteres Moment kommt hinzu, was es für die Qualität in der Medizin so schwer macht. Wir haben es im Zuge der Globalisierung von zivilisatorischen Problemen *und* Lösungsangeboten für diese Probleme mit einer „Neutralisierung der Werte aufgrund ihrer Verbreitung und unendlichen Ausdehnung zu tun" (Baudrillard 2007, 37). Will paradox sagen, je universeller ‚Werte' (wie etwa ‚Gesundheit') gehandelt werden, desto unbestimmter und schließlich untauglicher für konkrete Bewertungen und Anschlussoperationen sind diese. Man kann das am Beispiel der ‚Werte', die WHO und andere *global health ethics player* deklamieren, ebenso festmachen wie an den kommunikativen Ausdünstungen von politischen Verdünnungen im Gesundheitssystem und an deren maßgeblichem Charakteristikum: dem taktischen Opportunismus aller gesundheitspolitischer Erzählungen *bis zur Wahl.*

Die erwartbare Systemkritik, die sich hier anbahnt, kann man ab- und zusammenkürzen zur Frage: *An welchen ‚Werten'* (zum Beispiel hoch gehandelt derzeit: Prävention) *sind gesundheitliche Verhaltenserwartungen noch so stabil orientierbar, dass sie nicht auch in sozialhygienische Diskriminierungen sehr schnell umkippen können?* (Vgl. exzellent Hasian 2007 zum Thema Stigmatisierung und Konstruktion von Krankheit und Gesundheit am Beispiel HIV und Tuberkulose.) Gesundheit wird mehr denn je zu einem Entwicklungsprojekt des gesundheitswirtschaftlich immer besser ausgestatteten Patienten/Konsumenten. Sie ist genauso wie die ‚Qualität' in der Medizin an historisch bestimmte und uns konjunkturell bestimmende ‚Ideenlehren' gebunden. Die An- wenn nicht Abhängigkeit dieser ‚Ideenlehren' an die Suggestionen ausdifferenzierter globaler erster und zweiter Gesundheitskonsummärkte ist seit langem bekannt, die Forschungen von Canguilhem (ders. 1980/1989; ders.2004) bis hoch zu Fischer/ Sibbel (2011) zeigen dies nachdrücklich. Das ist nicht weiter verwunderlich und medizingeschichtlich und medizintheoretisch gut belegt (vgl. Schulz et al. 2006). *Qualität der Gesundheit und Qualität in der Medizin gehen in der Gesundheitsgesellschaft einen Pakt wechselseitiger Legitimation ein.* Das aber bedeutet *auch*, worauf Christoph Koch mit unterschiedlichen, fein gewählten argumentativen Tempi in seinen Kommentaren im Band immer wieder anspielt, das Besetzen von „Gefühlslagen" bei Arzt und Patient (Claessens 1970). Die Verlagerung von emotionalen Besetzungen, zum Beispiel weg von paternalistischen zu kooperativ-deliberativen Arzt-Patient-Modellen, ist emotional und praktisch viel schwieriger (nach) zu bewerkstelligen als sie ideologisch (vor) zu erzeugen. Das spürt das System und nicht zuletzt die Gesundheitspolitik in Zeiten gesteigerter Krisenanfälligkeit bei gleichzeitig gesteigerter Erwartung an die je meinige (Patienten-) Gesundheitsversorgung *und* die je meinige (Arzt-)Honorierung derzeit vehement und reagiert mit Turbulenzen ohne erkennbare Stoppregeln.

Längst ist der Gesundheitsmarkt „Massenmarkt. Das gesteigerte Bedürfnis heizt die Maschine an; die Massenmaschine wird ‚erzwungen'; die Technologie der Massenanfertigung drängt sich vor" (Claessens 1970, 46) – auch in der Medizin. Von hier aus, nämlich vom Massenmarkt Gesundheit und seiner – aus (ins Frivole überpointierter) Konsumentensicht: ‚Magd' Medizin – versteht man den Satz Ulrich Bröcklings in seiner Schärfe: „Alles hat irgendwelche Qualitäten; zugleich ist Qualität das, wonach alle suchen." Wo bleibt dann das Qualitätsmanagement? Nach Bröckling ist es die Arbeit eines ‚Optimierungsimpulses'. Eine Arbeit, die sich selbst stetig konstruiert und variiert, *indem sie den Impuls kontinuierlich variiert.* Aber diese Arbeit selbst ist unzureichend innovativ korreliert mit den Wirklichkeiten, in denen wir im Gesundheitssystem leben, und unzureichend von diesen Wirklichkeiten her intervenierbar. Statt dessen Idealisierung (und natürlich De-Idealisierung) allenthalben. Dieser ‚Impuls' ruht auf einer ebenso allbeherrschenden wie tautologischen und demzufolge eher banalen Feststellung auf, die heißt: „‚Im weitesten Sinn ist Qualität etwas, das verbessert werden kann.' Was genau, das herauszufinden, ist Qualitätsmanagement" (Bröckling 2007, 215f.).

In meiner etwas Aristotelisch angehauchten Lesart bewegen wir uns damit in einer andauernden hybriden Idealisierung, einem epistemologischen *und* geschäftsgängigen Ping-Pong von ‚Qualität' und ‚Qualitätsmanagement'. Die Idealisierung war im 19. Jahrhundert vornehmlich wissenschaftsgetrieben, im 20. Jahrhundert ist sie wesentlich konsumgetrieben, im 21. Jahrhundert besteht diese Idealisierung aus einer Mixtur von Verwissenschaftlichung und Verkonsumierung der Medizin. Der Überschuß von *‚science & business'* macht der Qualität in der Medizin als *Distinktionsmerkmal* ausdifferenzierter sozialer (und psychischer) Systeme das Dasein so schwer, nicht ein Mangel an beidem. Wenn nahezu alles, was medizinische Wissenschaft schafft, *für mich* bedeutsam sein kann, weil es mir irgendeine sei es ernst zu nehmende Tragik im eigenen Schicksal erspart, wenn ferner nahezu alles, was mir der „Erste" und der „Zweite Gesundheitsmarkt" anbieten, für mich interessant sein kann, weil es mir irgendeine kosmetische Delle erspart, dann *lockert* sich der Konnex von Lebensqualität und Medizinqualität, statt sich zu festigen – „gediegene Halbbildung" (Claessens 1993, 90), in Zeiten der *interaktiven Medialisierung* des Gesundheitswesens mehr denn je en vogue (vgl. Koch 2010), produziert in gleich mehreren Hinsichten harte Enttäuschungen. Wer alles sehen will, übersieht leicht *sich*.

Also doch zurück zu einem unter diesen schwierigen Umständen fast naiv wirkenden Verständnis von Gesundheit? Stimmt, was der Philosoph Gadamer, behauptete? „Wenn man Gesundheit in Wahrheit nicht messen kann, so eben deswegen, weil sie ein Zustand der inneren Angemessenheit und der Übereinstimmung mit sich selbst ist, die man nicht durch eine andere Kontrolle überbieten kann. Deshalb bleibt die Frage an den Patienten sinnvoll, ob er sich krank fühlt. Man hat den Eindruck, dass im Können des großen Arztes oft Faktoren ihrer geheimsten Lebenserfahrung im Spiel sind. Es ist nicht allein der wissenschaftliche Fortschritt der klinischen Medizin oder das Eindringen chemischer Methoden in die Biologie, was den großen Arzt ausmacht. Das sind alles Fortschritte der Forschung, die es möglich machen, die Grenzen ärztlicher Hilfe zu erweitern, vor denen man ehedem hilflos stand. Zur Heilkunst gehört aber nicht nur die erfolgreiche Krankheitsbekämpfung, sondern auch die Rekonvaleszenz, und am Ende die Gesundheitspflege" (Gadamer 2010, 138f.). Da ist sie wieder, diese vom Philosophen dem ‚guten Arzt' unterstellte enthusiastische Grundhaltung – wider das Getöse und Gewoge der Industrien, Märkte, Technologien und Spezialisierungen. Da ist er wieder, dieser auch aus meiner Sicht vernünftig angesagte und einzufordernde hypothetische (das heißt: in *einem* Fall angenommene), realiter (das heißt: mit einem *Fall* korrelierende) *gedrosselte* Idealismus, der so alt ist wie der *ephemere theoretische Begriff* der ‚Qualität' selber. Die alten Entgegensetzungen, und nachfolgenden Synthetisierungen derselben Entgegensetzungen, als da sind Beobachtungs- und Erfahrungswissen („Erfahrung ohne Theorien") vs. Wissenschaftswissen („Theorie ohne Erfahrung"), haben ausgedient angesichts der Tatsache (vgl. Feyerabend 1978, 75f.), dass es, natürlich, kein letztes Wort gibt. Außer man hätte eine Ideenlehre zur Hand (was schon Aristoteles gegen Platon eher bezweifelte) oder eine Wirklichkeit, die sich (von) selbst erklärt und ohne den Weg des „ständigen Aushandelns von Legitimation" (Claessens [2]1970, 19) auskommt.

Der Qualitätsmanager *setzt*, der Patient *vergleicht* die Aufgebote an ‚Qualität in der Medizin'. Das hält sie, die Qualität wie die Medizin, wahrscheinlich dynamisch und zusammen.

Literatur

Aristoteles (1980), *Nikomachische Ethik*. Stuttgart.

Baudrillard, Jean (2007), „Vom Universellen zum Singulären: die Gewalt des Globalen". In: Bindé, Jérôme (Hg.), *Die Zukunft der Werte. Dialoge über das 21. Jahrhundert*. Frankfurt a.M.

Bröckling, Ulrich (2007), *Das unternehmerische Selbst. Soziologie einer Subjektivierungsform*. Frankfurt a.M.

Canguilhem, Georges (1980/1989), *Grenzen medizinischer Rationalität. Historisch-epistemologische Untersuchungen*. Hg. v. Gerd Hermann. Tübingen.

Canguilhem, Georges (2004), *Gesundheit – eine Frage der Philosophie*. Hg. v. Henning Schmidgen. Berlin.

Claessens, Dieter (1970), *Nova Natura. Anthropologische Grundlagen modernen Denkens*. Köln.

Claessens, Dieter (²1970), *Instinkt, Psyche, Geltung. Zur Legitimation menschlichen Verhaltens. Eine soziologische Anthropologie*. Köln/ Opladen.

Feyerabend, Paul (1978), *Der wissenschaftstheoretische Realismus und die Autorität der Wissenschaften. Ausgewählte Schriften, Band 1*. Baunschweig/Wiesbaden.

Fischer, Andrea/Sibbel, Rainer (2011), Hg., *Der Patient als Kunde und Konsument. Wie viel Patientensouveränität ist möglich?* Wiesbaden.

Gadamer, Hans-Georg (2010), *Über die Verborgenheit der Gesundheit. Aufsätze und Vorträge*. Frankfurt a.M.

Gebauer, Gunter/Wulf, Christoph (1994), „Mimesis in der Anthropogenese". In: Kamper, Dietmar (Hg.), *Anthropologie nach dem Tode des Menschen*. Frankfurt a.M., 321-334.

Hasian, Marouf A., Jr. (2007), „Macht, medizinisches Wissen und die rhetorische Erfindung der ‚Typhoid Mary'". In: Sarrasin, Philipp et al. (Hg.), *Bakteriologie und Moderne. Studien zur Biopolitik 1870-1920*. Frankfurt a.M., 496-521.

Jaspers, Karl (1985), *Psychologie der Weltanschauungen*. München.

Koch, Christoph (2010). *Achtung: Patient online! Wie Internet, soziale Netzwerke und kommunikativer Strukturwandel den Gesundheitssektor transformieren*. Wiesbaden.

Schulz, Stefan et al. (2006), *Geschichte, Theorie und Ethik der Medizin*. Frankfurt a.M.

Die Herausgeber

Dr. Ralph Kray ist Executive Scholar-in-Residence in Healthcare Management und Mitglied der Fakultät der Carey Business School an der Johns Hopkins University, Baltimore/USA. Außerdem ist er Gastforscher und Programmkoordinator an der Medizinischen Universität Wien.

Christoph Koch, MBA, ist seit 2002 Ressortleiter für Wissenschaft und Medizin beim Magazin stern, Hamburg.

Professor Dr. Peter T. Sawicki forscht und lehrt am Institut für Gesundheitsökonomie und Klinische Epidemiologie (IGKE) der Universität zu Köln und arbeitet als niedergelassener Internist in Duisburg.

∎ Die Autorinnen und Autoren ∎

Dr. med. Ralf von Baer exec MBA HSG – Geschäftsführer und Vice President, Sales and Account Management in Deutschland, Österreich und der Schweiz, Robert Bosch Healthcare

Christoph Engemann – Wissenschaftlicher Mitarbeiter, Internationales Kolleg für Kulturtechnikforschung und Medienphilosophie, Bauhaus-Universität Weimar

Prof. Detlev Ganten, MD, PhD – Präsident des World Health Summit, Charité – Universitätsmedizin Berlin

Dr. med. Karen Gilberg, FRCPC – Chief Medical Officer, Vice President, Marketing and Product Management, Robert Bosch Healthcare

Prof. Toby Gordon, Sc.D. – Faculty Director, Healthcare and Life Sciences, Associate Professor, The Johns Hopkins Carey Business School, Baltimore

Christian Günster, Dipl.-Math. – Leiter des Forschungsbereichs Integrierte Analysen im Wissenschaftlichen Institut der AOK (WIdO). Mitherausgeber des Versorgungs-Reports, von 2002 bis 2008 Mitglied der Sachverständigengruppe des Bundesministeriums für Gesundheit nach § 17b Abs. 7 KHG

Dr. rer. nat. Elke Jeschke, MSc – Projektleiterin des QSR-Verfahrens (Qualitätssicherung mit Routinedaten) im Wissenschaftlichen Institut der AOK (WIdO)

Prof. Dr. med. Heinrich Klech – Präsident und CEO der Vienna School of Clinical Research, Wien

Jürgen Malzahn – Abteilungsleiter der Abteilung Stationäre Versorgung und Rehabilitation im AOK-Bundesverband

Prof. Dr. med. Frank Ulrich Montgomery – Präsident der Bundesärztekammer, Berlin, und Präsident der Ärztekammer Hamburg.

Aldona-Maria Pigozzo – Marketing Managerin, Robert Bosch Healthcare, Waiblingen

Dr. med. Jasper zu Putlitz – Vorsitzender der Geschäftsführung, Robert Bosch Healthcare, Palo Alto

Oliver Rong – Partner, Roland Berger Strategy Consultants GmbH, Pharma & Healthcare, Berlin

Dr. med. Gerhard Schillinger – Facharzt für Neurochirurgie, Geschäftsführer des Stab Medizin im AOK-Bundesverband

Dr. med. Irena Schwarzer – Senior Consultant, Roland Berger Strategy Consultants GmbH, Pharma & Healthcare, München

Dr. med. Heidrun Sturm, MPH, PhD – Geschäftsführerin hs2 healthcare-strategies, Tübingen